Ullstein

Anja Meulenbelt

Für uns selbst

Körper und Sexualität
aus der Sicht der Frauen

Mit 64 Zeichnungen von
Jolet Leenhouts

Ullstein

Sachbuch
Ullstein Buch Nr. 34576
im Verlag Ullstein GmbH,
Frankfurt/M – Berlin
Holländischer Originaltitel:
Voor Onszelf (veröffentlicht
bei Feministische Uitgeverij Sara,
Amsterdam 1979)
Übersetzt von Susanne Back
und Ingrid Lübke

Geringfügig gekürzt und für die
Taschenbuchausgabe neu eingerichtet

Umschlagentwurf:
Elżbieta Woźniewska-Krüger
Alle Rechte vorbehalten
Mit freundlicher Genehmigung des
Verlags Frauenoffensive, München
© Text: Anja Meulenbelt, Amsterdam
© Interviews: Ariana Amsberg, Oegstgeest
© Zeichnungen: Jolet Leenhouts,
Amsterdam
© der deutschen Übersetzung:
Verlag Frauenoffensive, München 1980
Printed in Germany 1994
Gesamtherstellung:
Ebner Ulm
ISBN 3 548 34576 X

3. Auflage März 1994
Gedruckt auf alterungs-
beständigem Papier mit
chlorfrei gebleichtem Zellstoff

Die Deutsche Bibliothek –
CIP-Einheitsaufnahme

Meulenbelt, Anja:
Für uns selbst: Körper und Sexualität aus
der Sicht der Frauen / Anja Meulenbelt.
Mit Zeichn. von Jolet Leenhouts. [Übers.
von Susanne Back und Ingrid Lübke]. –
3. Aufl., geringfügig gekürzt und für die
Taschenbuchausg. neu eingerichtet. –
Frankfurt/M; Berlin: Ullstein, 1994
    (Ullstein-Buch; Nr. 34576: Sachbuch)
    Einheitssacht.: Voor onzelf < dt. >
    ISBN 3-548-34576-X
NE: GT

Dieses Buch entstand unter Mitarbeit der Körpergruppe des Sara-Kollektivs: Wiky van Rijssel, Ariane Amsberg, Joyce Outshoorn, Ria van Hengel, Ria Sikkes, Loes de Bruijn, An Luttikholt, Marjo van Soest.
Mit Dank an: Marie An Schut, Ellen Santen, José Uytendaal, Marleen Heeman, Marijke du Plessis.

Inhaltsverzeichnis

Vorbemerkung der Übersetzerinnen

»Wie oft freien wir wirklich zu unserem Vergnügen?« Wir glauben, daß jede Leserin ungefähr begreift, was gemeint ist, obwohl das Wort »freien« in unserer Sprache nicht gebräuchlich ist. »vrijen«, eines der häufigsten Worte in Anjas Buch, haben wir mit »freien« übersetzt, weil es im Deutschen kein entsprechendes Wort gibt. Im Niederländischen ist »vrijen« bei Menschen, die versuchen, offen über ihre Gefühle und sexuellen Bedürfnisse zu sprechen, ein Ausdruck für alle Formen liebevoller körperlicher Zuneigung geworden. Natürlich besteht eine Sprachverwandtschaft mit dem altmodischen deutschen Wort »freien«. Doch »vrijen« – das übrigens auch in den Niederlanden erst mit der »sexuellen Revolution« so gebräuchlich geworden ist – bedeutet nicht unbedingt einen Orgasmus machen oder einen Orgasmus bekommen und meint auch nicht unbedingt Zärtlichkeit mit einem Mann. Im Gegensatz zu »bumsen« oder »vögeln« ist »freien« offener, umfassender und freundlicher. Wir sind gespannt, ob dieses neue Lehnwort auch bei den deutschen Leserinnen so liebevoll und freundlich empfunden wird, ob sie sich so schnell daran gewöhnen wie wir.

Wir haben versucht, mit Hilfe von Anja, der Autorin, die Atmosphäre und den Charakter des Buches so gut wie möglich in die deutsche Sprache zu übertragen, doch möchten wir hinzufügen, daß wir keine gelernten und geübten Übersetzerinnen sind. Wir leben seit ungefähr drei Jahren in den Niederlanden (auch das lernten wir hier: Holland ist nur ein Teil der Niederlande). Wir fanden es spannend, uns mit der niederländischen Frauenbewegung auch durch diese Arbeit vertraut zu machen. Die regelmäßigen Gespräche mit Anja in ihrer Ladenwohnung, einer alten Wäscherei im Jordaanviertel von Amsterdam, waren dann auch mehr als das Wachen der Autorin über Inhalt und Form des Textes. Wie oft haben wir gelacht, wenn sie fragte, sagt ihr denn im Deutschen auch »Pferdekur« oder ähnliches, ist das nicht ein Nederlandizismus, oder wenn wir ihr erzählten, daß wir an ihrem Satzbau wieder einmal merken konnten, wann ihr das Schreiben schwerer fiel, wann sie sich erst »einschreiben« mußte und wann ihr die Sätze leicht aus der Feder liefen.

Anja geht in ihrer Einleitung ausführlich darauf ein, wie und warum »Für uns selbst« entstanden ist, darauf, daß die sogenannte sexuelle Befreiung und unsere eigenen Bedürfnisse nach Zärtlichkeit und Wärme nicht immer im Einklang miteinander stehen, worin sich dieses Buch von anderen Büchern über Sexualität unterscheidet. Darum wollen wir uns hier darauf beschränken, noch auf zwei Probleme hinzuweisen, die uns bei der Übersetzung besonders viel Kopfzerbrechen bereitet haben:

– die Begrenztheit der Sprache, unsere Gefühle und sexuellen Erlebnisse in Worten auszudrücken und das auch noch in eine andere Sprache zu übertragen,

– die besondere Atmosphäre und den Charakter des Buches wiederzugeben.

Wie in allen Büchern über Sexualität stehen wir auch in diesem Buch wieder vor dem Problem der Wortwahl für unsere eigenen Körperteile und unsere Gefühle. Schon oft wurde in der Frauenbewegung auf die Schwierigkeiten hingewiesen, daß wir keine eigenen Worte haben, uns auszudrücken. Wir gebrauchen immer noch eine Mischung von Ausdrücken, die der verhüllenden Sprache und der Doppelmoral entspringen, wie »mit jemandem schlafen«, oder die aus der medizinischen Fachsprache kommen, wie Vagina, Coitus, Orgasmus, und Ausdrücken aus der harten unfreundlichen Männerumgangssprache, wie bumsen, Möse . . . (siehe Einleitung von Anja). Wir haben uns deshalb auch bei der Übersetzung wieder behelfen müssen mit einer Mischung von Worten aus allen Bereichen. Ein auffallender Unterschied zwischen dem Niederländischen und dem Deutschen liegt jedoch darin, daß viele Schimpfworte in den Niederlanden aus dem sexuellen Bereich kommen, während sie bei uns mehr dem analen Bereich entstammen. So wird zum Beispiel von »kloteweer« = »Hodenwetter«, »kut-televisieprogramma« = »Mösenfernsehprogramm«, »klootzak« = »Hodensack« gesprochen, wenn wir es ein »Scheißwetter«, ein »beschissenes Fernsehprogramm« oder ihn einen »Scheißkerl« finden. Es könnte spannend sein, den Hintergründen für diese Unterschiede auf die Spur zu kommen.

Die Atmosphäre des Buches wird bestimmt durch die Umgangssprache, spontan, unvollständige Sätze, ein bißchen ungebügelt, und ganz besonders durch Anjas Ironie, versteckte Witze und Wortspiele, die uns immer wieder zum Lachen bringen. Sie bestärken und darin, uns lachend von alten Verhaltensmustern und Normen zu befreien. Anja spricht dich, die Leserin oder den Leser, mit du an, so bist du an den Gesprächen beteiligt und wirst angeregt, selbst nachzudenken, aber dir wird kein Rezept gegeben. Gespräche mit Frauen über ihre Erlebnisse, Erfahrungen und Meinungen wechseln ab mit allgemeineren Überlegungen und Informationen. Wir kommen nicht umhin, uns mit uns selbst auseinanderzusetzen, unseren eigenen Weg zu finden. Anja fordert uns auf, uns über unsere eigenen Bedürfnisse klarzuwerden: »Es gibt keine einfachen Lösungen. Es gibt nicht eine Form von befreiter oder emanzipierter Sexualität.« Diese Grundtendenz kehrt in jedem Kapitel wieder, wir werden angeregt, weiterzulesen und weiterzudenken.

Der Charakter des Buches wird noch ganz wesentlich dadurch geprägt, daß Anja Sexualität und die Veränderung unserer sexuellen Bedürfnisse nicht als »private Angelegenheit« begreift, sondern als Ausdruck unserer gesellschaftlichen Situation. Dies kennzeichnete bereits ihre Gedankengänge im Roman »Die Scham ist vorbei«. Sie sieht Sexualität im engen Zusammenhang mit unserer Position in Familie und Gesellschaft und nicht zuletzt mit unserem eigenen, sich verändernden Selbstverständnis.

Amsterdam, Delft, Februar 1981
Susanne Back
Ingrid Lübke

I. Für uns selbst

1. Vorweg

Wenn mich vor zehn Jahren jemand gefragt hätte, ob ich sexuelle Probleme habe, hätte ich sie oder ihn erstaunt angesehen. Ich sexuelle Probleme? Ich war doch jung, selbständig, wohnte in Amsterdam, wo vieles möglich ist. Ich hatte ab und zu einen Liebhaber, woraus ich kein Geheimnis machte, und wenn mir ein Mann gefiel, ließ ich ihn darüber nicht lange im unklaren. Ich war Beraterin bei der NVSH*, sprach mit jungen Arbeitern über Sexualität mit einer Tasche voll Kondomen auf dem Tisch. Ich hatte mein Pessar mit der Pille vertauscht, als diese modern wurde, und später die Pille mit der Spirale, als diese die große Neuigkeit war. Wir waren mitten in der sexuellen Revolution, ich und die anderen Frauen, die so dachten wie ich. Sexuelle Probleme erschienen mir als etwas Rückständiges, nicht auf uns Zutreffendes.

Seitdem hat sich doch sehr viel geändert. Als sich die ersten Frauen-Gesprächsgruppen trafen, war Sexualität ein populäres Thema. Und nach und nach wurde uns deutlich, daß wir nicht so glücklich sind, wie wir einander und vor allem uns selbst vorgemacht hatten. Als wir uns fragten, wie oft wir zu unserem eigenen Vergnügen »freiten«**, war das ein schlimmes Erwachen. Zu oft gingen wir mit einem Mann ins Bett, weil es so üblich war, weil er sich sonst eine andere Freundin gesucht hätte, weil wir dann wieder eine Woche Ruhe hatten, weil das die einzige Möglichkeit war, sich an jemanden anzukuscheln. Keine von uns hatte es einfach mit der Sexualität in der Ehe oder in einer festen Beziehung, mit dieser Art Abonnement auf den Gebrauch des Körpers, das du unbemerkt mit dem Trauschein vergeben hast. Aber auch niemand von uns hatte es einfach mit den

* Nederlandse Vereniging voor Sexuele Hervorming = Niederländische Vereinigung für Neue Sexualität.
** Zum Gebrauch des Wortes »freien« siehe Vorbemerkung der Übersetzerinnen.

Wegwerfbeziehungen, die nun so populär wurden. Sex um des Sexes willen war selten das erotische Erlebnis, von dem wir so schön träumten. Ob wir nun eine feste Beziehung oder zufällige Freundschaft hatten, unsere Bedürfnisse nach Wärme und Zärtlichkeit erfüllten sich doch nie oder nur sehr selten. Und noch immer taten wir so, als wären wir befriedigt. Und fühlten uns noch immer schuldig.

Seit den ersten Gesprächsgruppen sind einige Jahre vergangen. Wir redeten nicht nur über Sexualität, sondern versuchten auch, sie zu verändern. Einige Frauen bemühten sich, die Beziehung zu dem Mann, mit dem sie lebten, zu verändern – mit allen damit verbundenen Risiken. Einige Beziehungen verbesserten sich dadurch, andere gingen in die Brüche. Einige Frauen lernten allein zu leben und entdeckten, daß in unserem Alltag mehr Erotik zu finden ist als in einigen Bumsrunden, auf die wir all unsere Bedürfnisse gerichtet hatten. Eine Liebesbeziehung mit uns selbst, statt immer auf »andere« zu warten. Wieder andere fanden langsam Frauen immer netter, schöner und anziehender, bis sie schließlich feststellten, daß sich auch ihre sexuellen Wünsche auf Frauen richteten.

Mit all den neuen Entdeckungen sahen wir auch ihre Grenzen. Wir lebten noch immer in einer Gesellschaft, die auf Ungleichheit aufgebaut ist. Die Frauen, die eine feste Beziehung mit einem Mann aufgaben, sahen, daß das nicht nur Konsequenzen für ihr sexuelles Leben, sondern oft auch finanzielle Folgen hatte. Die Frauen, welche die sexuelle Beziehung mit ihrem Mann zu ändern suchten, entdeckten, daß das beinahe unmöglich war, wenn sie sich nicht innerhalb der Ehe eine selbständige Position erobern konnten, indem sie die Sorge für die Kinder teilten, indem sie ihr eigenes Geld verdienten. Frauen, die ihr Vergnügen an Sexualität entdeckten, merkten, daß sie als 50jährige Frauen auf Männer nicht mehr anziehend wirken. Die Frauen, die öffentlich für ihre Beziehungen mit anderen Frauen eintraten, erfuhren, daß die berühmte niederländische Toleranz gegenüber »Andersfühlenden« nicht sehr weit geht.

Einerseits erobern wir also ein bißchen Freiheit und lernen langsam unsere wirklichen Bedürfnisse kennen. Wir werden klug genug, nicht zu bumsen, wenn wir keine Lust haben, uns nicht irritieren zu lassen, wenn unsere sexuellen Bedürfnisse nicht männlichen Wünschen entsprechen und wir als prüde und frustriert bezeichnet werden. Wir üben uns in einer guten Beziehung zu uns selbst und in Beziehungen mit anderen Frauen. Andererseits bemerken wir, daß wir unsere Sexualität nicht verändern können, wenn wir nicht unser übriges Leben verändern. Die Illusion, wir könnten zwischen den Bettlaken ein kleines Paradies von Freiheit schaffen, während wir in unserem sonstigen Leben unterbezahlt, mißhandelt, verachtet und ausgebeutet werden, haben wir schon lange aufgegeben.

In diesem Buch stehen unsere Erfahrungen – das, was wir über die eigene Sexualität gelernt haben, auch die Schwierigkeiten, denen wir begegnen, wenn wir eigene Bedürfnisse herauszufinden suchen.

Es gibt also keine einfachen Lösungen, denn es existiert nicht *eine* Form von befreiter emanzipierter Sexualität.

2. Schon wieder ein Buch über Sex?

Es gibt viele Bücher über Sexualität. Dennoch meinten wir Frauen vom feministischen Verein Sara, daß keines von ihnen unsere in letzter Zeit sehr veränderten Auffassungen und Erfahrungen auf dem Gebiet der Sexualität widerspiegelt. Wir sehen Sexualität heute anders als früher:

– Wir erfahren Sex nicht nur als etwas, das du nur mit deinen Geschlechtsorganen tust. Wie erotisch du dich fühlst, hängt davon ab, wie wohl du dich in deiner Haut fühlst und wie du mit deinem ganzen Körper umgehst. Es geht also nicht nur um »Technik«, sondern um das Verhältnis zu unserem ganzen Körper.

– Wir meinen, daß Sexualität etwas von uns selbst ist, nicht etwas, das du von je-

17

mand anderem bekommst. Wir sind sexuelle Wesen, keine geschlechtslosen Dornröschen, die erst vom Prinzen wachgeküßt werden müssen, bevor wir entdecken, was Sex ist. Deshalb beginnt dieses Buch mit dem sexuellen Verhältnis, das wir mit uns selbst haben. Erst dann richten wir uns auf die Beziehung mit anderen.

– Wir finden es nicht mehr so selbstverständlich, daß Sex etwas mit der Anziehungskraft auf das *andere* Geschlecht zu tun hat. Die Grenze zwischen Homo- und Heterosexualität scheint nicht so streng zu ziehen zu sein, wie wir früher dachten. Die meisten Bücher gehen davon aus, daß Sexualität *Hetero*sexualität ist, manchmal mit einem besonderen Kapitel über *Homo*sexualität, als Ausnahme, als Abweichung oder Variante. Aber unsere Sexualität ist *unsere* Sexualität, unabhängig davon, mit wem wir sie teilen.
Vielleicht, denken wir nun, können wir alle Frauen und Männer lieben, wenn die Folgen der Wahl für das eine oder andere Geschlecht nicht so groß wären. Das soll nicht heißen, daß wir in zwei ganz verschiedene Menschenarten eingeteilt werden: Homos und Heteros.

– Damit soll nicht gesagt werden, daß es nichts ausmacht, ob du eine Beziehung mit einem Mann oder einer Frau hast. Männer und Frauen leben ganz verschieden. Sie nehmen verschiedene gesellschaftliche Positionen ein. Eine Beziehung mit einer Frau wird anders betrachtet als die mit einem Mann. Die Probleme sind anders. Darum unterschiedliche Kapitel über Beziehungen mit Frauen und Beziehungen mit Männern.

– Unser sexuelles Erleben ist nicht unabhängig von der Tatsache, daß wir in einer Männerwelt leben. Unsere sexuelle Freiheit ist vielfach begrenzt durch ökonomische Abhängigkeit, Trauschein oder nicht, durch die geringen Möglichkeiten einer befriedigenden selbständigen Existenz, durch die Tatsache, daß wir noch immer größtenteils für die Kinder sorgen und noch immer gegen sexuelle Gewalt und Mißhandlung so wenig geschützt sind.
Deshalb geht es in diesem Buch beispielsweise nicht allein darum,

wie wir zu einem Orgasmus kommen, sondern auch darum, wie die Beziehungen zwischen Frauen und Männern in dieser Gesellschaft geregelt sind.

– In einer von Männern dominierten Welt werden die sexuellen Spielregeln vor allem von Männern bestimmt. Es gibt noch nicht so viele Bücher über Sexualität, die von *unseren* Erfahrungen ausgehen. Und davon, was *wir* eigentlich *wollen*. In den meisten Büchern steht, was wir tun und fühlen *sollten*. Der holländische Frauenverlag »De Bonte Was« veröffentlichte vor ein paar Jahren ein Buch über Frauensexualität. Danach erschienen in den Niederlanden Übersetzungen von Alice Schwarzers Buch »Der kleine Unterschied und seine großen Folgen« und vom »Hite-Report«, die ersten und vielgelesenen Bücher über sexuelle Erfahrungen, von Frauen selbst geschrieben. Hier wagten wir zum ersten Mal offen zu sagen, daß wir mit den sexuellen Spielregeln nicht zufrieden sind.

Mit diesem Buch wollen wir einen Schritt weiter gehen: nicht nur beschreiben, was wir nicht mehr wollen, sondern neue Erfahrungen darstellen und betrachten, wie wir weiterkommen.

3. Für wen dieses Buch bestimmt ist

Dieses Buch ist für Frauen, für uns selbst bestimmt. Wenn Männer es lesen und etwas daraus lernen, finden wir es auch gut. Aber in erster Linie ist es wichtig, für uns selbst einzustehen, deutlich zu machen, was *wir* wollen, und uns nicht von neuem abhängig davon zu machen, inwieweit die anderen uns verstehen oder glauben zu verstehen, was gut für uns ist. Es ist zu hoffen, daß Männer in Zukunft ihre eigenen Bücher über Sexualität schreiben: nicht die verlogenen, überheblichen Bücher, mit denen sie es uns und sich selbst so lange schwergemacht haben, sondern ehrliche Bücher ohne falsche Bissigkeit und mit Zärtlichkeit, ausgehend von ihren gemeinsamen Erfahrungen, nicht von ihrem vermeintlichen Sachverstand.

Dieses Buch ist für Frauen bestimmt, aber nicht alle Frauen sind gleich. Für die eine Frau ist das Kapitel über den Orgasmus bedeutsam, für die andere Frau ist das überhaupt nichts Neues. Frauen, die mit einer anderen Frau zusammenleben, werden das Kapitel »Nicht schwanger werden« überschlagen, Frauen mit Männerbeziehungen werden denken, daß das Kapitel über Beziehungen zwischen Frauen sie nicht betrifft. Die Möglichkeiten für uns, mit Vergnügen zu leben, unterscheiden sich entsprechend unseren gesellschaftlichen Verhältnissen. Wenn du zwischen 20 und 30 bist, ein eigenes Einkommen hast, keine Kinder, in einer großen Stadt lebst und in den Augen der Welt »schön« bist, hast du andere Möglichkeiten, als wenn du 40 bist, Konfektionsgröße 44 hast, drei Kinder, in einer kleinen Stadt mit wenig gleichgesinnten Frauen lebst und kein eigenes Einkommen hast. Was wir wollen, hängt zusammen mit dem, was wir können. Und dadurch ist das, was für eine Frau selbstverständlich ist, für die andere unerreichbar. Die Frauen, die keine Möglichkeit haben, ihr sexuelles Leben zu verändern, oder es nicht wollen, werden kein Interesse haben, dieses Buch zu lesen. Die Frauen, die in Situationen leben, in denen sie immer getan haben, was sie wollen, werden in diesem Buch wahrscheinlich zu wenig Neues finden. Es ist für Frauen geschrieben, die sich dazwischen befinden: die Frauen, die über Sexualität nachdenken, die Frauen, die sich ändern wollen.

4. Über den Sprachgebrauch

Oje, früher musste ich meinen Mund ausspülen, wenn ich unanständige Worte sagte..

Es ist nicht so einfach, über Sex zu reden. Das kommt zum Teil dadurch, daß Frauen sich bis vor kurzem nicht für Sex zu interessieren hatten. Aber es ist auch schwierig, weil wir keine eigene Sprache haben, uns darin auszudrücken. Wir können wählen. Wir können weiterhin die verschleiernde Sprache gebrauchen, die der Doppelmoral entspricht: mit jemandem schlafen, mit jemandem ins Bett gehen, zwischen meinen Beinen, »es« tun. Es ist die Sprache, mit der wir keinen Anstoß erregen, die aber auch wenig deutlich macht und mit der wir weiterhin so tun, als sei Freien etwas Heimliches, als seien ganze Teile unseres Körpers schmutzig. Wir können uns für eine medizinische Sprache entscheiden: Vagina, Coitus oder noch schlimmer: Geschlechtsverkehr, Cunnilingus (und dann erst mal im Wörterbuch suchen). Wörter, die eher zu einem Besuch bei einem Arzt oder Gynäkologen passen, als zu unseren körperlichen Erfahrungen. Oder hören wir uns selbst schon sagen: Ich will gern einen Coitus mit dir ausführen, nachdem wir Cunnilingus gemacht haben? Was dann? Männersprache? Möse, bumsen, Schwanz? Das ist brutale Sprache, lieblose Sprache. Solange solche Worte als Schimpfworte benutzt werden, sind sie kaum brauchbar, und es ist schwierig, diese Sprache für schöne Körperteile und fröhliches Tun zu verwenden.

Eine neue Sprache entwickeln? In Deutschland versuchte eine Frauengruppe neue Worte einzuführen: Muschel anstatt Möse, Perle statt Klitoris. Gut gemeint, aber es klingt künstlich. Das Wort Vulva klingt freundlich, aber es ist ein Wort, das du liest, nicht gebrauchst.

Es gibt keinen sexuellen Sprachgebrauch, in dem wir uns wirklich wohl fühlen. Das sagt doch einiges darüber aus, inwieweit uns unsere Sexualität fremd ist und inwieweit unsere Erlebnisse diktiert werden. Solange unsere Sexualität nicht wirklich uns gehört, werden wir auch keine Sprache haben, in der wir uns alle gleichermaßen zu Hause fühlen. Bis dahin schlängele ich mich in diesem Buch ein bißchen dazwischen durch. Manchmal benutze ich Worte wie Möse und bumsen, in der Hoffnung, sich daran zu gewöhnen. Manchmal Worte wie Penis und Vagina. Manchmal freundlichere Worte wie »freien«. Und einen einzigen neuen Ausdruck: statt einen Orgasmus bekommen, sagte ich: einen Orgasmus machen. Denn ein Orgasmus ist nicht ein Geschenk, da wir von jemandem bekommen, sondern eine Fähigkeit, die wir in uns haben, ein Geschehen, das wir aktiv verursachen.

5. Was nicht in diesem Buch steht

Dieses Buch hätte mit Leichtigkeit fünfmal so dick werden können. Sexualität läßt sich nicht von unserem übrigen Leben trennen, und wenn du erst mal anfängst, darüber zu schreiben, scheint alles damit zusammenzuhängen. Doch wir wollten keine Enzyklopädie daraus machen, und darum mußte ich beim Schreiben immer wieder auswählen. Wir hätten viel mehr über Beziehungen, über Liebe, Verliebtheit und Eifersucht schreiben können, über Gesundheit und Krankheiten. In diesem Buch steht auch nichts über Geburt und Entbindung, doch hoffen wir, daß darüber noch ein gutes Buch erscheint. Es steht fast nichts darin über Erziehung, ein Thema, mit dem wir uns auch mehr beschäftigen sollten. Um diese Mängel etwas auszugleichen, wird auf die Literaturliste verwiesen.

6. Wer dieses Buch gemacht hat

Der Text in diesem Buch wurde von *einer* Frau geschrieben, aber ohne die Erfahrungen von Hunderten von Frauen wäre dieses Buch nicht möglich gewesen. Sie kommen in den Interviews von Ariane und in den kursiv gedruckten Passagen zu Wort: Freundinnen und Frauen, die ich mal getroffen habe und an deren Aussagen ich mich erinnerte. Es steckt viel gemeinsame Denkarbeit in diesem Buch, von der Selbsthilfegruppe aus dem Sara-Kollektiv, aber auch aus der ganzen Frauenbewegung. Wissenschaftliches und medizinisches Material habe ich verwendet, wo es sinnvoll war. Im Mittelpunkt stehen unsere eigenen Erfahrungen und Auffassungen.

Dieses Buch ist ein Geschenk für uns selbst und andere Frauen. Wir hoffen, daß Frauen es für sich selbst kaufen, für Freundinnen, für ihre Töchter und Mütter. Wir hoffen, daß Frauen es wie einen Blumenstrauß kaufen, wie neue Pantoffeln oder eine Schachtel Pralinen. Weil wir es verdient haben, und nicht nur am Muttertag.

II. Dir selbst die beste Freundin

1. Was sind sexuelle Bedürfnisse?

HMMMMM
Warm und knuddelig!!

Wir sind mit einer so festen Vorstellung von Sexualität erzogen worden, daß es schon fast merkwürdig scheint, noch darüber zu reden. Sexualität ist etwas, das zwischen Mann und Frau passiert, und sexuelle Bedürfnisse hast du genauso wie das Bedürfnis zu essen, zu trinken und zu schlafen. Sex ist »natürlich«. Wenn Sexualität wirklich so natürlich wäre, täten wir einfach das, wozu wir Lust haben, wir hätten keine Probleme damit und grübelten nicht soviel darüber, was »normal« ist. Es gibt für Menschen keine »natürliche« Art, mit Sex umzugehen. Wir brauchen eine Form der Sexualität, um uns fortzupflanzen, aber ob wir noch andere Bedürfnisse haben, ist in jeder Kultur und bei jedem Menschen verschieden. Es gibt keine feststehende männliche und weibliche Natur: Wir kennen Kulturen, wo sich die Männer so verhalten wie die Frauen hier und umgekehrt. Wir haben Zeiten gekannt, in denen Frauen überhaupt keine sexuellen Bedürfnisse haben durften und andere, in denen erwartet wurde, daß Frauen stärkere »Gelüste« hatten als Männer. In einigen Gesellschaften gilt es als normal, daß die Menschen ein

Jahr lang keinen Sex miteinander haben, in anderen wird ein Mann, der nicht jeden Tag bumst, mitleidvoll angesehen. Kurz, Sexualität ist nicht natürlich, sondern erlernt, und wie wir Sex erfahren, hängt mit unserem übrigen Leben zusammen. Glauben wir heute beispielsweise, daß ein Mann beim Freien oben zu liegen hat, so hängt es damit zusammen, daß in unserer Gesellschaft Männer in vieler Hinsicht »Obenlieger« sind, und hat wenig mit »Natur« zu tun.

Wenn wir auflisten, was wir brauchen, um uns in unserem Dasein wohl zu fühlen, sind die ersten wirklichen Bedürfnisse Essen, Schlaf und Schutz gegen Kälte. Außerdem gibt es ein echtes Bedürfnis, gestreichelt und umsorgt zu werden. Kinder, die nicht genügend körperliche Wärme bekommen, verkümmern oder sterben sogar. Ich glaube, daß dies für Erwachsene ebenso gilt. Menschen, die selten gestreichelt werden, wie z. B. alte Menschen, Menschen, die eingesperrt sind, und Behinderte, fühlen sich oft einsam, weil ihnen körperliche Wärme fehlt. Und das gilt eigentlich in gewissem Maß für alle.

»Als wir uns in meiner Gesprächsgruppe über Beziehungen unterhielten, haben wir uns mal gefragt: Wer von uns hat das Gefühl, wirklich so viel Wärme zu bekommen, wie sie möchte? Niemand. Und es spielte keine Rolle, ob die Frauen allein wohnten oder ob sie eine feste Beziehung hatten.«

Darüber hinaus gibt es noch andere wichtige Bedürfnisse: irgendwo dazuzugehören, beachtet, »gesehen« und »gehört« zu werden, Kummer zu teilen, getröstet, verstanden zu werden, in der Nähe von Menschen zu sein, die du gern magst. Es gibt ein Bedürfnis, deinen Geist und deine Sinnesorgane zu gebrauchen. Es gibt ein körperliches Bedürfnis, sich zu bewegen und körperliche Spannungen abzureagieren, z. B. mit einem Orgasmus. Viele dieser Bedürfnisse werden in unserer heutigen Gesellschaft addiert und als »Sexualität« bezeichnet. Es gibt eine Art von Sexualität, die wir normalerweise betreiben oder betreiben sollten: innerhalb einer Beziehung mit einem Mann, regelmäßig, mit den Körperübungen, die wir als »Geschlechtsverkehr«, »Koitus« oder »Bumsen« bezeichnen. Wobei das Ziel ist, Penis und Vagina ineinanderzuschieben. Und das Ideal, gleichzeitig einen Orgasmus zu bekommen.

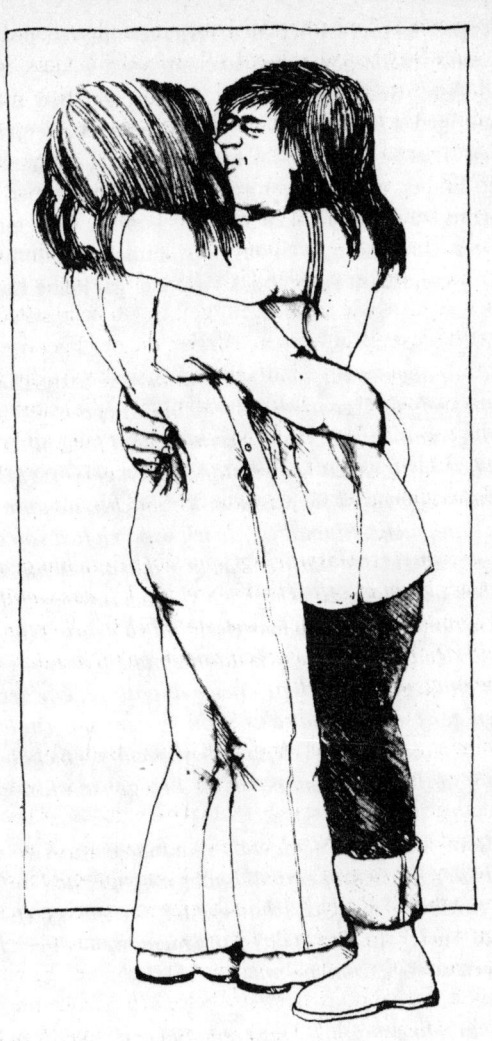

Außerhalb dieses vorgeschriebenen Verhaltensmusters gibt es für viele Frauen wenig Interaktionsmöglichkeiten, noch weniger als für jene, die keine feste Beziehung wollen. Darum glauben alleinlebende Frauen häufig, das Bedürfnis nach »Sex« zu haben, wenn sie sich einsam fühlen: Das ist beinahe das einzige, was du bekommen kannst. Oft klagen Frauen mit Beziehungen zu Männern darüber, daß sie nie ihr Bedürfnis nach Zärtlichkeit erfüllen können oder einfach nach einer innigen Umarmung, weil das doch immer aufs Bumsen hinausläuft, auch wenn sie im Augenblick vielleicht gar keine Lust dazu haben.

»Ich habe mir abgewöhnt, auch mit Männern selbstverständlich körperlich umzugehen. Eigentlich bin ich eine, die ganz spontan jemanden anfaßt, wenn ich mich gut unterhalte und jemanden nett finde. Aber das hat zu so vielen Mißverständnissen geführt. Männer wurden wirklich sauer, weil sie dachten, ich machte sie an und danach wollte ich dann nicht. Einmal wurde ich wirklich fast von einem Kollegen vergewaltigt, der dachte, daß ich ihn anmachte und es mir dann anders überlegte: Er schrie, ich sei eine raffinierte Hexe, geile Männer auf und sei dann zu frustriert und zu neurotisch, um weiterzumachen. ›Und das nennt sich dann emanzipiert‹, sagte er noch. Am nächsten Tag entschuldigte er sich allerdings, er wäre etwas angeschossen gewesen und hätte es nicht so gemeint. Du lernst dabei schon, deine Hände lieber still zu halten, wenn du nicht bereits ganz sicher weißt, daß du mit jemandem ins Bett gehen willst.«

»Mein Mann würde mich niemals nur mal einfach so umarmen. Wenn er in der Küche auf einmal hinter mir steht und anfängt, meinen Hals zu küssen, weiß ich schon wieder, wie spät es ist, dann müssen wir mal wieder. Er macht das dann nicht, weil er mich lieb findet, sondern weil er etwas von mir will.«

»Ich finde es sehr gemütlich, mit Freunden in der Stadt zu essen oder für jemanden zu kochen. Doch dabei habe ich auch schon die merkwürdigsten Mißverständnisse erlebt. Irgendwie denken einige Männer gleich, du lädst sie zum Schlafen ein, wenn du für sie kochst. Er *fragt dann: ›Was habe ich nun verkehrt gemacht?‹, wenn ich ihm sage, daß ich allmählich ins Bett will und nicht mit ihm. So habe ich einen Freund verloren, zumindest glaubte ich, er sei ein echter Freund. Später habe ich gehört, daß er zu anderen gesagt hatte, ich sei eine schwierige Frau.«*

Es ist kein Zufall, daß viele Frauen erst im Kontakt mit anderen Frauen, in Frauengruppen und in der Frauenbewegung auch ihre anderen Bedürfnisse befriedigen konnten.

»Ich habe Frauen viel mehr schätzen gelernt. Du kannst mit Frauen so viel Spaß haben. Ich dachte immer, mit Männern hast du sexuellen Kontakt und mit Frauen die Gemütlichkeit. Aber langsam begreife ich, daß meine Beziehung zu Frauen eigentlich auch sexuell ist. Wir müssen ja nicht gleich miteinander schlafen – es ist ein so schönes Gefühl, anerkannt zu werden, zusammen zu tanzen, über den Rücken gestreichelt zu werden.«

Für uns ist es wichtig, unsere Bedürfnisse kennenzulernen und zu sehen, wie wir sie uns erfüllen können. Nicht einfach zu akzeptieren, daß es sowieso aussichtslos ist, weil du keine feste Beziehung hast, von Frauen nichts hast, weil du zufällig nicht lesbisch bist oder dreimal im Monat bumsen alles ist. Nicht alle Frauen haben die gleichen Bedürfnisse, es gibt kein festes Raster.

»Ich habe ganz regelmäßig das Bedürfnis nach einem Orgasmus, aber ich habe nicht regelmäßig das Bedürfnis, mit jemandem zu freien. Ich habe gemerkt, daß das zwei vollkommen verschiedene Dinge sind. Wenn ich wirklich Lust habe, mit jemandem zu freien, finde ich es schön, einen Orgasmus zu bekommen, aber das ist nicht das Wichtigste. Einen Orgasmus kann ich mir auch sehr gut selbst machen. Lange Zeit dachte ich, ich sei verrückt und ein bißchen pervers; ich hatte zwar das Bedürfnis, einen Orgasmus zu machen, aber nicht zu freien, obwohl ich eine gute Beziehung hatte. Ich hatte das Gefühl, daß ich ihm damit sehr unrecht tat.«

»Ich habe nicht so ein regelmäßiges Bedürfnis nach Sex. Wenn ich echt verliebt bin, bin ich unheimlich geil, dann denke ich an fast nichts anderes. Wenn ich nicht mehr verliebt bin, ist es wieder vorbei, dann interessiert es mich kaum, und ich kann es wochen- und mona-telang vergessen. Furchtbar finde ich solche ›Alle-zwei-Tage-Ver-hältnisse‹. Ich habe manchmal gedacht, ich sei zu einer normalen Beziehung nicht fähig, weil ich keine Lust hatte, weiterhin regelmä-ßig zu bumsen, wenn ich nicht mehr verliebt war. Das hat zu vielen Konflikten geführt, und oft habe ich weitergemacht, obwohl ich es eigentlich nicht mehr wollte, nur um jemanden nicht zu verlieren. Denn ich brauche vertraute Beziehungen, jemanden, zu dem ich ein bißchen gehöre.«

»Ich bin unheimlich schmusig, ich kann stundenlang mit meiner Freundin im Bett liegen und schmusen und ganze Sonntage lang freien; aber richtig zum Orgasmus kommen, machen wir nur manch-mal; so ein Augenblick ist, wenn wir uns auf einmal im Auto ansehen und denken, ja, jetzt, und dann wissen wir nicht, wie wir schnell ge-nug nach Hause kommen.«

Für jede von uns ist es wichtig, herauszufinden, was wir wirklich brau-chen, um uns wohl zu fühlen. Zu unterscheiden, für welche Bedürf-nisse wir jemand anders brauchen und wen. Einen Orgasmus können wir mit jemand zusammen machen, aber auch allein. Körperliche Wärme kannst du auch von Freundinnen bekommen, die mußt du dir nicht aus *einer* Beziehung holen. Vielleicht bleibt dann außerdem noch ein großes Bedürfnis nach einer festen Beziehung, aber vielleicht sind wir davon dann auch weniger abhängig, weil wir nicht mehr alles aus dieser einen Beziehung holen. Wie dem auch sei, das Wichtigste ist, daß wir nicht warten, bis jemand kommt, um uns glücklich zu ma-chen, sondern herausfinden, was wir selbst wollen.

2. Alleinsein, Zeit für dich selbst

Der Traum vom großen Glück in den Armen deines Prinzen oder deiner Prinzessin besteht noch stets, auch wenn das Wort Liebe aus der Mode und jetzt Sex »in« ist. Bei so hohen Erwartungen sind auch die Enttäuschungen groß. Enttäuschungen von Männern, weil sie aufgrund ihrer Sozialisation nicht immer die sensiblen, verständnisvollen und zärtlichen Menschen sind, die wir uns für eine Beziehung wünschen. Enttäuschungen von Frauen, die den Druck der Öffentlichkeit nicht aushalten, wenn sie sich für eine Frau entscheiden, oder weil sie uns auch nicht vor dem Unheil unserer bösen Umwelt beschützen können.

die unvollständige Familie

Wir haben gelernt, es normal zu finden, mit einer guten Beziehung glücklich zu sein und ohne Beziehung unglücklich. Damit schieben wir die Verantwortung für unser Glück auf andere und machen uns abhängig und verletzbarer als nötig. Das hindert uns daran zu sehen, was wir für uns selbst tun können.

Die meisten von uns finden das Alleinleben nicht einfach. Gerade als Frau wirst du von Anfang an mit der Idee erzogen, daß du heiraten und für Mann und Kinder sorgen wirst. Auch wenn du nicht heiratest und unverheiratet Beziehungen mit Männern oder Frauen eingehst, siehst du weiterhin die Beziehungen als die größte Erfüllung deines Lebens. Männer haben mehr Möglichkeiten, ihr Selbstwertgefühl aus ihrer Arbeit zu gewinnen. Die schlechten Jobs, die für uns Frauen reserviert sind, vergrößern unsere Abhängigkeit von Beziehungen noch. Hinzu kommt die Vorstellung, daß Frauen nur »echte« Frauen sind, wenn sie für andere leben. Wir müssen alle gegen die Stimmen in unserem Kopf ankämpfen, die uns sagen, wir seien hart

32

und egoistisch, sobald wir das tun, wozu wir Lust haben und was für uns am schönsten ist. Uns aufzuopfern und unterzuordnen, haben wir mit der Muttermilch eingesogen, so daß wir oftmals nicht mehr wissen, was wir selbst eigentlich wollen.

Außerdem ist die Welt heutzutage so organisiert, daß ein Alleinleben wirklich schwierig ist. Allein ins Restaurant, ins Kino oder in eine Kneipe zu gehen, ähnelt meist eher einem Test in Mut und Durchsetzungsvermögen als einem Vergnügen. Allein in die Ferien zu fahren oder einen Tag allein unterwegs zu sein, ist auch alles andere als einfach. Und hinzu kommt, daß Frauen ohne Beziehung etwas merkwürdig angesehen werden; irgend etwas stimmt da nicht, du bist nicht imstande, Kontakte zu knüpfen, du bist bedauernswert. An allen Bezeichnungen für Frauen ohne eine feste Beziehung mit einem anderen Erwachsenen haftete etwas Negatives: alleinstehend, unverheiratet, eine unvollständige Familie. Du kannst dich allein noch so vollständig fühlen, für andere bleibst du immer ein halbes Paar. »Freie Frau«, das klingt schon gleich zügellos. Das Wort Jungfrau heißt, daß du (noch) nicht von einem Mann gebraucht worden bist. Ein alleinstehender Mann ist ein Junggeselle*. Eine alleinstehende Frau wird sehr schnell als alte Jungfer betrachtet. Wenige kommen auf den Gedanken, du könntest dich fürs Alleinleben freiwillig entschieden haben.

Kein Wunder, daß es unter diesem Druck schwierig für uns ist, zwischen unseren eigenen Bedürfnissen und denen, die uns die Gesellschaft auferlegt, zu unterscheiden. Du mußt schon sehr stark sein, nicht das Gefühl des Scheiterns zu haben, wenn du ohne feste Beziehung bist. So geraten wir in den ewigen Kreislauf, von anderen zuviel zu erwarten und die Beziehung zu uns selbst zuwenig zu entwickeln. Und das, obwohl du selbst – ob du dein Leben nun mit jemand teilst oder nicht – doch die einzige Person bist, mit der du dein Leben lang zu tun hast, du bist der Mittelpunkt deiner Existenz. »Die Frau in deinem Leben«, singt Lavender Jane, »bist du.«

Ich bin viel zu lange bei meinem Freund geblieben, weil ich panische Angst davor hatte, allein leben zu müssen. Oft dachte ich, ich gehe

* Im Niederländischen »vrijgezel« = freier Geselle

erst weg, wenn ich jemand anders habe. Als es schließlich doch uner-
träglich wurde und ich wegging, war es am Anfang auch wirklich
schwierig. Ich mußte eine neue Wohnung suchen und verlor eine
Reihe von Freunden, die sich offenbar für ihn entscheiden mußten.
Ich merkte, daß ich jahrelang meine Freundinnen vernachlässigt
hatte. Viele meiner Freundinnen verspürten sicher nicht die geringste
Lust, sich stundenlang mein Gejammer anzuhören. Und zu Recht,
denke ich inzwischen, wenn ich sie einfach fallenlasse, sobald ich
einen Freund habe, brauche ich auch nicht zu erwarten, daß sie mit
offenen Armen meiner harren, wenn er wieder verschwunden ist. Ich
lebe jetzt ein Jahr allein, und es geht immer besser. Ich glaube nicht,
es könnte mir noch einmal passieren, daß ich meinen Freundeskreis
für eine Beziehung mit einem Mann so einfach fallenlassen würde.«

Alleinleben ist etwas, was wir lernen können. Es bedeutet, alles selbst
zu organisieren, Ausflüge, Ferien. Wir suchen uns Plätze, wo wir uns
auch allein wohl fühlen, so daß wir sonntags nicht das Gefühl haben
müssen, in unserer Wohnung eingesperrt zu sein, während draußen
die Familien mit Blumen für die Schwiegermutter vorbeilaufen. Wir
bemühen uns, Menschen in der Nähe zu haben, die uns lieb sind. Zum
Glück gibt es immer mehr Plätze, wo du als Frau auch allein hingehen
kannst: die Frauencafés und die gemeinsamen Ferien. Doch nicht nur
als alleinwohnende Frau ist es schwierig, dafür zu sorgen, daß du
Freunde hast und dich nicht einsam fühlst. Vor allem Frauen, die mit
ihrem Mann und ihren Kindern zusammenwohnen, haben fast keine
Zeit für sich selbst. Oft gibt es in der Wohnung keinen Winkel, wohin
du dich mal einen Augenblick zurückziehen kannst, sofort kommen
die Kinder, um dir zu sagen, daß sie sich langweilen, und wollen wissen, was du dagegen zu tun gedenkst. Oft gibt es keine Stunde für dich
selbst, es sei denn um den Preis des Schuldgefühls wegen der liegenge-
bliebenen Wäsche. Gute Beziehungen mit Freundinnen sind in einer
festen Beziehung schwieriger zu erhalten, als wenn du allein bist. Viele
Paare verkehren fast nur mit anderen Paaren. Ein Abend mit einer
Freundin erfordert meist Organisation und Absprachen, während ein
Abend zu Hause mit Freund oder Mann selbstverständlich ist.
Viele Frauen finden es ungewöhnlich, mit anderen Frauen zu verrei-

sen, wenn sie eine feste Beziehung haben. Darüber vernachlässigen sie oft die gute Beziehung zu sich selbst und zu anderen und machen sich abhängiger, als notwendig wäre. Wir fürchten uns dann vor dem Alleinleben und suchen, wenn wir plötzlich allein sind, zu schnell wieder nach einer festen Beziehung.

3. Lieb zu dir selbst sein

Eine erste Aufgabe ist, zu lernen, lieb zu uns selbst zu sein, ganz gleich, ob wir alleinleben, in mehr oder weniger festen Beziehungen oder mit Mann, Frau oder Kindern. Eine Übung: Was tun wir für andere, jedoch nicht für uns selbst? Kaufen wir nur Blumen und Geschenke für jemand anders? Finden wir es schade, eine Flasche Wein aufzumachen, außer wenn jemand kommt? Nehmen wir nur ein Bad mit luxuriösem Badeöl und beziehen wir unser Bett nur mit frischen Laken, wenn auch jemand anders davon genießen kann? Kochen wir Huhn in Wein noch mit einem Salat vorweg, wenn jemand zum Essen kommt, und essen ein Käsebrot, wenn wir allein sind? Kaufen wir das Buch für Tante Anna zum Geburtstag, aber nicht für uns selbst? Schreiben wir die Schallplatte immer wieder auf Wunschlisten, anstatt sie selbst zu kaufen? Warten wir, bis uns jemand einlädt, statt allein einen Strandspaziergang zu machen? Lassen wir uns unsere Geburtstage verpesten, indem wir endlos mit Leckereien herumlaufen, um die anderen zu verwöhnen, statt uns selbst zur Abwechslung mal bei jemand anders einzuladen? Finden wir tanzen herrlich, es aber peinlich, allein in unserem Zimmer zu swingen? Haben wir das Verlangen nach einer Stunde Zärtlichkeit und Aufmerksamkeit, schämen uns aber, danach zu fragen? Dann wird es Zeit, daß wir eine romantische Liebelei mit uns selbst beginnen.

»Manchmal gönne ich mir einen Abend ganz für mich allein. Den bereite ich dann ein bißchen vor. Ich überlege mir, was ich gern essen möchte, und wenn möglich, koche ich am Tag davor. Oder ich hole ein paar Leckereien aus einem Delikatessengeschäft und eine Flasche Wein. Blumen auf den Tisch und ein paar Kerzen, Gardinen dicht und den Stecker vom Telefon raus. Den Fernseher an, ein neues Buch oder eine neue Platte. Prima.«

»Wenn ich früher sehr müde war, kroch ich so in mein ungemachtes Bett vom Morgen. Schnell die Augen zu, um das Durcheinander nicht mehr zu sehen. Jetzt probiere ich, gerade wenn ich müde bin, neue Bettwäsche aufzuziehen, in Ruhe zu duschen und dann duftend und warm ins saubere Bett zu kriechen. Dann schlafe ich auch besser.«

»Ich weiß, daß es kindlich klingt, aber wenn ich mich selbst verwöhnen will, lege ich mir eine Wärmflasche ins Bett, stelle einen Becher warme Milch daneben, und dann krieche ich mit einem schönen Roman ins Bett. Manchmal knurre ich dann vor Vergnügen.«

»Wenn ich mir selbst etwas Gutes tun will, plane ich einen Ausflug mit dem Auto. In ein Dorf, in dem ich noch nicht gewesen bin. Draußensein bekommt mir immer unheimlich gut, irgendwo in einer Dorfkneipe Erbsensuppe essen. Dann fahre ich wieder ganz zufrieden nach Hause.«

»Ich bin zum Jazzballett gegangen, obwohl ich dachte, ich sei zu alt dafür. Daß ich da noch ältere, dickere und steifere Frauen traf, fand ich schön. Wir kichern viel und sind manchmal völlig außer Rand und Band.«

»Einmal im Monat bin ich ein Wochenende allein. Mein Freund geht dann zu seinen Eltern; ich habe gesagt, daß ich nicht mehr mitgehe.

Schon lange vorher überlege ich mir, was ich mache: einen Abend mit ein paar alten Freundinnen ausgehen, die ich sonst kaum noch sehe, oder gemütlich mit ein paar Leuten in der Stadt essen.«

»Ich habe in einem alten Verschlag auf dem Boden ein kleines Zimmer für mich eingerichtet. Mit meinem Mann und meinen Kindern habe ich ausgemacht, daß sie mich da nicht stören dürfen. Ab und zu ziehe ich mich für ein paar Stunden dorthin zurück.«

»Mit meiner Selbsterfahrungsgruppe habe ich verabredet, daß ich mir jeden Tag eine Stunde für mich nehme. Zuerst wußte ich nicht, was ich mit dieser Stunde anfangen sollte. Ich war es überhaupt nicht mehr gewohnt, etwas allein zu tun. Aber inzwischen merke ich, daß ich schon richtig ruhig werde, wenn ich nur mal irgendwo die Zeitung lesen kann, ohne daß jemand dazwischenredet; oder meinen Körper eine Stunde lang pflege, erst unter die Dusche und dann schön eincremen mit Lotion; oder eine halbe Stunde gute Musik und allein tanzen, ohne daß jemand zusieht.«

»Manchmal gehe ich mit den Kindern zusammen in die Badewanne. Die warmen, durftenden kleinen Körper finde ich herrlich. Ich muß mir dafür nur genug Zeit nehmen, sonst ärgert mich die Plantscherei.«

»So am Anfang des Sommers miete ich irgendwo mit ein paar Freundinnen ein Haus, wo wir draußen nackt herumlaufen können. Klönen im Gras, in der Sonne. Spazierengehen, Lecker essen zusammen. Das Kaminfeuer an. Hmm.«

»Wenn ich gut mit meinem Geld ausgekommen bin, nehme ich 10 oder 25 Mark und kaufe ein Geschenk für mich. Irgend etwas völlig Nutzloses, was ich nicht unbedingt brauche.«

4. Essen

Lieb sein zu dir selbst bedeutet auch: deinem Körper etwas gönnen, das ist nicht immer ganz einfach. Wenn wir sehr unzufrieden sind, neigen wir dazu, uns mit Süßigkeiten vollzustopfen. Wenn wir sehr nervös sind, greifen wir schon schnell zum Vermouth. Manchmal vergessen wir, daß wir selbst unser Körper *sind* und er nicht etwas ist, das wir nur mitschleppen. Wir wissen, daß zwischen unserem Körper und unseren Gefühlen eine deutliche Beziehung besteht: wenn wir unglücklich sind, fühlen wir uns meist nicht fit, wenn wir Schmerzen haben oder Gewohnheiten, die den Bedürfnissen unseres Körpers widersprechen, fühlen wir uns meist nicht glücklich. Grundlage für eine gute Beziehung zu uns selbst ist Achtung vor unserem Körper. Das bedeutet, daß wir uns gut ernähren, schädliche Gewohnheiten wie Rauchen und Trinken einschränken, uns genügend bewegen und unsere Gesundheit ernst nehmen.

Beinahe niemand in unserer westlichen Gesellschaft muß heute noch Hunger leiden. Aber vielen Menschen ist das Hungern während des Krieges noch im Gedächtnis, oder unsere Eltern vermitteln uns Eßgewohnheiten aus einer Zeit, in der Fleisch, Süßigkeiten und Weißbrot ein Luxus waren. Das schlägt jetzt leicht um: Wir essen zuviel Zucker, zuviel Fett, zuviel Fleisch, zuviel Salz und zu viele Dinge wie Weizenmehl, geschälten Reis und anderes Zeug, das zwar füllt, aber wenig Nährwert enthält. Zucker ist heute in fast allem enthalten: in Brot, Erdnußbutter, Limonade, Mayonnaise usw. Längst nicht immer steht es auf dem Etikett. Fett ist in vielen Produkten versteckt: in Eis, Schweinefleisch, Kartoffelchips und Salzgebäck. Hackfleisch und viele Wurstsorten bestehen größtenteils aus Fett. In den meisten Produkten wie Pizza, Makkaroni, allen Sorten Weißbrot, Kuchen usw. befindet sich nur Weizenmehl, dem bereits ein großer Teil der wichtigsten Nährstoffe entzogen ist. Zuviel Salz befindet sich in fast allen fertigen Häppchen, in Suppen, sogar in Babynahrung und Limonaden.

Gerade alle verführerischen Dinge, die wenig Mühe kosten und bei denen du glaubst, dich selbst damit zu verwöhnen, sind in dieser Hinsicht schlecht: fertige Salate, Wurstbrötchen, Brat- und Currywürste, Torten (auch Käsekuchen, vom dem viele glauben, er sei gesund, enthält viel Zucker, Fett und Weizenmehl). Gerade wenn wir nicht für jemand anderen sorgen müssen, sondern nur für uns selbst, neigen wir dazu, es uns einfach zu machen; wir essen Dinge, die schlecht für uns sind, die nach einem vollen Arbeitstag nicht noch mehr Arbeit erfordern, die gut aussehen. Manchmal ist es das Schönste, was du dir selbst gönnen kannst, einmal *nicht* zu kochen. Doch ist es der Mühe wert aufzupassen, daß wir nicht nur gemütlich und lecker, sondern auch gesund essen. Und außerdem können wir uns noch andere Dinge ausdenken, um uns selbst zu verwöhnen: keine Kekse beim Zeitunglesen, sondern sorgfältig ausgesuchte und abwechslungsreiche Dinge essen, auch für dich selbst schön zurechtgemacht.

»Früher bestand mein Luxus vor allem darin, für mich selbst nicht zu kochen. Ich ging zum Italiener oder kippte eine Dose Suppe in den Topf. Jetzt mache ich eine wahre Kunst daraus, wenn ich ein schönes Essen für mich selbst zubereite: einen schönen Teller, auch wenn ich Brot esse, dazu eine Tomate oder eine Scheibe Zitrone oder Petersilie. Den Salat in eine kleine Schale mit einer Scheibe Ei drauf. Eine Serviette und Mineralwasser aus dem Weinglas. Eine Birne dazu oder ein paar Weintrauben mit einem Stück Käse. Oder eine halbe Grapefruit mit etwas Sherry darüber. Apfelsinensaft zum Frühstück und ab und zu ein weichgekochtes Ei. Es kostet mehr Zeit, macht aber auch mehr Spaß.«

Ein Problem bei zu vielem und schlechtem Essen ist, daß wir dick werden. Und das hängt damit zusammen, wie wir uns fühlen. Es gibt verschiedene Formen von »zu dick« sein. Eine ist, daß wir dicker sind, als gesund für uns ist, daß wir uns dadurch schlapp fühlen und schneller krank werden. Die andere Form von »zu dick« sein hängt mit der Mode zusammen, die vorschreibt, daß nur sehr dünne Frauen attraktiv sind, und dazu führt, daß wir idiotische und ungesunde Diäten befolgen, um das Ideal zu erreichen – und meist umsonst. Es ist für uns selbst sehr wichtig herauszufinden, wir wir gesund bleiben können und nicht zu dick werden, ohne in das andere Extrem zu verfallen, uns selbst mit Hungerdiäten zu quälen und mit einem Idealbild, das wir doch nie erreichen können. Die meisten Frauen finden sich »häßlich«, und meist wird »häßlich« direkt mit Dicksein verbunden. Wir kennen fast alle den Kreislauf von Selbsthaß: sich unglücklich fühlen, sich mit etwas Leckerem trösten und dann noch unglücklicher werden, weil wir wieder ein Pfund mehr drauf haben. Es ist sehr schwierig, aus diesem Kreislauf herauszukommen; es fängt damit an, daß du dich selbst genug schätzt, um Achtung vor deinem Körper zu haben und herauszufinden, welche deine wirklichen Bedürfnisse sind. Wenn du dich einsam fühlst oder nicht genug Anerkennung bekommst, läßt sich das Loch in deiner Seele auch nicht mit Erdnüssen füllen, und es ist wichtig, andere Formen zu finden, deine Isolation zu überwinden oder Anerkennung zu erhalten.

5. Trinken

Alkohol ist auf dem besten Wege, das gebräuchlichste und gefährlichste Rauschmittel zu werden. Früher war eine Flasche Wein etwas Festliches, zu einem besonders leckeren Essen oder wenn es etwas zu feiern gab. Jetzt ist es normal, immer Getränke im Hause zu haben, und sobald jemand kommt, etwas anzubieten. Die Menschen werden abhängig vom Alkohol und können nicht mehr ohne auskommen. Jetzt, wo der Alkoholverbrauch sich von der Kneipe ins Haus verlagert hat, betrifft das in zunehmendem Maße auch Frauen. Nicht nur für die Frauen, die richtig betrunken werden und nicht mehr wissen, was sie tun, ist Alkohol ein Problem. Viele Frauen sind nie betrunken, haben es sich jedoch angewöhnt, ohne darüber nachzudenken, soviel Alkohol täglich zu trinken, daß es schon ungesund ist.

»Seit wir immer etwas im Hause haben, weil mein Mann oft Bekannte zum Essen mitbringt, merke ich, daß ich immer häufiger am Vormittag zum Kaffee einen Cognac trinke und beim Kochen einen Sherry. In den Ferien haben wir uns daran gewöhnt, beim Essen immer Wein zu trinken. Dann abends wieder Cognac zum Kaffee. Und das eigentlich jeden Tag.«

»Seitdem ich ein eigenes Einkommen habe, gehe ich manchmal mit meinen Arbeitskollegen mittagessen und trinke ein Glas Wein dazu. Um fünf Uhr dann noch einen Schnaps. Manchmal zu Hause noch einen vor dem Essen. Beim Essen und abends dann wieder.«

»Allmählich ist es zur Gewohnheit geworden, daß abends beim Fernsehen ein paar Bier getrunken werden. Weil ich es ungemütlich finde, wenn mein Freund allein trinkt, nehme ich mir auch was. Vor allem, wenn Leute kommen, wird eine Menge Bier konsumiert.«

Trunkenheit ist ungesund. Aber auch wenn wir nie betrunken sind, bewirkt zuviel Alkohol häufig, daß wir uns müde und schlapp fühlen, schlecht schlafen, unausgeschlafen sind, dicker werden, als wir sein sollten. Alkohol ist ein Gift, das unsere Leber abbauen muß. Wenn wir zuviel trinken, geht auf die Dauer die Leber daran kaputt, auch wenn es nie soweit kommt, ist viel trinken nicht das Beste: Während dein Körper damit beschäftigt ist, das Gift zu verarbeiten, hat er wenig Energie für andere Dinge. Außer für Menschen, die wissen, daß sie wirklich abhängig werden können vom Alkohol und deshalb vernünftigerweise überhaupt nicht trinken sollten, kann man sich das Vergnügen an einem Glas Wein bei Tisch oder einem Schnaps am Abend bewahren. Unser Körper ist imstande, vier Gläser Alkohol am Tag zu verarbeiten. Eine Hilfe ist, eine Zeitlang zu kontrollieren, wieviel du trinkst. Manchmal geht das Zuschenken so automatisch, daß du es kaum noch merkst und also auch kaum noch Vergnügen daran hast. Vor allem in Gesellschaft, beim Reden, nimmst du schnell einen Schluck nach dem anderen, ohne zu merken, was du tust. Für wen das Trinken allmählich zur Gewohnheit geworden ist, kann es hilfreich sein, ein Glas Mineralwasser oder Orangensaft zu trinken. Ein Vorteil der 4-Gläser-Regel ist, daß du wirklich wieder schmeckst, was du trinkst, genauso wie in der Zeit, als Wein nur auf den Tisch kam, wenn jemand Geburtstag hatte.

Wichtig ist außerdem, wenn du bei dir selbst bestimmte Trinkgewohnheiten entdeckst, ihre Ursachen herauszufinden. Wann und warum trinkst du? Wenn du den Streß von deiner Arbeit abreagieren willst oder wenn du nach einem aufreibenden Tag endlich die Kinder im Bett hast? Weil du dich in der Gesellschaft, in der du dich befindest, nicht wohl fühlst? In Augenblicken, wo du dich langweilst oder das Gefühl hast, nichts Sinnvolles zu tun zu haben? Dann mußt du sicher etwas daran ändern.

6. Rauchen

... und in Zukunft weniger rauchen und trinken ...

Früher bekamen vor allem Männer Lungenkrebs. Dank der Emanzipation der Frauen, die jetzt auch in der Öffentlichkeit rauchen dürfen, leiden heute immer mehr Frauen an Lungenkrebs. Rauchen ist ein bekanntes Mittel gegen Spannungen. Du hast etwas mit deinen Händen zu tun, wenn du in Gesellschaft bist. Aber in einem geschlossenen Raum zwingst du jeden mitzurauchen, und vor allem für Leute, die gerade versuchen, es sich abzugewöhnen, kann das eine Qual sein.

Eine kürzlich in England durchgeführte Untersuchung ergab, daß Rauchen in Verbindung mit der Pille doppelt riskant ist. In diesem Falle gibt es nur eine Lösung, entweder mit der Pille oder dem Rauchen aufzuhören – oder mit beidem.

Genauso wie bei anderen Formen der Sucht ist es gut, wenn du weißt, wann dein Bedürfnis nach einer Zigarette am größten ist. Rauchst du vor allem, um selbstbewußter zu sein, so hilft dir ein Training, das dich sicherer macht, mehr. Wenn du nicht weißt, wohin mit deinen Händen, kannst du auch etwas anderes mit ihnen tun. In Griechenland spielen die Männer den ganzen Tag mit einer Perlenkette, das vermindert die Zahl der Fälle von Lungenkrebs erheblich. Ich habe all den Vierecken, die ich in langweiligen und spannenden Sitzungen häkelte, zwei große Tagesdecken zu verdanken. Wenn du nicht rauchst, ist es außerdem dein Recht, von anderen Leuten zu erwarten, daß sie in einem geschlossenen Raum nicht rauchen, wenn es dich stört. Den meisten Frauen gelingt kaum mehr als die freundliche Bitte, doch etwas weniger zu rauchen oder das Fenster zu öffnen – so daß wir nicht nur Lungenkrebs bekommen, sondern uns auch noch totfrieren –, aber selten sind wir mutig genug, die Rauchenden zu bitten, ihre Zigaretten bis zur Pause aufzuheben oder rauszugehen, wenn sie es ohne Zigarette nicht aushalten können. Es ist eine gute Übung, für unsere eigenen Interessen zu fechten.

7. Bewegen

Fast jede von uns bewegt sich zuwenig oder zu einseitig. Das kommt u. a. daher, daß die meisten Arbeiten furchtbar ungesund sind: vom Sitzen an der Schreibmaschine wirst du todmüde, wenn du den Fußboden wischst, hinter dem Ladentisch stehst oder Einzelteile zusammensetzt, wird ein Teil deines Körpers überbelastet, während der Rest überhaupt nicht beansprucht wird. Das gilt auch für Männer, doch für Frauen gibt es da besondere Probleme. Im allgemeinen verfügen Frauen über weniger Muskelkraft als Männer (obwohl sie ein größeres Durchhaltevermögen haben), und daraus wird dann abgeleitet, daß weniger Kraft zu haben weiblich, deinen Körper zu trainieren aber unweiblich und unattraktiv ist. Viele Männer geben bewußt oder unbewußt zu verstehen, daß ihnen schwache Frauen, die eine Weinflasche nicht aufkriegen oder Schwierigkeiten mit einem klemmenden Fenster haben, lieber sind. Wenn Frauensport lächerlich gemacht wird, ist dies oft ein Versuch von Männern, diesen Bereich, in dem sie ihre »Männlichkeit« beweisen können, für sich selbst zu behalten. Frauen dürfen nicht stark sein, sonst verlieren sie ihre Attraktivität für Männer (das hindert viele Männer übrigens nicht daran, das Auto mit zur Arbeit zu nehmen und ihre Frau Einkaufstasche und Kinder schleppen zu lassen).

Diese Vorstellung hat viele Frauen in ihrer Jugend daran gehindert, gern Sport zu betreiben oder ihren Körper weiter zu trainieren. Jungen werden zu körperlichen Leistungen angehalten; ständig zu beweisen, daß sie schneller sind, höher und weiter können als andere Jungen. Von Mädchen wird erwartet, daß sie sich kaum dafür interessieren. Deshalb ist es für Frauen auch viel weniger selbstverständlich, Sport zu treiben, vor allem dann, wenn sie keine Lust haben, unter Leistungsdruck zu kommen.

Frauen werden in ihrer Bewegungsfreiheit auch eingeschränkt und lassen sich einschränken durch die Kleidung. Zum Glück ist die Zeit vorbei, in der wir unseren Körper in enge Gürtel, Korsetts und Strumpfhalter zwängten und unsere Füße in viel zu spitzen Schuhen kaputtmachten, in denen wir uns nur humpelnd fortbewegen konnten und in der Straßenbahn hängenblieben. Wenn wir wollen, können wir lange Hosen tragen, Kleider, die nicht kneifen, Schuhe, die es uns erlauben, mit unseren Füßen auf dem Boden zu stehen, der Straßenbahn nachzulaufen oder an einer Amsterdamer Gracht spazierenzugehen, ohne ständig fast auf der Nase zu liegen. Doch sobald du die »Brigitte« aufschlägst, drohen die alten Zeiten zurückzukehren: der enge Rock und die hohen Hacken kommen wieder, worin du nur elegant wirkst, wenn du gegen eine Mauer oder einen Herrn drapiert lehnst und vor allem nicht versuchst, darin zu laufen. Es ist kein Zufall, daß gerade Frauen eine Mode vorgeschrieben wird, die sie in ihrer Bewegungsfreiheit einschränkt. Röcke, sie so kurz sind, daß du dich nicht bücken kannst, Schuhe, die das Laufen eher schwieriger machen als erleichtern. Auch die Männermode ändert sich, doch es ist kaum zu erwarten, daß Männer Kleidung tragen, in der sie ihre Knie nur 10 cm auseinanderkriegen oder ihren Blutkreislauf mit Gummi abklemmen. Eine gute alte holländische Gewohnheit, um in Bewegung zu bleiben, ist das Fahrradfahren, statt im Auto oder in der Straßenbahn zu sitzen.

Auch schwimmen ist sehr gut. Einige Leistungsportarten stehen für Frauen offen, doch es gibt auch noch andere Möglichkeiten. Yoga ist gut zur Bewegung und als Entspannung. Selbstverteidigung, wie z. B. Karate, hat eine doppelte Funktion: Wir können uns bewegen und fürchten uns weniger vor Überfällen. Auch wenn du es nie anwendest, ist das Gefühl, deinen Körper beschützen zu können, sehr wichtig für dein Selbstbewußtsein. Zu Karate gehört normalerweise ein ausgezeichnetes Konditionstraining. Und gerade weil es mehr auf Geschmeidigkeit und Schnelligkeit ankommt als auf Muskelkraft, können Frauen darin sehr gut werden. Tanzen, insbesondere alle Formen von Jazzballett, zu denen ein gutes Körpertraining gehört, machen Spaß und sind für viele Frauen wesentlich attraktiver als andere leistungsorientierte Sportarten; gute Tanzschulen haben auch Kurse für Anfängerinnen.

Wenn du keine Lust hast, in eine gemischte Gruppe zu gehen, aber keinen Kursus für Frauen findest, kannst du dich mit anderen interessierten Frauen zusammentun und selbst eine Lehrerin suchen. Manchmal läßt sich das über das Frauenzentrum oder in einem Stadtteilzentrum organisieren. Es ist auch schöner, mit einer Gruppe von Frauen draußen Sport zu treiben oder ein paar Runden zu laufen, als allein. Mit einigen Freundinnen in die Sauna gehen, ist gut für deinen Körper und befreit dich vielleicht auch gleich von Komplexen, wie z. B. dem, daß niemand so dicke Waden hat wie du oder beim Sitzen drei Falten im Bauch.

8. Gesundbleiben, Kranksein

Im allgemeinen gehen Frauen häufiger zum Arzt als Männer. Manche wenig angenehme Ärzte folgern daraus, Frauen seien wehleidiger als Männer. Meines Erachtens trägt vorwiegend die Lebensweise von Frauen dazu bei, daß sie öfter krank werden. Frauen, die zu Hause arbeiten, z. B. weil sie kleine Kinder haben, verrichten eine Arbeit, die nie fertig ist, die ihre Aufmerksamkeit zerstreut, die größtenteils unsichtbar bleibt und kaum anerkannt wird. Außerdem sind viele Frauen dadurch isoliert und sehen manchmal tagelang nur ihre Kinder und den Milchmann. Inzwischen wissen wir, daß Menschen davon krank werden können. Frauen, die nebenbei noch außer Haus arbeiten, sind doppelt belastet und erfahren eine andere Art Verschleiß. Frauen, die außer Haus arbeiten und keine Familie haben, müssen sich nach der Arbeit selbst versorgen. In allen Fällen werden Frauen kaum unterstützt, selten kocht jemand für sie oder macht die Wäsche; außerdem können sie nicht so einfach ihre Spannungen loswerden. Fast alle Männer haben eine Frau, bei der sie sich abreagieren können, ihre Frau oder ihre Mutter; es wird auch allgemein akzeptiert, daß sich ein Mann nach einem harten Arbeitstag schlecht fühlt oder zu nichts anderem mehr Lust hat, als hinter seiner Zeitung zu versinken. Bei Frauen wird das viel weniger akzepiert. Eine Frau, die zur Essenszeit hinter der Zeitung sitzt und fragt, wann das Essen fertig ist, und ihren Mann mehr oder weniger freundlich bittet, die Kinder still zu halten, gälte als Mannweib, als Monster von Unweiblichkeit. Wenn du allein wohnst, gibt es zwar keinen Mann, der Anspruch auf dich erhebt, aber es gibt auch niemanden, mit dem du darüber quatschen kannst, was tagsüber passiert ist und daß du müde bist, niemanden, der ein leckeres Essen für dich kocht. In jedem Fall mangelt es Frauen an liebevoller Versorgung. Darum ist es auch kein Luxus oder Egoismus, besser für dich selbst zu sorgen. Es ist einfach Gesundheitspflege, ab und zu einen Tag zu Hause zu bleiben, wenn du dich nicht gut fühlst, gemütlich mit anderen Frauen zusammenzusein, dich von einer Freundin verwöhnen zu lassen, mal die Tür zuzumachen für Leute, die etwas von dir wollen, wenn dir das im Moment zuviel ist.

Für deine Gesundheitspflege brauchst du auch einen Arzt, der dir nicht das Gefühl gibt, eine Zimperliese zu sein. Ein Arzt, der dir sofort Beruhigungs- oder Schlaftabletten verschreibt, ohne mit dir zu reden oder gar ohne dich zu untersuchen, ist schlecht. Zu einem Arzt mußt du auch gehen können, wenn du über längere Zeit furchtbar müde bist, ohne dann Angst zu haben, daß du vielleicht *nichts* hast. Die meisten Hausärzte sind Männer. Ein Grund dafür ist, daß ein Hausarzt eigentlich eine Frau braucht, die das Telefon beantwortet und den Betrieb im Hintergrund regelt. Frauen haben keine Hausfrau hinter sich, und darum ist es für sie auch viel schwieriger, Hausarzt zu werden. Der Nachteil bei männlichen Hausärzten ist, daß sie dieselben Vorurteile haben wie alle anderen Männer. Die meisten Ärzte können z. B. viel eher den Streß eines Geschäftsmannes im mittleren Alter nachempfinden, der ihrer eigenen Situation ähnelt, als die Probleme einer Frau kurz vor den Wechseljahren. Manche Ärzte können sich nicht vorstellen, daß es dir unangenehm ist, mit gespreizten Beinen auf dem Behandlungsstuhl zu liegen, und dir ein kaltes Spekulum in die Vagina geschoben wird. Vielleicht brächten sie mehr Verständnis auf, würden sie selbst mal ein paar Minuten nackt auf so einem Stuhl liegen, während Frauen sie etwas gleichgültig abtasteten. Sicher sind Ärzte nicht immer wenig einfühlsam, dennoch ist es bei einer Ärztin wahrscheinlicher, daß sie mehr Verständnis für deine Probleme zu Hause aufbringt oder das Spekulum kurz unter warmes Wasser hält. Zum Glück gibt es inzwischen auch einige Ärztinnen, die Frauen nicht nur individuell behandeln, sondern auch mit Frauengruppen arbeiten, die sich dann gegenseitig unterstützen und helfen können. Auf eine Ärztin oder einen Arzt, der/dem du vertraust, hast du ein Recht. Du bezahlst sie oder ihn, damit sie/er dir hilft, auch wenn du in der Krankenkasse bist. Du hast ein Recht auf konkrete Antworten auf deine Fragen, das Recht, ernst genommen zu werden.

Außerdem ist es wichtig, daß wir besser lernen, auf unseren eigenen Körper zu hören. Wir haben gelernt, Schmerz so lange wie möglich zu ignorieren, schnell Schmerztabletten zu nehmen, und wenn das nicht hilft, zum Arzt zu gehen. Häufig wiederkehrende Schmerzen können ein Signal sein: Wenn du immer am Wochenende Kopfschmerzen bekommst, dann vielleicht, weil alle zu Hause sind und zu viel von dir wollen, weil du daran gewöhnt bist, viel zu geben und wenig zu bekommen. Wenn du regelmäßig Rückenschmerzen hast, kann das heißen, daß du zu hart arbeitest und dir selbst zuwenig Ruhe gönnst. Wenn du ständig an Blutarmut leidest, sorgst du möglicherweise nicht genug für dich selbst. Vielleicht mußt du öfter nein zu anderen sagen, länger schlafen, ab und zu allein sein oder weggehen, deine Arbeit einfach einen Tag absagen und im Bett bleiben, bevor du wirklich krank wirst. So fangen nicht zufällig gerade jetzt viele Frauen an, sich für natürliche Heilmethoden zu interessieren, u. a. für Homöopathie. Bei diesen Methoden achten wir mehr auf den eigenen Körper, verstärken unsere Abwehrmechanismen, statt Beschwerden zu unterdrücken.

Auch ohne gleich einen Kult daraus zu machen, können wir von den Menschen lernen, die sich intensiver mit Körper und Gesundheit beschäftigt haben.

Zum Schluß noch zwei Dinge, die du für dich selbst tun kannst, wenn dir dein Körper wichtig ist:

– einmal im Jahr einen Abstrich zur Kontrolle von Gebärmutterkrebs machen lassen, wenn du über fünfunddreißig bist,

– und einmal im Monat selbst deine Brust auf Knoten und Veränderungen untersuchen.

Gebärmutter- und Brustkrebs sind nicht lebensgefährlich, wenn wir sie rechtzeitig erkennen. Aber gerade weil wir Angst davor haben, wollen wir oft gar nicht erst wissen, ob wir es haben; doch damit verringern wir selbst unsere Chancen, gesund zu werden, wenn wir tatsächlich krebskrank sind. Außerdem ist es gut, schon vorher mehr darüber zu wissen und nicht erst dann, wenn wir befürchten, Krebs zu haben.

9. Menstruation und Wechseljahre

Wir haben auch gelernt, daß Menstruationsbeschwerden eine Schwäche von uns sind. Vielen Frauen ist die Menstruation zuwider; sie sind dann reizbarer, schneller müde und haben Bauchschmerzen. Einige Frauen dagegen denken, daß sich statt unangenehmer auch ein paar schöne Tage daraus machen lassen, wenn du deine Gefühle und Bedürfnisse nicht unterdrückst. Das ist natürlich schwierig, wenn du eine feste Arbeit hast und nicht einfach einen Tag tun kannst, wonach dir zumute ist. Bei einer Arbeit, wo eine konstante Leistung erwartet wird, gelten Menstruationsbeschwerden als Schwäche und werden als Argument dafür gebraucht, daß Frauen für die Arbeit nicht geeignet sind. Als hätten Männer nicht auch Hochs und Tiefs.

»Ich habe gemerkt, daß ich mich während der Menstruation sehr wohl fühle, wenn ich mich einfach gehenlassen kann. Ich bin dann viel empfindsamer, emotionaler. Wenn ich diese Gefühle abwehre, werde ich weinerlich und kribbelig. Wenn ich mich gehenlasse, entdecke ich, daß ich kreativer bin. An diesen Tagen bleibe ich am lieb-

sten zu Hause und bastle an irgend etwas herum. Ich genieße es dann, ein gutes Buch zu lesen. Oft schreibe ich Briefe, die ich liegengelassen habe, oder rede über Dinge, die ich lange vor mir herschob. Ich empfinde es nicht mehr als Schwäche, sondern als eine andere Möglichkeit, meine Kräfte zu gebrauchen.«

Wir werden älter. Nicht einmal, sondern mehrfach, immer wenn wir von einer Phase in eine andere übergehen. Eine dieser Phasen wird als Wechseljahre bezeichnet; wir hören auf zu menstruieren, unser Hormonhaushalt verändert sich, und manchmal haben wir auch körperliche Beschwerden. Es ist wichtig, sie ernst zu nehmen. Außerdem ist es wichtig, nicht alles unvorbereitet über uns ergehen zu lassen, sondern schon vorher zu wissen, was passieren kann, damit wir auch unterscheiden können, was wirklich physisch ist und was mit unseren Lebensverhältnissen zusammenhängt. Für viele Frauen, die bis dahin vor allem damit beschäftigt waren, für ihre Familie zu sorgen, entsteht dann möglicherweise eine Leere, die allein schon Anlaß sein kann für Depressionen, ganz abgesehen von den Hormonveränderungen. Dagegen helfen keine Pillen. Was hilft ist, uns bewußt zu machen – bevor wir in die Wechseljahre kommen –, daß wir noch einen großen Teil unseres Lebens vor uns haben, den wir selbst gestalten müssen. Das ist nicht einfach in einer Welt, in der ältere Frauen nicht mitzählen, fast unsichtbar gemacht werden. Aber es ist auch nicht unmöglich: Das beweist die schnell zunehmende Zahl von VIDO-Frauen (Vrouwen in de Overgang = Frauen im Übergang)* mit inzwischen 60 Gruppen in den Niederlanden. Wir sollten uns gemeinsam mehr bewußt machen, daß Älterwerden zwar eine Tempoveränderung mit sich bringen kann, Menschen hierdurch jedoch noch nicht nutzlos werden. Bei Frauen, die außer Haus arbeiten, sind Beschwerden in den Wechseljahren weniger wahrscheinlich. Offenbar hängt das mit deinem Gefühl zusammen, nützlich zu sein und ein Ziel in deinem Leben zu haben. Andererseits sind gerade alleinstehende arbeitende Frauen schneller ver-

* In den Niederlanden gibt es jetzt eine große Selbsthilfeorganisation für Frauen in den Wechseljahren. Die Frauen beraten und unterstützen sich gegenseitig z. B. beim Gebrauch von Arzneimitteln, gehen gemeinsam zum Arzt, unternehmen Ausflüge und treiben Sport miteinander.

braucht, weil sie neben ihrer Arbeit auch noch für sich selbst sorgen müssen. Es wird auch Zeit, daß die Menschen sich in dieser Gesellschaft nicht mehr bis zu ihrem 60. oder 65. kaputtarbeiten, um anschließend abgeschoben zu werden. Wir müßten uns mit zunehmendem Alter langsam an weniger oder andere Arbeit gewöhnen können.

10. Brustkrebs

Bei Brustkrebs ist die panische Angst, eine Brust zu verlieren, oft größer als die Furcht vor der Krankheit selbst. Aus diesem Grunde wollen wir häufig nicht einmal untersuchen lassen, ob wir Brustkrebs haben, so als verschwände er, wenn wir ihn negieren. Wir haben schreckliche Angst, durch den Verlust einer Brust mißgebildet und abstoßend zu sein und damit für den Rest unseres Lebens auf Erotik, auf die Wärme eines anderen Körpers keinen Anspruch mehr zu haben. Es ist wichtig, daß wir diese Angst nicht unterdrücken, sondern sie erkennen. Zum Teil ist es wahr, daß wir für die Sorte Männer, die Frauen normalerweise als eine Ansammlung von Beinen, Brüsten, Pobacken und Mösen betrachten, weniger wert sind. Aber was sind diese Männer für uns wert? Wir selbst können es uns nicht vorstellen, daß eine Frau, die wir lieben und anziehend finden, uns weniger lieb wäre, wenn sich ein Teil ihres Körpers veränderte. Deshalb können wir das auch von anderen erwarten. Zum Glück wird in letzter Zeit freier über Brustkrebs geredet. Es gibt mehr Frauen, die zu erzählen wagen, daß sie »nur« eine Brust haben. Für andere Frauen ist es wichtig zu wissen, wie das aussieht, weil sie dann weniger Angst haben. Frauen, die schon früher eine Brustoperation hatten, können den Frauen, die gerade erst operiert worden sind, dabei helfen, die Trauer über den Verlust eines geliebten Körperteils zu verarbeiten.
Nicht nur Frauen, die eine Brustamputation hinter sich haben, sind unglücklich über ihre Brüste. Fast alle Frauen sind unzufrieden. Ein Grund dafür ist das ständige Bombardement in Reklame und Filmen mit Bildern von Brüsten, die wie halbe Zitronen nach oben zeigen. Fast alle Frauen suchen mit BHs ihren Busen diesem Idealbild anzupassen; damit machen wir uns selbst und einander unglücklich. Jede

Brustuntersuchung

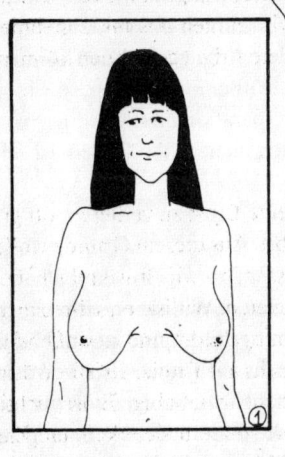
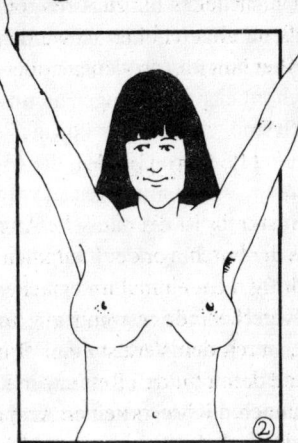
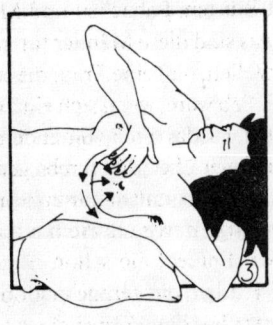
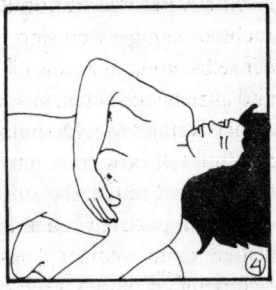
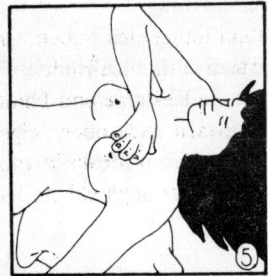
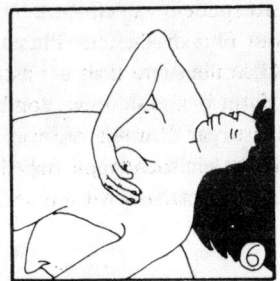

Frau glaubt, nur sie allein habe so kleine oder so hängende Brüste. In ihrem Unglück lassen sich einige Frauen mit plastischer Chirurgie behandeln. Vielleicht hilft das einigen. Aber es ist schlimm, daß wir uns lieber in den Körper schneiden und die Chirurgen dickes Geld verdienen lassen, um unseren Körper diesem Idealbild anzupassen, statt unsere Schönheitsvorstellungen an unsere Körper anzupassen, so wie sie wirklich sind. Und das Risiko, nach der Operation merkwürdige, harte und fremde Brüste zu haben, die wir auch nicht schön finden, ist sehr viel größer, als öffentlich gesagt wird.

Selbstuntersuchung der Brust

Erste Regel für die Untersuchung der Brust ist, daß sie regelmäßig geschehen muß; gut ist einmal im Monat nach der Menstruation. Häufiger ist nicht notwendig, damit machst du dich höchstens verrückt. Gleich nach der Menstruation sind deine Brüste weniger voll als vorher, und du kannst dann ungewöhnliche Zustände eher bemerken. Wenn du es eine Zeitlang gemacht hast, kennst du deine Brust gut; das ist auch für den Arzt, der dich untersucht, nur positiv.

Untersuchung

– Stelle dich zuerst gerade vor einen Spiegel. Merke dir die Größe und Form deiner Brüste und prüfe dann, ob sie sich verändert haben. Die Brüste der meisten Frauen sehen rechts und links nicht ganz gleich aus. Es ist wichtig, daß du feststellst, ob sich an *deinen* Brüsten etwas verändert hat.
– Suche deine Haut nach Dellen oder Grübchen ab. Dabei mußt du die Brüste vielleicht hochheben, um darunterzuschauen.
– Untersuche deine Brustwarzen nach Veränderungen oder Austritt von Sekret, aber drücke sie nicht zu stark.
Nun hebe deine Arme über den Kopf und sieh nach, ob Veränderungen aufgetreten sind, wobei du auch auf jenen Teil der Brust achtest, der den Übergang zur Achsel bildet.
– Drehe dich leicht nach beiden Seiten, damit du deine Brust auch von der Seite betrachten kannst.

– Beuge dich mit noch immer erhobenen Armen nach vorn und achte auf irgendwelche ungewöhnlichen Veränderungen.
– Schau dich noch einmal im Spiegel an, während du deine Handflächen zusammendrückst oder die Hände locker in die Hüfte stützt.
Dann lege dich hin. Strecke während der Untersuchung den einen Arm hinter deinem Kopf aus oder lege die Hand unter den Kopf, wobei der Ellenbogen flach liegen soll. Ein kleines Kissen oder ein großes gefaltetes Handtuch unter deiner Schulter werden das Brustgewebe besser verteilen. Wechsle später die Stellung und laß deinen Arm gestreckt seitlich neben dem Körper liegen. Taste deine Brust sanft und systematisch mit dem vorderen Teil deiner Handfläche ab und halte dabei die Finger gerade und geschlossen. Wenn du deine Fingerspitzen verwendest, kann das verwirrend sein, insbesondere wenn du drüsenreiche Brüste hast, denn Fingerspitzen ertasten auch die allerfeinsten Unregelmäßigkeiten. Die Handfläche sollte in der Lage sein, neuauftretende Knoten, die normalerweise nicht da waren, zu ertasten. Vielleicht ist es auch leichter, die Brüste im Bad abzutasten, wenn deine Hände eingeseift sind. Untersuche deine Brüste systematisch. Manche Leute empfehlen, die Brust im Geiste zu vierteilen oder zu halbieren, andere wieder wollen sie in drei horizontale Bereiche einteilen.
– Welche Methode zu auch immer anwenden willst, du mußt alle Teile deiner Brust untersuchen einschließlich der Brustwarze und dem Teil unter dem Arm. Anfangs ist es schwierig, zu beurteilen, wieviel Druck du ausüben sollst, es ist deshalb vielleicht gut, eine andere Frau zu fragen, die darin schon Erfahrung besitzt. Auf keinen Fall darfst du die Brust zu stark drücken oder kneifen. Vergiß nicht, daß du nur nach Veränderungen suchst.

11. Aussehen

Wenn wir uns gut fühlen, finden wir uns schön. Wenn wir uns häßlich finden, fühlen wir uns schlecht.
Nach einer Umfrage einer Frauenzeitschrift aus dem Jahr 1978 ist die Hälfte der niederländischen Frauen mit ihrem Aussehen nicht zufrie-

den. Ich glaube, es sind noch mehr. In meiner ersten Selbsterfahrungsgruppe suchten wir herauszufinden, was wir an uns selbst nicht schön fanden. Die eine meinte, sie hätte zu dicke Waden. Niemand hatte das bisher bemerkt. Aber immer wenn sie versuchte, ihre Waden in zu enge Stiefel zu zwängen, und es wieder aufgab, hatte sie das Gefühl, eine plumpe Ziege zu sein. Eine andere Frau glaubte, sie sähe mit ihrem dünnen, strähnigen Haar nicht gut aus. Auch das war noch niemand aufgefallen. Wir hatten alle irgendwas. Zu dick (die meisten), zu dünn (einige). Zu groß, so daß wir in der Tanzstunde immer sitzenblieben, weil die Jungen nicht mit größeren Frauen tanzen wollten. Zu klein, so daß jeder über uns hinwegsah und wir nie ernst genommen wurden.

ich gucke einfach nicht mehr in den Spiegel!

Ein zu dicker Bauch, der nur nach zwei Tagen Hungern einigermaßen flach schien. Ein Doppelkinn. Pickel. Haare an den Beinen. Haare um deine Brustwarzen. Zu dicker Hintern. Zu kurze Beine. Und Busen, vor allem Busen, zu klein, zu groß, zu schlaff. Keine von uns war wirklich mit ihrem Körper zufrieden. Über unsere »Schamteile« schämten wir uns damals noch, wir erwähnten sie überhaupt nicht. Und doch waren wir alle so zwischen 20 und 30, was eigentlich als attraktives Alter gilt, und keine von uns war sehr viel anders als die anderen Frauen.

Ihr Aussehen ist wichtig für Frauen. Psychiater meinten das früher auch, sie dachten sogar, dies sei den Frauen angeboren und Eitelkeit gehöre zur weiblichen Natur. Der wichtigste Grund, weshalb wir unser Äußeres nicht ignorieren können, selbst wenn wir es wollten, ist die Tatsache, daß Männer uns danach beurteilen. Durch Bemerkungen auf der Straße werden wir ständig daran erinnert. Permanent werden wir mit raffinierter Reklame konfrontiert, die uns ein unerreichbares weibliches Ideal vorgaukelt und so die künstlich produ

zierte Unsicherheit dazu benutzt, uns ein weiteres Produkt aufzu-
schwatzen, was jeden attraktiven Mann augenblicklich vor unseren
Füßen in Ohnmacht fallen läßt.

Es ist nicht erstaunlich, daß wir wegen unseres Aussehens nicht schlafen können und Teile unseres Körpers hassen, uns mit Hungerdiäten
unglücklich machen, unseren Bauch einziehen und unseren Busen
hochhieven. So wie Männern mit Fotos nackter Frauen ständig suggeriert wird, daß Sex zum »Greifen nahe liegt«, wird uns von klein auf
erzählt, die Liebe käme schon von selbst, wenn wir nur dem Filmstar
ähnelten, der gerade »in« ist. Und Liebe ist nicht nur die seligma-
chende rosarote Wolke mit den Geigen im Hintergrund. Der Mann,
der vor uns »fällt«, bestimmt auch unsere Zukunft. Wir leben in einer
Welt, in der wir in unserem Lebensunterhalt abhängig gehalten werden von Männern. Von unseren Chefs, die uns unterbezahlen, weil wir
Frauen sind, von unseren Männern, die uns »unterhalten« als Tausch
für ihre Versorgung. Und Männer beurteilen uns nach unserem Äußeren; z. B. bei Frauenarbeit, wo das Aussehen eine wichtige Rolle
spielt: Verkäuferin, Empfangsdame, Stewardeß. Und im Privatleben:
Die meisten Männer wählen ihre Partnerin so, daß sie zumindest etwas auf sie hinuntersehen können; also nicht zu intelligent, keine zu
gute Ausbildung, nicht älter, nicht größer, nicht zu selbstbewußt. Eine
schöne Frau ist immer etwas, womit man sich sehen lassen kann, und
darum ist das Äußere sexuell attraktiver als beispielsweise Intelligenz.
So ist das Äußere die einzige Eigenschaft, die wir kultivieren können,
kultivieren müssen, um attraktiv zu bleiben. Das ist die Botschaft, die
wir mit auf den Weg bekommen. Und auch wenn wir versuchen, überhaupt nicht zu heiraten, auch wenn wir überhaupt nicht von einem
Mann abhängig sein wollen, bleibt diese Botschaft in unserem Kopf
hängen; wir können uns nur schwer davon befreien.

Unsere sexuelle Attraktivität für andere entspricht nicht automatisch
unseren eigenen sexuellen Bedürfnissen. Viele Frauen entdecken erst,
wenn sie älter werden, wieviel Spaß ihnen Erotik bringen kann – was
allerdings nicht bedeutet, daß es mehr Menschen gibt, mit denen sie
diese Erotik gemeinsam erleben können. Das Leben beginnt mit vierzig, wird scheinheilig behauptet, doch gleichzeitig wird dir durch Bilder »attraktiver« Frauen ständig deutlich gemacht, daß Attraktivität

Jungsein bedeutet. Bei einer zwanzigjährigen Frau wird noch akzeptiert, wenn sie die Initiative ergreift und merken läßt, wie sehr sie jemanden sexuell anziehend findet, bei einer Frau über fünfzig gilt dies sehr schnell als lächerlich und unappetitlich. Wie wir beurteilt werden, hat also wenig mit den eigenen sexuellen Gefühlen zu tun.

»Wenn ich in meinem warmen Bett liege, finde ich, daß ich einen schönen Körper habe. Eine glatte Haut, schön rund und sanft, es riecht gut. Ich genieße es, in der Badewanne zu liegen und meine Brüste zu beobachten, die zwischen dem Schaum schwimmen. Ich kann mich mit Talkumpuder einpudern. Ich schwimme gern nackt, liebe das kalte Wasser an meinen Beinen und die Sonne auf meiner Haut. Ich finde, daß ich phantastisch freien kann. Ich kann einen Orgasmus bekommen wie die Eisenbahn. Ich habe noch nie so viel Spaß an meinem Körper gehabt wie jetzt. Ich glaube, ich bin noch nie so schön gewesen wie jetzt. Aber sobald ich in den Spiegel gucke, fühle ich mich elend. Ich bin siebenundvierzig. Mein Nacken wird alt, ich habe Schwangerschaftsstreifen auf Bauch und Oberschenkeln. Ich bin zu dick. Ich bin nicht mehr attraktiv.«

Es ist schwierig, sich dem Bild von »schön« zu widersetzen, das uns aufgezwungen wird. Ich habe mich und andere Frauen zum ersten Mal anders gesehen, als ich auf der Insel Femø war, in einem Ferienlager nur für Frauen; ich sah nackte Frauen um mich herum in allen Größen und in unterschiedlichem Alter. Ich merkte, daß ich eine Frau, die ich in der Stadt, in ihren Kleidern, zu dick gefunden hätte, hier auf einmal schön fand. Sie fühlte sich so wohl in ihrer Haut, sie hatte soviel Spaß beim Tanzen, es war ansteckend. Ich merkte auch, daß ich anfing, den Charakter eines Körpers zu lieben, die pergamentartige Haut einer älteren Frau, den runden Bauch einer Frau, die mehrere Kinder bekommen hatte.

Nackt mit anderen Frauen zusammensein hilft; mit anderen Frauen mal *nicht* darüber reden, was du an dir *nicht* schön findest, sondern darüber, was du schön findest. Deine Kinder wirst du nicht weniger lieben, weil sie Segelohren oder zu lange Arme haben. Das sollte auch für uns selbst gelten. Wir können lernen, uns selbst und andere Frauen mehr so zu schätzen, wie wir sind, und nicht so, wie »man« findet, daß wir aussehen sollten. In Beziehungen zwischen Frauen spielt das Älterwerden eine geringere Rolle als in Beziehungen zwischen Männern und Frauen. Bei Frauen finde ich andere Dinge schön als die meisten Männer: Kraft, Selbstbewußtsein, Spaß am eigenen Körper.

Einige Frauen entschließen sich, nicht mehr so auszusehen, wie es von Frauen erwartet wird. Kleidung, Make-up und Frisur sind Zeichen dafür, wie du gesehen werden willst. Wenn wir uns nicht so anziehen, wie von uns erwartet wird, begegnen wir Aggressionen. Wir können uns dafür entscheiden, uns nicht mehr anzuziehen, um zu gefallen. Keine Pullover wegen des »Einblicks«, keine Schuhe, um deine Beine länger erscheinen zu lassen, auf denen du aber nicht laufen kannst. Nicht mehr versuchen, Reklamefrauen zu ähneln. Am Anfang der Frauenbewegung haben sich viele von uns bemüht, sich überhaupt nicht mehr um ihre Attraktivität für andere zu kümmern, als Gegengewicht zu der überzogenen Bedeutung des »idealen« Körpers. Jetzt kommen wir mit einem eigenen Stil, mit eigenen Formen zurück. In jedem Fall Kleidung, in der wir uns wohl fühlen; keine Röcke, in denen du dich nicht bücken kannst, weil sie zu kurz sind, oder in denen du nicht laufen kannst, weil sie zu lang sind. Das bringt uns den Vorwurf ein, daß wir versuchen, wie Männer auszusehen. Und solange dumme Leute denken, daß Frauen lieben und »Männlichkeit« dasselbe sind, und viele Frauen noch Angst haben, als Lesbierin beschimpft zu werden, geben wir noch nach und versuchen, wie »echte« (lies: künstliche) Frauen auszusehen. Wir brauchen uns um diesen Vorwurf nicht zu kümmern. Es ist kein Zufall, daß du dich in Männerkleidung als Mensch am wenigsten behindert fühlst, wenn du dich bewegst, und es ist Unsinn, den Männern dieses Monopol zu überlassen. Wenn wir lange Haare unpraktisch finden oder unschön, schneiden wir sie kurz. Wenn wir uns in langen Hosen besser bewegen können, tragen wir lange Hosen. Und Schuhe, in denen wir wirklich laufen können. Wenn es so unweiblich wäre, auf flachen Schuhen zu laufen, dann wären wir wohl mit hohen Hacken an den Fersen geboren worden. Attraktivität braucht nicht dasselbe zu sein wie künstliche Hilflosigkeit. Das wußten auch die ersten Feministinnen, als sie ihre Kleidung änderten und es in Kauf nahmen, der »Unweiblichkeit« beschuldigt zu werden.

58

12. Freien mit dir selbst

Ein gutes Verhältnis mit dir selbst bedeutet auch eine gute sexuelle Beziehung zu dir selbst. Viele Frauen haben die Möglichkeit, mit sich selbst zu freien, noch nie entdeckt und auch noch nie davon gehört, wie das gehen könnte. Einige entdeckten es schon in einem Alter, als sie überhaupt noch nicht begriffen, daß das etwas mit Sex zu tun hatte, und machten unbeschwert weiter. Die meisten Frauen haben in ihrem Leben eine Zeit erlebt, in der ihnen mit oder ohne Worte zu verstehen gegeben wurde, daß es eklig sei, sich selbst anzufassen. Sie taten es doch, aber dann mit Schuldgefühl, oder sie verdrängten ihre Sexualität völlig. In alten Aufklärungsbüchern stehen manchmal merkwürdige Sachen: Daß du Gehirnerweichung oder Rückenmarkschwund davon kriegen könntest, ist schon lange überholt, aber noch in der vorigen Generation gab es reichlich Autoren, die »Selbstbefriedigung« oder »Masturbation« als ein notwendiges Übel sahen, das bei »exzessiver« Anwendung zu Willensschwäche führen könne oder zu der Unfähigkeit, Sexualität auch mit jemand anders zu erleben. Und selbst in neueren Büchern begegnest du noch häufig der Auffassung, Kinder müßten schnell mit einem Spielzeug oder Spiel abgelenkt werden, wenn sie etwas Schönes entdecken, oder durch viel Sport und frische Luft sei zu verhindern, daß Kinder zu oft auf schwüle Gedanken kommen. In moderneren Büchern denkt man positiver darüber, doch fast immer wird das Freien mit sich selbst als eine Übergangsphase gesehen, in der du noch zu jung bist für »richtigen« Sex oder zeitweilig keinen Partner hast. Außer feministischen kenne ich jedenfalls keine Bücher, die das Freien mit dir selbst als Element einer guten Beziehung zu dir selbst sehen, unabhängig davon, ob du darüber hinaus Sexualität noch mit jemand anders erlebst oder nicht. Inzwischen wird Freien mit dir selbst nicht mehr als Notmaßnahme tabuisiert, aber es gilt als normal, Freien mit einem Mann schöner zu finden. Bisher wird kaum erkannt, daß Freien mit dir selbst nicht durch den sexuellen Kontakt mit jemand anders zu ersetzen ist, genausowenig wie Freien mit dir selbst den Kontakt mit anderen ersetzen kann.

Viele Frauen entdecken mehr oder weniger per Zufall oder durch jemand anders ihre Fähigkeit, sich selbst einen Orgasmus zu machen.

»Ich machte nicht gern Gymnastik. Bis ich entdeckte, daß ich ein phantastisches Gefühl bekam, wenn ich die Taue nach oben kletterte. Oben wurde es gerade am schönsten. Dann saß ich da oben mit hochrotem Kopf und mußte mich anstrengen, nicht runterzufallen. Erst später begriff ich, daß das ein Orgasmus war.«

Fast jeder Orgasmus ist eigentlich, auch wenn du ihn mit jemand anders erlebt hast, ein Orgasmus, den du dir selbst gemacht hast. Es gibt immer etwas dabei, das dich erregt, eigene Phantasien, eigene Gefühle, eigene Bewegungen. Einer der wichtigsten Gründe, der Frauen daran hindert, einen Orgasmus zu machen, ist das Gefühl, einen Orgasmus eigentlich als Geschenk bekommen zu müssen, nicht als etwas, das dein Körper dir gibt, das du dir selbst machst.

Was hält uns davon ab, mit uns selbst zu freien? Es sind viele Gründe. Das Gefühl, du nimmst jemand anders etwas weg, wenn du ganz allein zum Orgasmus kommst. Das Gefühl, daß du damit eigentlich der- oder demjenigen, mit der/dem du freist, sagst, sie/er sei kein/e gute/r Liebhaber/in. Ekel vor dem eigenen Körper, besonders vor dem da unten. Keinen Raum oder keine Zeit, in der du dich unbeobachtet fühlst und nicht ertappt werden kannst. Angst, daß du süchtig davon wirst und es schöner finden könntest, als mit jemand anders zu freien. Angst, dich gehenzulassen. Angst, daß deine Klitoris größer wird und ein Arzt sehen könnte, daß du »es« tust (was nicht stimmt). Es egoistisch finden, etwas lächerlich oder kindlich.

Viele dieser Vorbehalte sind zu überwinden, wenn wir uns darüber bewußt werden. Freien mit dir selbst ist nicht egoistischer, als allein zu essen; wir kämen auch nicht auf die Idee zu verhungern, nur weil niemand da ist, mit der/dem wir die Mahlzeit teilen können. »Süchtig« davon zu werden ist nur dann schlimm, wenn wir weiterhin glauben, es sei eine Krankheit. Für die Angst, mit anderen nicht mehr freien zu können, wenn du dich zu sehr daran gewöhnst, gibt es keinen Anlaß; es hat sich herausgestellt, daß Frauen, die regelmäßig allein freien, leichter zum Orgasmus kommen als Frauen, die wenig mit sich selbst freien. Schließlich ist selbst herauszufinden, was dir gefällt, die einzige Möglichkeit, jemand anders erzählen zu können, was du willst. Die Frau oder der Mann, mit der/dem du freist, weiß das nicht so ohne weiteres, es sei denn, du sagst es. Die Vorstellung, Sex sei so spontan, die/der andere muß mal raten, was du gern hast, bringt eine Menge Unglück.

III. Der weiße Fleck
auf der Landkarte unseres Körpers

Nicht alle sexuellen Probleme lassen sich darauf zurückführen, daß uns Frauen ein wichtiger Teil unseres Körpers unbekannt ist und wir mit dem Teil, den wir Möse nennen, so wenig vertraut sind.

Es hat schon damit begonnen, daß – wenn überhaupt – wir fast alle falsch aufgeklärt sind. Die erste Darstellung ist immer: So werden Kinder gemacht. Papa bringt einen Samen in den Bauch von Mama, und da wächst dann ein Kind. Von Anfang an wird der Nachdruck auf die Fortpflanzung gelegt und nicht auf das Vergnügen, obwohl wir doch im allgemeinen recht wenig Zeit mit dem Zeugen eines Kindes zubringen. Damit wird gleichzeitig die Vorstellung vermittelt, daß die Art, wie wir Kinder machen, gleichzeitig auch die Art ist, wie wir zu freien haben. Richtig freien ist, wenn ein Penis in eine Vagina geschoben wird, »Penetration« also.

Alle anderen Möglichkeiten, Lust zu empfinden, sind – wenn wir überhaupt etwas darüber gehört haben – »Vorspiel« oder »Variationen« oder eigentlich unnatürlich oder pervers. Wie unterdrückend gerade diese Darstellung für Frauen ist, darüber werden wir später sprechen.

Die andere falsche Vorstellung, die uns vermittelt wird, ist, daß Jungen einen Pimmel haben und Mädchen ein Loch oder einen Spalt. Viele Frauen betrachten dann auch ihre Möse als eine Art Loch, nicht als einen komplizierten Teil ihres Körpers mit verschiedenen Funktionen. Du kannst deine Möse am besten mit deinem Mund vergleichen, der ist auch nicht nur ein Loch, sondern ein kompliziertes Organ. Männer haben ein Organ, mit dem sie urinieren, besamen und sich selbst einen Orgasmus machen können, ihren Penis. Frauen haben nicht nur ein einziges Organ (ein Loch), sondern eine Öffnung zum Pinkeln, eine Vagina, die den Zugang zu den Fortpflanzungsorganen formt, und eine Klitoris, die nur zum sexuellen Vergnügen da ist.

Diese Undifferenziertheit hat eine Reihe von Mißverständnissen zur Folge.

»Ich wusch mich immer schnell und flüchtig und probierte in dieser Zeit, an etwas anderes zu denken. Denn meine Mutter hat gesagt, daß ich unglückliche Kinder kriegen würde, wenn ich mich ›damit‹ zuviel beschäftigen würde.«

»Ich wußte schon früh, daß Mädchen ein Loch zum Pinkeln haben und Jungen einen Pimmel. Pinkeln ist schmutzig, und so berührte ich meine Möse nur mit einem Waschlappen oder mit Klopapier. Als ich später hörte, daß Kinder aus dem Loch kommen, dachte ich, daß ein Kind von einem Mann dort hineingepißt wird und später, wenn es groß ist, wieder herausgepißt wird. Das hielt ich für eine ziemlich schmutzige Sache. Über meine Klitoris habe ich erst etwas gehört, lange, lange, nachdem ich verheiratet war.«

Obwohl auch bei Jungen das Untersuchen des eigenen Körpers unterdrückt wird, haben sie doch mehr Möglichkeiten, mit ihrem Körper vertraut zu werden. Ein Junge kann seinen Pimmel einfacher sehen, weil er mehr vorsteht als die Möse beim Mädchen. Ein kleines Mädchen, das versucht, über ihren Kugelbauch hinweg die kleine Stelle zu betrachten, die so ein wunderbares Gefühl auslöst, muß sich ganz schön anstrengen und sieht auch dann nur die Hälfte. Außerdem werden Jungen, die schließlich lernen müssen, im Stehen zu pinkeln, auf jeden Fall ermutigt, ihren Pimmel dabei festzuhalten. Und weiterhin vermitteln Eltern, manchmal unbewußt, die Vorstellung, daß ein Penis ein kostbarer Besitz ist, während Mädchen viel öfter die Vorstellung vermittelt wird, daß ihre Möse kein Organ ist, sondern das *Fehlen* eines Organs, ein Loch. Dazu kommt dann noch, daß Jungen in der Öffentlichkeit pinkeln dürfen, an einen Baum oder in ein Pißbecken, wobei sie sich gegenseitig sehen können. So können Jungen schon von klein auf die Erfahrung machen, sich neugierig zu beobachten, können vergleichen, um die Wette pinkeln, wer am weitesten kommt und so. Obwohl ein allzu großes Interesse meistens bestraft wird, kennen Männer ihren Körper schließlich doch besser als Frauen »das da, zwischen den Beinen«. (Auch wenn Männer wieder auf eine andere Art ihrem Körper entfremdet sind – sie sehen ihn oft als eine Maschine, ein Werkzeug – getrennt von ihren Gefühlen.)

der schönste Tag
in meinem Leben
war der, an dem ich
meine Klitoris
entdeckte

»Eigentlich hörte ich erst etwas darüber, als meine große Schwester zu menstruieren begann, und es wurde dann gesagt, daß das Blut aus dem Hintern kam.«

»Als Kind erschien mir meine Möse eher wie eine sonderbare Höhle, aus der merkwürdiger Schleim und manchmal auch Blut kamen. Ich wußte, ich mußte vor allem aufpassen, daß Jungens da nicht anfassen, weil sonst etwas Schreckliches passiert. Ich glaubte auch selbst, daß ich vielleicht etwas beschädigen würde, wenn ich daranfaßte.«

»Ich bin mit so einer Idee erzogen, daß meine Vagina ein verschlossenes Loch ist, das wie eine Weinflasche von einem Mann entkorkt werden muß. Ich traute mich nicht, meine Finger in meine Vagina zu stecken, weil ich glaubte, dann etwas kaputtzumachen, und daß dein Mann es merken wird und dich dann nicht mehr haben will. Ich war wahnsinnig erstaunt, daß ich beim ersten Mal so wenig merkte; ich dachte wirklich, daß da so eine Art straff gespanntes Häutchen saß, wo er durch mußte. Ich erwartete ein großes Blutbad und viel Schmerzen.«

»Ich hab wohl mal probiert, einen Finger reinzukriegen, als ich klein war. Ich dachte: Da kann niemals ein Penis rein. Ich bin viel zu eng. Ich kann niemals Kinder kriegen.«

»Ich habe immer gewußt, daß ich da an einer Stelle ein ganz herrliches Gefühl bekam, wenn ich mit etwas Weichem darüber hinstreichelte. Ich machte das vor allem mit den Haaren meiner Puppe, meinem ersten Sexualobjekt. Nur wußte ich damals nicht, daß mein *herrliches Gefühl etwas mit Sex zu tun hatte. Ich weiß wohl, daß ich einen roten Kopf bekam, als meine Mutter fand, daß meine Puppen so schnell kahl würden. Also irgendwie muß ich gefühlt haben, daß es nicht gut war, was ich tat. Später habe ich es vergessen. Als ich zum ersten Mal gefreit habe, war es überhaupt nicht so schön; es hat Jahre gedauert, bis ich Bumsen ein bißchen schön fand. Erst mit meinem zweiten Mann habe ich gelernt, wie ich zum Orgasmus kommen konnte. Damals erinnerte ich mich auf einmal wieder an die kahle Puppe.«*

1. Entdeckungsreise zu deiner Möse

Wir waschen unsere Möse, wir stecken Tampons hinein, wenn wir menstruieren, oder wechseln Monatsbinden. Doch wenige Frauen haben sich die Mühe gemacht, ihre Möse wirklich kennenzulernen.

Die eigene Möse kannst du nicht kennenlernen, wenn du nur Abbildungen in Büchern betrachtest. Mösen sind wie Gesichter, jede Frau ist wieder ein bißchen anders.

Fühlen: In der Badewanne oder unter der Dusche ist ein guter Augenblick, um genau zu fühlen, wie die inneren und äußeren Lippen sitzen. Mit einem Finger kannst du fühlen, daß das nicht eine offenstehende hohle Röhre ist, sondern daß die Wände sich aneinanderschmiegen und deine Finger umschließen. Die Innenwand deiner Vagina ist rubbelig und meist feucht. Wenn du dich in die Hocke setzt, kannst du meistens am Ende der Vagina auch deine Gebärmutter fühlen. Bei Frauen, die keine Kinder gehabt haben, fühlt sich das ungefähr so an wie die Nasenspitze; bei Frauen, die Kinder gehabt haben, so wie die Spitze vom Kinn mit einer kleinen Kuhle in der Mitte. Wenn du, solange du noch deinen Finger in der Vagina hast, die Muskeln so zusammenziehst, als hieltest du das Pinkeln an, kannst du fühlen, wie dein Finger sanft umklammert wird. Das sind dieselben Muskeln, die sich bei einem Orgasmus zusammenziehen.

Du kannst an deinen Fingern *riechen.* Wir haben gelernt, daß Körpergerüche widerlich sind. Aber wenn du dich regelmäßig wäschst, kann der Geruch deiner Möse angenehm und vertraut werden. Außerdem ist es gut zu wissen, wie du riechst, wenn du gesund bist; es kann dir helfen herauszufinden, ob du eine Infektion hast. Einige Frauen können an ihrem Geruch merken, daß ihre Menstruation bald kommt.

Du kannst an deinen Fingern *lecken*. Die Innenseite von deiner Vagina ist sauberer als Leitungswasser und verfügt über ein ausgezeichnetes selbstreinigendes System. Spucke ist in Wirklichkeit ekliger, wenn es nach den Bakterien geht, die darin sind. Das Reinigungssystem sorgt dafür, daß das Innere deiner Vagina ganz leicht säuerlich bleibt, das kannst du prüfen. Wenn du mit deinem eigenen Geruch und Geschmack vertraut bist, ist es auch einfacher, weniger gehemmt zu sein, wenn du mit jemand freist. Du brauchst keine Angst zu haben, daß deine Möse abstoßend gefunden wird.

Betrachten: Um deine Möse gut zu sehen, brauchst du einen Spiegel und Ruhe, damit du sie betrachten kannst, ohne gestört zu werden. Ein passender Augenblick ist nach einer Dusche, wenn du sauber und warm bist, in einem warmen Raum.

Das erste, was du siehst, sind die Haare; bei der einen Frau ein ganzer Busch, bei der anderen ein Büschel. Bei fast niemandem sitzen die Haare so ordentlich im Dreieck, wie du das auf Zeichnungen siehst. Bei vielen Frauen laufen die Haare weiter bis auf die Oberschenkel und zwischen die Pobacken. Wenn du die äußeren Lippen auseinanderfaltest, kannst du zwischen die inneren Lippen sehen. Viele Frauen machen sich Sorgen, daß ihre inneren Lippen vorstehen, daß sie länger sind als die äußeren. Das ist bei den meisten Frauen so. Auch ist es ganz normal, daß die eine größer ist als die andere, so wie bei unseren Brüsten, die auch niemals genau symmetrisch sind. Wenn du deine Möse zum ersten Mal betrachtest, glaubst du anfangs, eine unordentliche Ansammlung von Falten zu sehen. Aber wenn du diese auseinanderfaltest, kannst du deine Klitoris, das Löchlein zum Pinkeln und die Öffnung deiner Vagina sehen. Die Farben der Lippen und ihrer Umgebung sind bei jeder Frau anders, weiche Farben zwischen Rosa und Rot, manchmal fast violett, manchmal bräunlich. Wenn du älter wirst, können die inneren Lippen dünner und ein bißchen gräulich werden.

Die Klitoris sitzt da, wo deine inneren Lippen vorn zusammentreffen. Weil wir in Büchern oft gelesen haben, daß die Klitoris ein Miniaturpenis sei, suchen wir sie und finden nichts. Bei den meisten Frauen ist die eigentliche Klitoris in einer Hautfalte versteckt, und du siehst nur einen kleinen rosa Buckel, wenn du die Hautfalte zurückziehst. Dieser Buckel ist manchmal kleiner als der Nagel deines kleinen Fingers, manchmal so groß wie der Radiergummi auf einem Bleistift. Wenn du die inneren Lippen nach oben ziehst, kommt sie meistens zum Vorschein. Wenn du sie nicht sehen kannst, findest du deine Klitoris einfach durch Fühlen. Sie ist die empfindlichste Stelle, an der die meisten Nervenenden zusammenkommen. Manchmal merkst du, daß deine Klitoris dicker wird, wenn du sie berührst, unter der Haut kannst du einen Knubbel fühlen. Was du von deiner Klitoris siehst, ist wie die Spitze eines Eisbergs, darunter liegt ein ganzes System von Blutgefäßen und Nerven, die an einem Orgasmus mit beteiligt sind.

Unten, wo die inneren Lippen aufhören, siehst du den Eingang zur Vagina. Ohne ein Spekulum kannst du nicht weit nach innen sehen, weil die Wände dicht aneinander liegen. Manchmal siehst du noch Fältchen, die die Reste vom sogenannten Jungfernhäutchen sind, einer dehnbaren Hautfalte, die zur Seite gezogen ist bei Frauen, die mit ihren Händen in der Vagina gewesen sind, die gebumst haben oder Tampons benutzen. Bei einigen Frauen war diese Falte fast nicht vorhanden. Außer in besonderen Fällen ist darin immer schon eine Öffnung, um das Menstruationsblut hindurchzulassen. Es kommt nicht immer vor, daß du beim ersten Mal, wenn etwas in die Vagina kommt, Schmerzen hast, denn oft rühren sie daher, daß du verkrampft bist und die Muskeln an der Innenseite der Vagina zusammenkneifst. Zwischen der Klitoris und der Vagina ist das Loch zum Pinkeln, manchmal nur als kleines Loch zu sehen, manchmal mit einem Buckel daran. Die Abstände zwischen Klitoris, der Öffnung zum Pinkeln und der Vagina können bei den verschiedenen Frauen unterschiedlich sein. Auch die Form der Lippen und der Klitoris ist bei jeder Frau anders. Bei der einen siehst du einen kleinen Schacht von einigen Zentimetern zwischen der Stelle, an der die inneren Lippen zusammenkommen, und der Spitze der Klitoris. Bei der anderen ist die Klitoris ein fast unauffindbarer rosa Flecken. Wie schön der Orgasmus ist, den du damit machen kannst, hat damit nichts zu tun.

Bei einer Selbsthilfegruppe kannst du ein Plastik-Spekulum bekommen – eine Art Vogelschnabel, wie ihn auch die Ärzte gebrauchen –, den du in die Vagina schieben und dann öffnen kannst. Mit einem Spiegel und bei gutem Licht oder mit einer Lampe kannst du das Innere deiner Vagina betrachten. Viele Frauen wissen überhaupt nicht, wie glänzend rosa sie von innen aussehen, eine Einsicht, die wir nur für Ärzte reservieren.

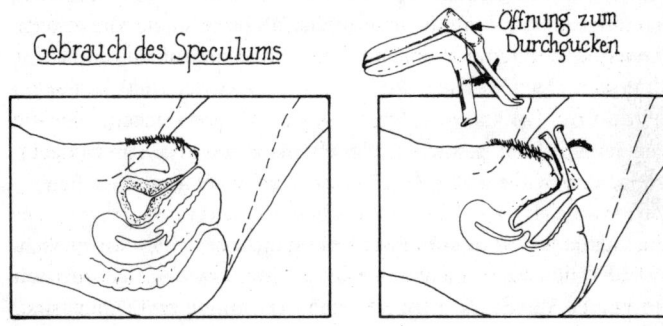

Gebrauch des Speculums

Öffnung zum Durchgucken

Frauen, die sich in Selbsthilfe richtig üben und regelmäßig mit einem Spekulum betrachten, können an Farbunterschieden erkennen, ob sie bald menstruieren und ob sie schwanger sind. Du kannst feststellen, ob du eine Infektion hast, und nachsehen, ob Pickel oder rote Flecken, die manchmal bei Berührung ein bißchen bluten, von selbst weggehen oder ob sie behandelt werden müssen. Die Innenseite deiner Vagina ist wie ein Gesicht. Wenn du in schlechter Verfassung bist, bekommst du leichter Pickel und Flecken, die wieder weggehen, wenn du dich besser fühlst. Du kannst auch sehen und fühlen, daß deine Gebärmutter – ein Muskel, ungefähr so groß wie eine Birne mit dem schmalen Ende nach unten – beweglich ist, manchmal nach vorn geknickt, manchmal nach hinten. Wenn du dich selbst regelmäßig beobachtest, hast du den Vorteil, mehr Veränderungen wahrzunehmen als ein Arzt, der nur ab und zu mal nachsieht. Am praktischsten ist es, in einer Selbsthilfegruppe den Umgang mit einem Spekulum zu erlernen. Es kann ein großes Erlebnis sein, auch einmal die Gebärmuttermünder von anderen Frauen zu sehen, und gleichzeitig hebst du dabei noch ein Tabu auf. Nach dem ersten Mal wird das Betrachten der eigenen Möse oder der einer anderen Frau so normal wie das Betrachten nackter Füße.

2. Eine gesunde Vagina

Normalerweise hält sich deine Vagina selbst sauber, du brauchst dich nur täglich zu waschen. Nur wenn die normalen Bakterien eine Zeit an der Außenluft sind, kann dein wunderbarer Geruch penetrant werden. Die Haut zwischen deinen Lippen ist ziemlich hart. Zuviel Seife kann zu Reizungen führen. Wenn du schrubbst, als ob du deine Möse ausradieren wolltest, machst du die Haut kaputt und bekommst gerade das, was du vermeiden wolltest: Reizungen, Jucken und vielleicht sogar eine Infektion. Du kannst einen Waschlappen gebrauchen, aber mit deinen Fingern geht es auch. Ziehe ab und zu das Häutchen zurück, das deine Klitoris verdeckt, denn da kann etwas Schmutz zwischen sitzen.

Deine Vagina ist wie dein Mund. Was du nicht in deinen Mund stecken würdest, hat auch in deiner Vagina nichts zu suchen. Saubere Finger in deiner Vagina sind prima. Wenn du mit einem Mann freist, kochst du seinen Penis auch nicht vorher aus. Eine Ursache für Infektionen können die Bakterien sein, die im Darmkanal sitzen und von da in deine Vagina gelangen. Beim Abputzen nach dem Kacken ist es wichtig, immer von vorne nach hinten zu wischen. Das gilt auch für den Gebrauch von Waschlappen, die du besser auch nicht zu lange benutzen solltest. Bei den Arten zu freien, bei denen Finger oder ein Penis in deinen After kommen, solltest du darauf achten, daß sie danach nicht in deine Vagina gelangen, erst vorher waschen. Jeden Tag eine saubere Unterhose ist auch angenehm, und Baumwolle ist viel besser als synthetisches Material. Allzu enge Hosen können auch Reizungen hervorrufen. Vaginale Deodorants sind überhaupt schlecht und sollten verboten werden. Durch diese chemischen Mittel wird dein natürliches Gleichgewicht gestört. Und wenn du dich dadurch infizierst, hast du genau das Gegenteil von dem erreicht, was du wolltest. Außerdem stinkt deine Möse nicht, und deshalb sollten wir uns nicht einreden lassen, daß wir unsere natürlichen Gerüche wegsprühen müßten. Zum Leidwesen der Deodoranthersteller haben wir nur zwei Achselhöhlen!

Noch etwas solltest du wissen, wenn du mit einem Mann freist: Es gibt Hinweise dafür, daß Gebärmutterhalskrebs mit Penishygiene zusammenhängt. Bei den Frauen der Völker, in denen der Mann beschnitten ist – das bedeutet, daß die Vorhaut, unter der sich Schmutz festsetzen kann, weggenommen ist –, und bei Nonnen kommt Gebärmutterhalskrebs praktisch nicht vor. Es kann also nicht schaden, wenn dein männlicher Partner sich regelmäßig sauberhält.

Es gibt keinen Grund, die Vagina von innen zu spülen, wenn du gesund bist. Benutze keine Vaseline als Gleitmittel, sie löst sich nicht in Wasser und wird deshalb auch nicht von selbst ausgeschieden. Wenn du ein Pessar hast, pudere es lieber mit Maizena als mit Talkpuder, Maizena löst sich leichter in Wasser und ist deshalb besser für deine Möse.

Deine Vagina »schwitzt« von innen und ist deshalb fast immer naß. Ein bißchen Ausfluß ist normal. Genauso wie deine Nase läuft, wenn du erkältet bist, kannst du mehr Ausfluß kriegen, wenn du müde bist, krank wirst oder wenig Widerstandkraft hast, oft auch, wenn du schwanger bist. Es kann ein Zeichen sein, etwas besser auf dich selbst zu achten. Wenn du tatsächlich eine Infektion hast, merkst du das am Geruch und an der Farbe. Manchmal auch am Juckreiz. Es gibt zwei Arten von Infektionen, die oft vorkommen:

Eine Hefepilz-Infektion (Candida albicans, Monitum, Soor) führt zu einem quarkartigen Ausfluß, der wirklich ein bißchen nach Hefe riecht. Es juckt. Was du dagegen tun kannst, ist, deine Vagina sauberzuhalten. Das geht mit einer Spülung aus Wasser mit ein bißchen Naturessig oder mit Joghurt. Wenn du mit dem Pappröhrchen von einem Tampax Natur-Joghurt in deine Vagina stopfst, eine Monatsbinde gegen das Tröpfeln umlegst und so schläfst, ist es sehr wahrscheinlich nach ein paar Spülungen vorbei.

Trichomonaden riechen anders, schärfer, und haben einen gelblich oder grünlich schäumenden Ausfluß zur Folge. Es juckt auch. Es gibt Tabletten dagegen, die du dir vom Arzt verschreiben lassen mußt. Wenn du mit einem Mann freist, muß der mitbehandelt werden, sonst steckt ihr euch weiter gegenseitig an. Wenn du deinen Geruch kennst, kannst du selbst riechen, ob es eine Hefeinfektion oder Trichomonaden sind oder etwas anderes. Ein Arzt kann das ganz einfach durch einen Abstrich feststellen. Ärzte, die keine Lust haben, eine genauere Untersuchung durchzuführen, verschreiben gern Tabletten, die Wirkstoffe gegen beide Krankheiten enthalten. Nach der Devise: Wenn das eine nicht hilft, hilft das andere. Die Tabletten brauchst du nicht zu nehmen. Es ist Unsinn, Medizin zu schlucken, die nicht nötig ist. Denn die Medikamente gegen Trichomonaden sind stark, und du solltest sie lieber nicht nehmen, wenn du sie nicht tatsächlich brauchst.

Ausfluß und Jucken können auch auf eine Krankheit deuten, die du von jemand anders bekommen hast. Syphilis und Gonorrhö sind einfach zu heilen, aber gefährlich, wenn du nachlässig bist. Es ist merkwürdig, daß wir uns mehr schämen für Krankheiten, die wir vom Freien bekommen, als für Erkältungen, bei denen du dich doch auch angesteckt hast. Es gibt viel Literatur über Geschlechtskrankheiten. Leider steht fast nie darin, *wie* du infiziert wirst. Meistens wird davon ausgegangen, daß alle Frauen mit einem Mann bumsen und das auch immer auf die gleiche Art tun. Du mußt dann mal raten, was du alles kriegen kannst, wenn du mit einer Frau freist, oder was du alles mit Mund und Händen übertragen kannst.

Eine Krankheit, von der wenige Menschen wissen, daß sie etwas mit Freien zu tun hat, ist die Blasenentzündung oder, besser gesagt, eine Infektion der Harnwege oder Cystis. So eine Infektion kannst du durch fremde Bakterien oder durch Reizungen bekommen. Weil die Öffnung zum Pinkeln dicht bei der Öffnung zur Vagina liegt, kann es sein, daß du dich beim Bumsen ansteckst, besonders wenn du empfindlich bist und rauh freist. Manchmal merkst du es am folgenden Morgen an brennenden Schmerzen und dem Bedürfnis, immer nur ein bißchen zu pinkeln. Manchmal kommt es etwas später. Was du dagegen tun kannst, ist: pinkeln vor und nach dem Freien, viel Wasser trinken und gut durchspülen. Wenn das nicht hilft: anders oder sanfter freien. Eine Entzündung der Harnwege solltest du immer ernst nehmen. Eine vernachlässigte Infektion kann auf die Dauer deine Nieren angreifen.

Tampons sind angenehm, wenn du nicht gern Monatsbinden zwischen deinen Beinen fühlst. Wenn du lange menstruierst, wirst du merken, daß durch die Tampons deine Vagina austrocknet und du einen neuen Tampon schlecht einführen kannst. Auch dann besteht die Gefahr von Reizungen, außerdem könnten Wattestückchen steckenbleiben. Wenn du unter Austrocknen leidest, kannst du nachts einfach

Monatsbinden benutzen. Es ist auch zu empfehlen, nach dem letzten Tampon mit den Fingern zu fühlen, ob da nichts hängengeblieben ist. Wenn du nicht sehr lange Finger oder aber eine lange Vagina hast, kannst du das letzte Ende rund um deinen Gebärmuttermund nicht selbst abtasten. Aber ein Tampon kann nicht tiefer und darum nie verlorengehen.

»Ich tue nichts, was mir keinen Spaß macht, und gehe darin ziemlich weit«

Interview 1 Ariane Amsberg

– Ich habe diese Verabredung, mit dir über Sex zu reden, schon vor einiger Zeit getroffen. Sind dir seitdem noch besondere Dinge eingefallen, von denen du erzählen willst?

– Ja, über meinen ersten Freund. Ich habe natürlich auch an alle Männer gedacht, mit denen ich ins Bett gegangen bin, und kam auf elf. Aber mein erster Freund ist der wichtigste; den sehe ich noch heute, wenn auch in großen Abständen, weil er so weit weg wohnt. Er ist inzwischen verheiratet gewesen und wieder geschieden.

– Wie alt bist du jetzt?

– Zweiunddreißig.

– Du lebst allein. War das immer so?

– Ja. Nur mit meinem ersten und meinem letzten Freund habe ich einige Monate zusammen gewohnt. Mein erster Freund ist der einzige, den ich sehr lange kannte, bevor wir schließlich zusammen ins Bett gingen. Ich war damals vierundzwanzig. Vorher gab es eine lange Zeit von körperlicher Zuneigung und Zärtlichkeit. Wir schliefen einfach zusammen, wörtlich meine ich. Mit allen anderen bin ich gleich ins Bett gegangen, wenn klar war, daß wir uns sexuell voneinander angezogen fühlten. Bei Zuneigung und körperlicher Berührung kam es bei ihnen schon nach einigen Stunden zum Koitus, aber ich finde den langen Anlauf eigentlich viel schöner. Ich bin froh, daß ich das wenigstens einmal im Leben erlebt habe. Ich war damals noch nicht so aktiv wie jetzt und ließ ihn bestimmen, wie weit wir gingen. Wir besuchten uns, riefen aber immer vorher an; dann redeten wir stundenlang miteinander und oft spielten wir auch, Monopoli, Master-Mind oder Cluedo. Ab und zu kauften wir auch zusammen neue Spiele. Manchmal rauchten wir einen Joint. Der Abend endete meist damit, daß wir langausgestreckt auf dem Boden lagen und freiten; und das Schöne

75

daran war, das einzig und allein tun zu können, um es zu genießen, sich zu küssen und zu berühren, die Spannung, wenn wir uns gegenseitig langsam auskleideten, ohne daß dies mit Bumsen enden mußte. Er war nie zu schnell oder ging zu weit, und dann das beruhigende Gefühl, daß er nicht drängte – es war insgesamt unheimlich schön. Meine anderen Freunde waren einfach nicht bereit, sich vorher so viel Zeit zu nehmen; und vielleicht interessierte es mich auch später nicht mehr so. Denn danach begann ich, mit sogenanntem »freiem Sex« zu experimentieren; ich ging ohne weiteres spontan mit einem Jungen ins Bett, den ich zum Beispiel auf einem Fest kennengelernt hatte. Manchmal ist aus solch einer Begegnung eine Beziehung geworden.

– *Tat es weh, als du zum ersten Mal mit jemandem ins Bett gegangen bist?*

– Ja. Als mein Freund es zum ersten Mal probierte, was es sehr schwierig, und er kam nicht rein. Er verlor auch prompt seine Erektion. Wir haben dann ein Glas Wein getrunken, etwas gegessen und ein bißchen geklönt. Ich hätte es gut gefunden, wenn an diesem Abend nichts mehr passiert wäre, aber später bekam er wieder einen Steifen, und wir haben es doch noch einmal probiert. Es war dann regelrechtes Durchhalten, ich fühlte nur dumpfen Schmerz. Ich blutete nicht, es tat nur weh. Am nächsten Morgen haben wir es noch mal getan, und auch das war sehr schmerzhaft. Danach ging es gut.

– *Hast du seitdem nie mehr Schmerzen gehabt beim Vögeln?*

– Doch, wenn ich lange nicht gebumst habe und nach ein paar Monaten oder einem halben Jahr wieder heftig freie, kann es danach empfindlich sein. Bei meinem ersten Freund tat es auch manchmal weh, wenn die Penetration zu lange dauerte.

– *Was findest du lange?*

– Zwanzig Minuten finde ich lange.

– *Braucht er zwanzig Minuten, um zum Orgasmus zu kommen?*

– Nein, das konnte er in fünf oder zehn Minuten. Aber wenn er es meinetwegen ausdehnte, dann fühlte ich es hinterher.

– *Das kann ich mir vorstellen! O Gott! Ich hab die Stöße mal gezählt, und als ich dann bei hundert war, fand ich das ziemlich lang.*

– Ich dachte nicht, daß zwanzig Minuten so anormal sind. Sind die Leute nicht gerade darauf aus, stundenlang durchzuhalten?

– Ich komme meistens zuerst zum Orgasmus, und dann ist es für mich am schönsten, wenn das Stoßen nicht mehr zu lange dauert. Je kürzer, desto besser.

– Ich habe noch niemals mit einem Mann einen Orgasmus gehabt, aber ich kann mir nicht vorstellen, daß ich nach einem Orgasmus überhaupt noch einen Penis in mir haben könnte. Wenn ich onaniert habe, will ich danach nur noch ruhig liegen bleiben oder mich umdrehen und einschlafen.

– Warum wollte dein erster Freund deinetwegen so lange weitermachen mit Stoßen?

– Er wollte, daß ich einen Orgasmus bekam.

– Wovon?

– Von der Penetration.

– Habt ihr damals noch geglaubt, daß das möglich sein müßte?

– O ja! Natürlich. Und manchmal war ich auch kurz davor. Es war immer schön, manchmal sogar sehr schön, und dann hatte ich wirklich das Gefühl, daß ich beinahe einen Orgasmus bekam, aber es gelang mir nie. Ich wußte, daß er das sehr wichtig fand, und ich fand es o. k., daß er es gern wollte, aber dadurch fühlte ich mich auch unter Druck gesetzt. Ich finde es besser, wenn jemand mich mir selbst überläßt, sonst bin ich viel zu bewußt darauf aus, einen Orgasmus zu kriegen. Das gelingt natürlich gerade dann nicht. Außerdem ist es für mich nicht mehr notwendig, mit einem Mann einen Orgasmus zu bekommen, seit ich weiß, daß ich mir selbst einen Orgasmus geben kann, wenn ich möchte. Ich finde es nicht so wichtig, einen Orgasmus zu bekommen, wenn man zusammen ist, aber Penetration an sich finde ich schön, und das genügt mir.

– Wann und wie hast du erfahren, daß deine Klitoris eine wichtige Funktion hat?

– Das wußte ich schon mit achtzehn. Ich glaube, daß ich es irgendwo gelesen habe. Das hat auch etwas mit Feminismus zu tun. Schon 1969, gut ein Jahr bevor ich zum ersten Mal mit einem Mann ins Bett ging, kam ich mit dem Feminismus in Berührung. Eine Arbeitskollegin von mir war in einem Frauenkollektiv, das Vorträge und Kurse organisierte, und einmal lud sie mich zu einer Vortragsreihe ein. Damals dachte ich noch, ach was, den Feminismus, den brauche ich nicht, das ist nichts für mich, es geht mir gut, ich schaffe es schon allein. Aber ich fühlte mich sehr angesprochen von dem, was ich da hörte, das hatte etwas mit mir zu tun. Ich nahm Flugblätter, Info-Material usw. mit nach Hause, und darunter fand ich auch etwas über Freien und die Klitoris. Mein erster Freund wußte das übrigens auch selbst, brauchte es ihm nicht zu erzählen. Er machte es auch sehr schön, mit seinen Fingern oder mit der Zunge, und immer so lange, wie ich wollte. Er fand es selbst schön, ich bekam nicht das Gefühl, daß er es nur für mich tat. – *Glaubtest du das?*

– Ja, ich war davon überzeugt. Er hatte immer Lust, mich zu lecken, ich brauchte ihn nicht darum zu bitten. Am Anfang machte mich das ganz verlegen, ich fand es ein bißchen fremd. Manchmal machte er es zwanzig Minuten lang, er machte es gern. Er schnupperte auch immer an seinen Fingern, wenn er mich gestreichelt hatte; manchmal leckte er seinen Finger auch ab, wenn er ihn in meine Vagina gesteckt hatte. Das fand ich lustig.

– *Magst du dich auch gern selbst riechen und schmecken?*

– Ja. Ich schnuppere auch gern an meinen Fingern, wenn ich onaniert habe. Ich weiß eigentlich nicht, ob ich meine Finger abgeleckt habe, aber ich habe es bestimmt geschmeckt, wenn er mich eine längere Zeit geleckt hatte und wir uns danach wieder küßten. Ich find' es unheimlich anregend, diese Kombination von Riechen und Schmecken.

– *Ja, ich auch. Mein Freund hatte einen Schnurrbart, darin blieb der Geruch schön lange hängen.*

– Wie komisch, mein erster Freund hatte auch einen Schnurrbart. Mit ihm fühlte ich mich unheimlich wohl beim Freien. Wir konnten uns auch sagen, was wir aufregend fanden oder wie es sich anfühlte; ich konnte so deutlich und obszön sein, wie ich wollte, das konnte ich längst nicht bei jedem. Bei anderen Männern habe ich Angst, daß ich sie schockiere und sie es nicht ertragen, wenn ich so offen bin. Wenn ein Mann, den ich nicht so gut kenne, zu mir beim Freien so etwas sagen würde, fände ich das auch nicht so gut.

– *Was sagst du dann zum Beispiel?*

– So was wie: Ich fühle deinen Pimmel so schön in mir. Aber ich finde es schwierig, das jetzt zu sagen, denn das ergibt sich aus der Erregung und Leidenschaft des Augenblicks und verstärkt sie auch.

– *Sagtest du auch etwas, wenn er dich leckte?*
– Nein, dafür war er dann zu weit weg, vielleicht gab ich einige Laute von mir. Es war viel einfacher, etwas zu sagen, wenn wir vögelten und sein Ohr dicht bei meinem Mund war. Wir lebten auch beide in einem Appartement und konnten es uns überhaupt nicht erlauben, zu schreien oder viel Lärm zu machen.

– *Wenn er doch wußte, wie ein Frauenkörper reagiert, warum versuchte er dann doch so lange wie möglich zu stoßen, um dich zu einem Orgasmus zu bringen?*
– Es erregte mich wahnsinnig, wenn er es tat, ich fand es schön, ihn in mir zu fühlen. Ich hatte in meinen Büchern gelesen, daß der Orgasmus bei uns nicht in der Vagina entsteht, sondern durch Erregen der Klitoris, aber daß es auch möglich ist, die Klitoris beim Koitus indirekt zu reizen. Und diesen indirekten Reiz fühlte ich, wenn wir vögelten. Aber auch nach zwanzig Minuten Lecken bekam ich keinen Orgasmus.

– *Wie wußtest du, daß du keinen Orgasmus erlebtest? Hattest du schon mal einen gehabt?*
– Ich habe mal eine Geschichte gelesen, in der eine Frau fragte: »Wie weiß ich, wann ich einen Orgasmus habe«, und jemand antwortete darauf: »Mach dir mal keine Gedanken, das weißt du, wenn du einen hast«; diese Sicherheit hatte ich noch nicht. Ich wurde zwar sehr erregt, aber es war keine Explosion, keine Entladung der Spannung, die meiner Meinung nach darauf hätte folgen müssen. Ich fühlte, daß ich dabei war, etwas aufzubauen, was ich nie ganz erreichte.

– *Hattest du vielleicht Angst vor einem Orgasmus? Von einigen wird es manchmal als elektrischer Schock beschrieben, und das ist nun wirklich das letzte, was ich erleben möchte!*
– Nein, so eine Assoziation hatte ich nicht; im Gegenteil, ich war davon überzeugt, daß es sehr schön sein würde, und wollte wirklich wissen, was es war und wie es sich anfühlte. Ich glaube, daß ich mich nicht genug entspannen kann, denn ich denke immer viel zu sehr daran, daß da noch jemand anders ist. Für mich ist die einzige Möglichkeit, einen Orgasmus zu bekommen, zu onanieren, nur so kann ich mich meinen eigenen Phantasien hingeben und dem, was ich fühle. Dann werde ich durch niemand anders abgelenkt, durch das, was der tut und wie weit er ist.

– Hast du also nie einen Orgasmus gehabt mit einem Partner?
– Einmal, aber das war völlig unerwartet. Es passierte mit meinem letzten Freund. Ich hatte ihn auf einem Kongreß getroffen, und er übernachtete bei mir. Die erste Nacht schliefen wir zusammen in meinem Bett, aber es war überhaupt nicht unsere Absicht, miteinander zu freien. Ich bekam dann doch Lust und ergriff die Initiative, damit war auch gleich die Spannung von diesem Sollen-wir-sollen-wir-nicht vorbei. Daraus entstand eine kurze Beziehung. Nach ein paar Wochen sexuellem Kontakt schlug er vor, nur noch freundschaftlich miteinander umzugehen. Er mußte bald wieder abfahren und hatte Angst, sich zu sehr an mich zu binden.
– Hast du das geglaubt?
– Ich denke eher, daß es mit seiner Freiheit zusammenhing. Ich bin entsetzlich eifersüchtig und kann es nicht ertragen, daß jemand die Vertrautheit, die er mit mir hat, auch mit jemand anders teilt; als er in der allerersten Woche sagte, ich erwarte doch hoffentlich nicht, daß er nicht auch mit anderen Frauen ins Bett gehe, habe ich ihm deutlich gesagt, wo meine Grenzen sind und daß ich es doch erwarten würde, auch wenn ich ihm nichts verbieten könnte. Aber sobald wir miteinander verabredet hatten, daß wir nicht mehr miteinander freien würden, wurde er geil und wollte Sex, und als ich mich weigerte, wurde er sehr lieb und zärtlich und sagte: »Ach komm, noch einmal . . .« Ich hatte natürlich nicht viel Lust dazu und war eigentlich wütend, daß er mich so in der Hand hatte: Er wußte verdammt gut, daß ich gern freien wollte, und konnte also nach Belieben auf den Knopf drücken. Und dann fühlte ich beim sogenannten letzten Mal (Bumsen) den befreienden Höhepunkt, den ich auch beim Onanieren fühle, auch wenn es nicht so ein intensiver Orgasmus war, wie ich ihn manchmal beim Onanieren bekomme. Es kann gut sein, daß mir in diesem Augenblick alles egal war, daß ich mich nur auf mich selbst konzentrierte, ohne auf ihn zu achten. Ich tat auch nichts beim ihm, sondern genoß einfach ruhig, was noch zu genießen war.
– Hast du ihm gesagt, daß du einen Orgasmus hattest?
– Ja, er war davon nicht sehr beeindruckt.
– Und du?
– Ich war überrascht und sehr froh. Ich konnte es beinahe nicht glau-

ben und fing an, begeistert darüber zu reden. Am Anfang unserer Beziehung habe ich ihm ausdrücklich gesagt, daß er mich lieber nicht danach fragen sollte, ob ich zum Orgasmus kam oder nicht, weil ich mich selbst nicht unter Druck fühlen wollte. Er hat mich auch nie gefragt, nur einmal. Damals hatte ich unheimlich schön gefreit und war wahrscheinlich ein bißchen wild – stöhnen und Geräusche machen, viel bewegen und so – so daß er dachte, ich hätte vielleicht doch einen Orgasmus, aber es war nur der Spaß gewesen.

– *Hast du nie onaniert, wenn er dabei war?*

– Ja, einmal, als ich glaubte, er schlief; und einmal habe ich gefragt, ob ich zugucken dürfte, wie er onanierte, weil ich es noch nie gesehen hatte; dann wollte er auch sehen, wie ich es machte, aber ich konnte es nicht in seiner Gegenwart, obwohl ich es probierte. Ich kann es offensichtlich nur, wenn mich niemand beobachtet.

– *Hast du mal probiert, es mit seiner Hand zu tun?*

– Nein, denn dann bekomme ich wieder das Gefühl, daß ich beobachtet werden. Ich finde es zum Beispiel auch nicht schön, oben drauf zu sitzen. Ich finde es am schönsten, seinen ganzen Körper zu fühlen. Und dann ist es schwierig, meine Hand dazwischen zu bewegen. Aber ich denke, daß es mir vor allem deshalb nicht gelingt, weil ich mich nicht in meine Phantasien verlieren kann, wenn jemand bei mir ist.

– *Kannst du über die Phantasien etwas erzählen?*

– Ja, ich will zwar darüber reden, aber ich geniere mich ein bißchen, weil sie nicht sehr feministisch sind. Um zum Orgasmus zu kommen, muß ich in meinen Phantasien immer gebumst werden; meist von einem fremden, nicht sehr attraktiven Mann, der Sex von mir will, wogegen ich mich dann etwas wehre. Es hat nichts mit Liebe oder mit einer Beziehung zu tun, es ist reiner Sex. Manchmal bin ich es, die Sex will, und ich plage den Mann, bis er sich nicht mehr halten kann, manchmal bin ich es, die nicht will, und er verführt mich dann dazu, aber niemals werde ich gezwungen oder vergewaltigt. Manchmal erlebe ich solche Dinge in Wirklichkeit, das ist dann äußerst unangenehm, aber später kann ich solche Situationen in meinen Onaniephantasien gebrauchen. Dann habe ich natürlich völlige Kontrolle darüber, und die Dinge laufen genauso ab, wie ich es will, ich kann Männer nach Belieben rufen und verschwinden lassen. Ich werde dir ein Beispiel nennen: Ich wurde in England mal von zwei Lastwagenfahrern mitgenommen. Aber sobald ich eingestiegen war, tat es mir schon leid, weil ich mich in eine sehr heikle Situation manövriert hatte. Ich mußte zwischen ihnen sitzen und hatte nicht die geringste Chance, rauszuspringen, dafür saß ich viel zu hoch. Einer von ihnen fragte mich dann auch nach einer Weile, warum ich eigentlich bei ihnen eingestiegen sei, Frauen lehnten doch meistens ab, wenn zwei Männer in einem Auto saßen. Ich hielt das Gespräch jedoch stets auf einer freundlichen, humoristischen Ebene und sagte: »Na ja, ihr hattet so ehrliche Gesichter.« Doch brachten sie das Gespräch immer wieder in die Richtung, fragten, ob ich einen Freund hätte, ob ich allein lebte und reiste, ob Hasch rauchen geil machte, ob ich mit ihnen etwas trinken wollte, und sie boten mir an, im Lastwagen zu schlafen usw. Aber ich sagte, ich müßte zu einer bestimmten Zeit wieder in der Jugendherberge sein, und gab deutlich zu erkennen, daß ich kein Interesse hatte. Es endete glücklicherweise gut, aber während das alles geschah, ging mir gleichzeitig manchmal der Gedanke durch den Kopf, daß dies, sofern ich hier lebend rauskäme, eine interessante Onaniephantasie werden würde. Und das stimmte auch. Es gibt mehr von diesen schwierigen Situationen. Wenn ein Mann übertrieben nett und hilfsbereit zu mir ist, bin ich immer auf der Hut, denn ich habe immer Angst davor, daß er eine Gegenleistung verlangen wird, wenn es auch nur ein Kuß ist. Das geschieht dann auch oft. Ich fühle mich vor allem dann betrogen, wenn jemand so etwas tut, nachdem er mir geholfen hat. Neulich beispielsweise hatte ein Mann für mich einen Keramikofen nach oben getragen; als er wegging, griff er meine Hand, zog mich zu sich und wollte mich küssen. Es gelang mir, es auf einen flüchtigen Kuß auf die Wange zu beschränken, aber das fand ich schon widerlich genug. Ich blieb sogar noch höflich zu ihm und wies ihn freundlich ab, aber ich hatte Lust, ihm einen Tritt zu geben. Er mußte den Ofen noch für mich anschließen, und ich wollte ihn nicht beleidigen, denn ich hatte schon dafür bezahlt. Ich befürchtete, daß er es sonst nicht rechtzeitig oder nicht gut oder sogar überhaupt nicht mehr tun würde. Wenn ich jemanden um etwas bitte, will ich nicht, daß sie sich extra viel Mühe geben, weil ich eine Frau bin, weil sie mich dann zwingen, ihnen dankbar zu sein. Wenn sie etwas für einen Mann tun, tun sie es doch auch nur, weil sie es für ihn tun wollen. Meistens passieren solche Dinge so schnell und unerwartet, daß ich nicht mehr ausweichen kann, und immer in einer Situation, wo ich keine Szene machen kann. Vorige Woche saß ich mit einem Freund in einem Café, und ein Freund von ihm setzte sich zu uns. Als der sich verabschiedete, beugte er sich vor und gab mir mit halb geöffnetem Mund so einen fiesen naßen Kuß mitten auf meinen Mund. Ich war wütend. Aber ich wollte keine Szene machen. Meistens werden solche Dinge in Situationen getan, in denen es für die Frau schwierig oder unmöglich ist, etwas zu sagen.

– *Hat deine Mutter dir früher keine guten Ratschläge hinsichtlich der Männer gegeben?*

– Sie hat mir beigebracht, nicht hinter Jungen herzulaufen, sondern sie mir hinterherlaufen zu lassen, daß ich lächeln, lieb und nett sein müsse. Noch viel wichtiger waren ihre indirekten Hinweise, die Art, wie sie mit meinem Vater umging, immer beruhigend, ihn zufriedenstellend, sich aufopfernd. Sie nahm immer selbst den verbrannten Toast, das kleinste Stück Torte . . . Ich sollte dann auch nie bei einem fremden Mann ins Auto einsteigen; und als ich zehn war und mit ein paar Freundinnen die Straße entlanglief, fragte uns ein Mann in einem Auto nach dem Weg, als ich näher herankam, sah ich, daß er seinen Penis aus der Hose hatte. Ich erschrak furchtbar, wir sind dann schnell weggelaufen. Beim Trampen ist es mir auch einmal passiert, daß ein Mann seinen Penis aus der Hose holte und anfing zu onanieren. Wir waren glücklicherweise in einer Stadt, und bei der nächsten Ampel bin ich ausgestiegen. Aber so oft bin ich nicht getrampt. Vor drei Jahren in Südfrankreich passierte mir etwas Unangenehmes, als ich nach einem Ausritt mein Pferd zur Reitschule zurückbrachte. Ich mußte auf den Bus warten, und da fragte mich der Eigentümer, ob ich mir nicht in der Zwischenzeit ein paar Fotos von seinen Pferden ansehen wollte. Und was waren das dann für Fotos? Fotos von einem seiner Hengste, als der kastriert wurde, Männer, die den Hengst im Zaum hielten, überall Blut . . . ich wollte es nicht sehen, ich wollte weglaufen. Aber er sagte, nee, nee, geh noch nicht weg, hier sind noch andere, und auf einmal sprang er auf mich, warf mich auf das Sofa, mit seinem ganzen Gewicht auf mir, er war viel stärker als ich, ich schlug zurück, aber ich konnte mich nicht von ihm befreien und begann also zu schreien. Da hörte er auf. Er sagte, oh, es tut mir leid, ich wollte dir nichts tun, du kommst nächste Woche doch wieder reiten? Mach mal ein bißchen Reklame für meine Reitschule unter den Studenten. Und ich war nicht einmal imstande, wütend zu sagen: »Nein, natürlich komme ich nicht wieder, Arschloch!« Ich sagte hastig: »Ja, ja« und dachte nur daran, wie ich unbehelligt wegkommen könnte. Wenn ich ihn angeschrien hätte, hätte er mich vielleicht geschlagen, ich wollte ihn jedenfalls nicht böse machen. Dann sagte er, wieviel Geld ich ihm fürs Reiten zu zahlen hatte, und ich bin so blöde gewesen, auch noch zu bezahlen!

– Was fandest du eigentlich schön an der Beziehung mit deinem letzten Freund?

– Er war sehr sanft und lieb, sowohl im Bett als auch sonst, er war sehr offen, wir konnten sehr gut miteinander reden, er war eine angenehme Gesellschaft, er konnte gut mit meinen Freunden und Freundinnen auskommen, er war selten böse oder gereizt, sondern geduldig und ausgeglichen, und das finde ich gut. Wenn es Konflikte gab, konnten wir darüber reden, er lief nie weg, und wenn ich schlechter Laune war, konnte er mich wieder aufmuntern. Alles Eigenschaften, die mein erster Freund überhaupt nicht hatte. Der will nie Dinge besprechen, und bei Konflikten verschließt er sich und zieht sich zurück. Er spricht auch nicht gerne über seine wahren Gefühle. Wenn wir Streit hatten, verschwand er immer, bis es »vergessen« war, aber er ist doch der beste Liebhaber, den ich jemals hatte. Mein letzter Freund hatte eine sehr romantische Vorstellung von Sex, seine schönste Erfahrung hatte er mit einem ganz unschuldigen und jungfräulichen Mädchen, und ich glaube, er fand es schade, daß ich nicht mehr prüde und unerfahren war, sondern vielmehr neugierig, alles wissen und ausprobieren wollte. Er sprach auch nicht gern über Feminismus, obwohl er in seinen Auffassungen sehr emanzipiert war.

– Hat der Feminismus dein sexuelles Verhalten beeinflußt?

– Ich war schon feministisch, schon lange bevor ich mit Sex anfing! Und das wird zweifellos auch auf sexuellem Gebiet zum Ausdruck kommen. Ich tue nichts, was ich nicht will, und darin gehe ich ziemlich weit. Auf einer Reise traf ich einmal einen Mann, mit dem ich ganz gern ins Bett wollte, und ich dachte, ich habe schon ziemlich lange keinen Sex mehr gehabt, er ist nett und hat scheinbar auch Lust, warum sollten wir nicht? Also ging ich mit ihm ins Bett, aber irgendwann fand ich es nicht gut, ich war nicht feucht genug, ich fühlte mich auch nicht sehr erregt und bat ihn dann aufzuhören. Ich sagte, daß es weh tat und ich nicht weitermachen wollte.

– *War er da schon in dir?*

– Ja. Da fragte er, ob er denn bei mir im Bett bleiben dürfe, aber ich sagte, daß ich allein schlafen wollte, und er ist in sein eigenes Zimmer zurückgegangen.

– *Das beweist mal wieder, daß so etwas möglich ist. War er böse?*

– Nein, warum sollte er? Sex muß doch für alle beide schön sein, oder?

– *Passiert es manchmal, daß dich jemand fragt: »War es schön?«, und du sagst dann, nein, ich fand es nicht so besonders.*

– Ja, das ist schwierig. Doch habe ich es manchmal getan, aber es ist einfacher, es später zu tun.

– *Wann gehst du eigentlich mit jemandem ins Bett?*

– Eine Zeitlang fand ich es schön, mit Männern ins Bett zu gehen, die ich gerade kennengelernt hatte, so aus reiner Neugier und zum Spaß. Vielleicht auch, weil ich etwas aufholen wollte, ich habe so spät mit Sex angefangen. Jetzt ist diese Neugier befriedigt, und ich gehe nur noch mit jemandem ins Bett, den ich mag, sonst finde ich es nicht der Mühe wert. Neulich hätte ich sehr leicht mit einem gutaussehenden Jungen ins Bett gehen können, aber da dachte ich, ich will den Sonntagmorgen für mich allein haben, ich will micht nicht damit beschäftigen müssen, wie ich den Mann wieder aus dem Haus kriege, wenn er bleibt. Es muß mehr sein als nur Sex, nicht nur ein dufter Typ, sondern Freundschaft oder zumindest auch ein faszinierender Mensch. Ich bin auch mal mit einem Jungen ins Bett gegangen, der noch keine Erfahrung hatte. Er war neun Jahre jünger als ich, aber er machte sich den Altersunterschied nicht bewußt. Ich wußte, wie alt er war. Wir hatten uns auf einem Fest kennengelernt und einiges zusammen unternommen, waren in eine Ausstellung, auf den Markt, ein Bier trinken gegangen. Er war auf dem Weg nach Nordafrika und fragte, ob ich nicht mitfahren wollte, aber ich konnte nicht weg wegen meiner Arbeit. Wir mochten uns einfach. Eines Abends kam er vorbei, blieb zum Essen, und wir begannen, ein bißchen miteinander zu schmusen. Als wir ins Bett krochen, verlor er seine Erektion, und er erzählte dann, daß es das erste Mal für ihn war. Ich versuchte, seinen Penis wieder steif zu kriegen, indem ich ihn in den Mund nahm, und auf einmal bekam er einen Orgasmus. Später bekam er noch mal einen Steifen, und da haben wir richtig miteinander geschlafen. Er war unheimlich lieb, sanft, ein bißchen unschuldig und dabei sehr zart und schmusig, und dadurch war es unheimlich schön. Obwohl er keine Erfahrung hatte, konnte er küssen, streicheln und berühren, und das fand ich herrlich. Er war jung und schön, hatte einen wunderbaren Körper, beinahe unbehaart, und er war einfach nett. Am nächsten Tag erzählte ich ihm, wie alt ich war, er war irrsinnig überrascht, sogar schockiert, und ich glaube, daß es seine Gefühle mir gegenüber etwas verändert hat.

– *Wenn du, wie du sagst, zu Sex Lust hast, was möchtest du dann genau?*

– Zuneigung, einander berühren. Ich möchte, daß mein ganzer Körper berührt wird, gestreichelt und geküßt. Und wenn es jemand ist, den ich sehr gern mag, finde ich es etwas ganz Besonderes, daß wir unsere Zuneigung und Zärtlichkeit füreinander körperlich ausdrücken können. Und die Verletzbarkeit auch, die Verletzbarkeit, die ich bei mir und auch bei dem anderen darüber empfinde, zusammen nackt zu sein. Und auch die sexuellen Gefühle, die Erregung, die mich überkommt, wenn jemand seine Hand zwischen meine Beine legt oder mich da streichelt oder in mich eindringt.

– *Hast du mal so getan als ob?*

– Nein, ich habe nie deshalb gelogen.

– *Findest du es schwierig, ehrlich zu sein?*

– Ja, denn nein sagen allein genügt nicht. Es scheint, als sei mein Orgasmus der Maßstab für ihre Fähigkeiten im Bett, also muß ich sie immer beruhigen und erklären, warum es nicht ihre Schuld ist.

– *Wenn du vom Freien sehr erregt bist, hast du dann nie das Bedürfnis, danach zu onanieren?*

– Nein, die Erregung ebbt weg. Ich werde davon nicht nervös oder gereizt. Es ist auch mal vorgekommen, daß der Mann, mit dem ich freite, nicht zum Orgasmus kommen konnte. Der eine Mann trank ziemlich viel, und wenn es ihm nicht gelang, zum Orgasmus zu kommen, zog er seinen Penis einfach wieder heraus. Mein erster Freund kam auch manchmal nicht zum Orgasmus, aber das war für ihn überhaupt kein Problem, er grübelte nicht weiter darüber. Es ist gut zu erleben, daß ein Mann auch mal nicht kann und trotz Penetration und Erregung doch keinen Orgasmus kriegt.

– Bist du mit deinem ersten Freund auch ins Bett gegangen, als er noch verheiratet war?

– Nein, erst als seine erste Frau von ihm weggegangen war.

– Bist du mal »die andere Frau« gewesen?

– Eigentlich nicht. Ich will nicht mit verheirateten Männern freien oder mit einem Mann, der eine ernsthafte Beziehung hat, denn entweder tun sie es aus dem Bedürfnis nach Abwechslung – und mehr bedeute ich dann auch nicht für sie –, oder ich tue ihrer Frau weh. Und wenn ich sie kenne, könnte ich nicht mehr mit ihr zusammen sein, es sei denn, sie wüßte es und fände es gut, aber davon halte ich doch nichts. Es ist zu einfach für Männer, Frauen gegeneinander auszuspielen. Und wenn sie sagen: »Meine Ehe oder meine Beziehung ist sowieso schon schlecht«, gebe ich ihnen eine Fluchtmöglichkeit. Dann haben sie überhaupt keinen Grund mehr, an ihrer Beziehung oder an sich selbst zu arbeiten.

– Gibt es bestimmte Perioden oder Zeiten, in denen du mehr oder auch weniger Bedürfnis nach Sex hast?

– Ja. Lust zum Onanieren habe ich beispielsweise meistens am späten Nachmittag oder am frühen Abend. Vor 2½ Jahren, als ich gerade gelernt hatte, wie ich einen Orgasmus bekommen konnte, onanierte ich täglich, manchmal dreimal am Tag. Ich fand es wunderbar! Jetzt vergehen oft drei Wochen, ohne daß ich danach Bedürfnis habe, und dann wieder habe ich drei, vier Tage hintereinander Lust dazu. Bevor ich onanieren konnte, habe ich manchmal ein Jahr lang kein Bedürfnis nach Sex gehabt. Damals freite ich auch überhaupt nicht. Ich kenne das Bedürfnis nach purem Sex eigentlich auch nicht. Wenn ich Lust habe zu onanieren, ist das auch nicht so 'n zwingender Sexualtrieb, sondern eher so ein Gefühl: ja, das möchte ich jetzt tun, mehr weil ich mich hinterher so entspannt fühle. Ich finde es so praktisch und einfach, daß ich es jetzt kann und niemanden dazu brauche, und auch danach kann ich tun und lassen, was ich will, ohne daß ein Mann in meiner Nähe bleibt.

– Wie hast du eigentlich gelernt zu onanieren?

– Durch eine Freundin aus meiner Selbsterfahrungsgruppe, der ich erzählte, daß ich noch nie einen Orgasmus erlebt hatte. Als Kind steckte ich zwar manchmal die Decke zwischen meine Beine, weil das so ein schönes Gefühl war, ich drückte sie an meine Klitoris, aber ich wußte überhaupt nicht, was ich eigentlich tat. Meine Mutter sagte, ich solle das nicht tun. Na ja, meine Freundin riet mir, es mit der Handdusche zu versuchen und einfach auszuprobieren, welche Temperatur, welcher Wasserdruck und was für ein Abstand für mich am schönsten wäre. Das habe ich getan. Es blieb kein Tropfen Warmwasser für die anderen Menschen im Haus übrig, aber ich hatte Erfolg, es war ein irrsinnig intensiver Orgasmus. Meine Beine begannen zu zittern, ich konnte den Strahl auch nicht die ganze Zeit auf meine Klitoris richten, es war ein sehr intensives Gefühl, fast nicht mehr zu ertragen. Darum habe ich schnell gelernt, es mit der Hand zu tun, das ist für mich einfacher, und ich finde das Gefühl vor dem Orgasmus auch schöner. Dann ist es nicht so stark, und ich habe mehr Kontrolle darüber.

– *Wie machst du es?*

– Ich reibe meistens mit drei oder vier Fingern über den ganzen Bereich, weil meine Klitoris zu empfindlich ist, um sie direkt zu berühren.

– *Machst du es gern sehr lang?*

– Ja. Wenn ich finde, daß es zu schnell geht, halte ich es auf, indem ich bewußt meine Schenkel entspanne und langsamer streichle; dann erreiche ich eine Art Hochebene-Gefühl, das ich gern so lange wie möglich ausdehne, und wenn ich schließlich davon hinuntertaumle, dann ist es vorbei. Meine Klitoris ist dann auch zu empfindlich, um sie noch länger zu berühren, aber wenn ich einen großen Orgasmus gehabt habe, bleibe ich manchmal noch zehn Minuten regungslos liegen, um weiter zu genießen.

– *Welches Verhütungsmittel verwendest du?*

– Ich habe mich vor fünf Jahren sterilisieren lassen.

– *Was hat dich schon so früh zu einem solchen Entschluß bewegt?*

– Ich hatte eine Zeitlang die Pille geschluckt und bekam dadurch allerlei unangenehme Begleiterscheinungen, Übelkeit, Schwindel, immer häufiger Kopfschmerzen und später Migräne. Ich bin deshalb zu verschiedenen Ärzten gegangen, und alle sagten, es käme von der Pille. Meine Brüste wurden auch schwerer dadurch, obwohl ich übrigens nichts dagegen hatte. Aber die Kopfschmerzen waren wirklich unerträglich. Ich habe vier verschiedene Pillensorten genommen. Ein Pessar habe ich auch ausprobiert, aber das behinderte mich in meiner Spontaneität. Du mußt es immer schon vorher wissen, oder wenn du schon dabei bist, alles unterbrechen, um es einzusetzen. Eine Spirale wollte ich auch nicht, weil meine Schwester dadurch eine Eileiterentzündung bekommen hatte, und eine Freundin eine Gebärmutterentzündung, so daß sie operiert werden mußte. Beide hatten beim Arzt über die Schmerzen geklagt, und sie bekamen zu hören, das sei normal. Eine andere Freundin erzählte mir, sie sei sterilisiert, und ich ging zu ihrem Arzt. Doch der wollte es nicht machen, wollte, daß ich noch damit wartete, und fragte, ob ich einen Freund hätte. Damals hatte ich meinen ersten Freund.

– *Ihr wolltet beide keine Kinder?*

– Er ja. Er sagte immer, daß wir nicht heiraten könnten, weil er Kinder wollte, lange bevor ich mich sterilisieren ließ. Ich habe immer gewußt, daß unsere Beziehung deshalb nicht halten würde. Ich weiß schon sehr lange, daß ich keine Kinder will. Drei oder vier Jahre, bevor ich mich sterilisieren ließ, wurde mir bewußt, daß es möglich war, keine Kinder zu bekommen. In meiner Selbsterfahrungsgruppe erzählte eine Frau, daß sie keine Kinder wollte, und wie sie weiter leben wollte, und auf einmal empfand ich die Freiheit, die mir eine solche Entscheidung geben würde. Ich hatte immer vor Augen gehabt, daß ich mit 25 heiraten und Kinder kriegen würde; also mußte ich dafür sorgen, vorher alle Abenteuer zu erleben und alle Reisen zu machen, die ich wollte, denn danach würde ich nicht mehr weg können wegen meiner Familie. Aber an dem Abend in der Gruppe wurde mir bewußt, daß ich wählen konnte, daß mein Leben nicht so werden mußte. Ich konnte auch mit dem Leben so weitermachen, wie ich wollte, ohne Zeitbeschränkung oder Grenzen. Es war eine Erleichterung, keine Kinder bekommen zu müssen. Das war auf einmal eine klare Alternative. Ein zweiter Arzt ließ mich anfangs in dem Glauben, daß er es tun würde, nachdem er mich erst noch auf theatralische Weise wie seine Tochter behandelt hatte. Wir hatten sogar ein Datum für die Krankenhausaufnahme vereinbart, aber dann wurde ich angerufen, ich müsse erst die Zustimmung eines Psychiaters einholen, denn der Chefarzt wolle die

Verantwortung nicht übernehmen. Endlich habe ich dann doch einen Arzt gefunden, der es tun wollte. Morgens wurde ich operiert, und abends konnte ich schon wieder nach Hause. Ich fühlte mich so gut, daß ich am nächsten Tag eigentlich wieder hätte arbeiten können, aber ich hatte frei genommen.

– Hast du diesen Entschluß nie bedauert, wenn du Freundinnen über Kinder oder über ihren Wunsch nach Kindern reden hörtest?

– O nein! Ich habe immer das Gefühl gehabt, daß sie nicht wissen, was sie tun. Die Sorge, die Zeit, die Energie ... die praktische Seite davon kenne ich nur zu gut, weil ich die Älteste von sechs Kindern bin, also wickeln, füttern, mitten in der Nacht wach werden, babysitten – das kenne ich wirklich gut! Ich habe keine romantischen Ideen von Mutterschaft und auch keine Lust, diese Verantwortung zu übernehmen. Ich bin froh, daß ich es getan habe, mein Körper hat sich dadurch nicht verändert, ich habe nie mehr Kopfschmerzen gehabt, und ich brauche die Freiheit, ich kann kommen und gehen, wann ich will, reisen, wohin ich will, einen anderen Job annehmen, wenn ich will, ich bin an keine Zeit und an keinen Ort gebunden.

– Warst du bis jetzt zufrieden mit deinem Leben allein?

– Ja, allein zu leben habe ich immer schön gefunden, wenn ich meine Ruhe haben will, kann ich die Tür hinter mir zumachen, und wenn ich Menschen sehen will, weiß ich, wo ich sie finde. Ein paar Jahre lang habe ich mit mehreren Menschen in einem Haus gewohnt, ich hatte ein eigenes Zimmer, es war eine Art Wohngemeinschaft, in der wir gemeinsam aßen und nur das Wohnzimmer und die Küche teilten. Jetzt habe ich zum ersten Mal in meinem Leben eine Wohnung ganz für mich allein, und das finde ich auch schön. Abends nach Hause kommen und ein Buch lesen können, ins Bett gehen oder Musik machen und essen, wann ich will. Manchmal fehlt mir natürlich jemand, mit dem ich über meine Eindrücke von einem Buch sprechen kann oder über etwas anderes, das ich erlebt habe. Eine Menge kann ich auf Freunde und Freundinnen verteilen, je nach Interesse und Geschlecht, aber wenn es kalt wird und früh dunkel ist, möchte ich gern mal nach Hause kommen, in ein erleuchtetes Haus mit der Aussicht auf eine gemeinsame Mahlzeit.

Wenn du allein lebst, mußt du immer alles verabreden, jemand anru-

fen, Pläne machen, und wenn du mit jemand anders zusammenwohnst, ist da einfach immer jemand, zu dem du sagen kannst, he, was
wollen wir heute abend machen? Das kostet einfach weniger Energie.
– *Denkst du, daß du weiterhin allein leben möchtest?*
– Manchmal sehe ich mich als alte Frau, die noch immer unabhängig
lebt und reist und tut, was sie will, und manchmal, wenn ich jemanden
treffe, den ich nett finde, sehe ich mich mit dem Mann zusammenleben. Aber bei diesem Gedanken denke ich gleich an alles, was ich
dann aufgeben müßte, und das wäre eine ganze Menge! Dann bekomme ich wieder dieses gehetzte Gefühl, daß ich alles mögliche getan und gesehen haben müßte, bevor er in meine Wohnung oder ich in
seine Wohnung einzöge. Wir würden jedenfalls sehr gute Vereinba-
rungen treffen über individuelle Freiheit und allein verreisen. Ich zö-
gere sehr, mich in so eine Zweisamkeit zu begeben. Die Male, wo ich
mit jemandem zusammenlebte, schien es einfach, das alles aufzuge-
ben, weil wir es zusammen so gut hatten, aber als sie wieder weggin-
gen, war ich erleichtert, weil ich meine eigene Zeit wieder zurückbe-
kam und den Abend wieder so verbringen konnte, wie ich es wollte,
Leute besuchen konnte, die ich gern sehen wollte.
– *Was findest du schwierig beim Alleinleben?*
– Wenn ich eine Entscheidung treffen muß, muß ich das ganz allein
tun. Manchmal wünschte ich, es wäre jemand da, mit dem ich die Verantwortung teilen könnte: Muß ich ein Haus kaufen, soll ich ein Auto
kaufen, wo soll ich meine Ferien verbringen, wie lange soll ich irgendwo bleiben usw. Ich mache mir manchmal Sorgen darüber, weil
ich solche Entscheidungen in der Stimmung treffe, in der ich dann gerade bin, und die unterliegt allerlei Einflüssen von außen. Aber bis
jetzt habe ich noch keine Entscheidungen bedauert. Ich trage für alles
die volle Verantwortung, und das ist oft eine ziemliche Belastung.
Manchmal vermisse ich ein Gefühl von »Zuhause«, ich schaffe mein
eigenes Zuhause, ganz allein, und manchmal ist das ein irrsinnig gemütliches und sicheres Nest, und manchmal denke ich, daß ich es besser irgendwo anders suchen sollte.
– *Findest du es schwierig, allein zu verreisen?*
– Nein. Theoretisch bin ich allein, aber praktisch sind immer Leute in
meiner Nähe. Als ich in den Mittleren Osten ging, habe ich unheimlich

viele Leute kennengelernt, und ich war fast nie allein. Ich fühlte mich da nur an den Tagen einsam, an denen es nicht schön war, ich mich krank fühlte, mir der Ort nicht gefiel, oder wenn die Inder versuchten, mir Zeug anzudrehen. Wenn ich irgendwo bin, wo es sehr schön ist, dann will ich all das Schöne, das ich sehe, am liebsten mit jemandem teilen, Jahreszeiten, Herbstfarben, eine Landschaft, vor allem, wenn ich sie kenne, nicht wenn ich sie zum ersten Mal sehe.

– *Ich bin noch nie allein verreist, es erscheint mir ziemlich unheimlich. Wie machst du das?*

– Meistens weiß ich ungefähr, wohin ich gehen will, und wenn ich irgendwo ankomme, gehe ich in eine Jugendherberge, oder ich suche ein kleines Hotel, und von da aus gucke ich mir die Stadt an, mache Ausflüge in die Natur, gehe tagelang spazieren.

– *Wie fühlst du dich beim Spazierengehen?*

– Oh, das ist phantastisch, ich genieße das sehr. Ich laufe in meinem eigenen Tempo und mache Pause, wann ich Lust habe. Ich kann sehr gut allein die Natur genießen.

– *Ich habe gerade in der Natur ein wahnsinniges Bedürfnis, meine Freude mit jemandem zu teilen und zu rufen:* »Guck, wie herrlich!«

– Ja, das habe ich auch manchmal, und beim Gehen merke ich dann, daß ich in Gedanken einen Brief an jemanden schreibe. Ich habe auch mal einen Freund mitgenommen, aber darüber mußte ich vorher auch wieder ziemlich lange nachdenken, weil ich nicht wußte, inwieweit er mein Programm umstoßen würde. Aber es ging sehr gut, auch weil ich mit ihm einige Dinge tun konnte, die ich niemals allein getan hätte, beispielsweise hoch oben auf einem Felsen am Meer picknicken. In den Jugendherbergen treffe ich auch oft Leute, mit denen ich etwas zusammen unternehme, so wie im vorigen Sommer eine 59jährige Frau, die allein durch Schottland trampte. Sie erzählte mir, wie leicht ihr das Trampen fiel, während es mir gerade schwerfiel. Ich bewunderte sie, sie war eine außergewöhnliche Frau. Sie hatte die ganze Welt bereist und suchte Arbeit, wenn sie Geld brauchte. Als ich das hörte, hoffte ich, daß ich später auch wagen würde, so zu leben, und freute mich auf alles, was mich noch erwartet, wenn ich so alt sein werde wie sie.

93

IV. Die große Lüge und die »sexuelle Revolution«

Auf einem Frauenkongreß fragten wir, wie viele der anwesenden Frauen jemals einen Höhepunkt simuliert hatten. Aus eigener Erfahrung wußten wir (die Frauen, die den Kongreß vorbereitet hatten), wie oft wir einen Orgasmus vorgetäuscht hatten, aus verschiedenen Gründen. Entweder weil wir glaubten, es wäre für ihn unangenehm, wenn wir keinen Orgasmus hätten, oder weil wir nicht den Mut besaßen, ihm zu erklären, daß wir beim »normalen« Bumsen keinen Orgasmus kriegen, oder glaubten, nicht normal zu sein oder zuviel zu verlangen. Oder wir konnten uns nicht vorstellen, daß er es schön fände, eine andere Art des Freiens auszuprobieren, bei der wir dann zum Höhepunkt kommen würden. Wir hatten uns darin geübt, einen Orgasmus vorzutäuschen, wir stöhnten, bewegten uns heftiger oder – die geübtesten Schauspielerinnen unter uns – zogen sogar die Vaginamuskeln so zusammen, daß es den Zuckungen beim echten Orgasmus glich. Allerdings wußten nicht viele Männer diese Kunst zu schätzen; die meisten glaubten uns ohnehin schnell, und es gab noch immer ganze Scharen von Männern, die selbstverständlich annahmen, wir wären zum Orgasmus gekommen, wenn sie einen hatten, oder die sich dafür einfach nicht zu interessieren schienen.

Stolz war keine von uns auf den Betrug. Wir schämten uns deswegen, und es hat lange gedauert, bis wir es uns gegenseitig zu sagen wagten. Wir waren selbst unglücklich darüber. Denn wenn du einmal so tust als ob, kannst du die Uhr nicht mehr zurückdrehen und nach so vielen Malen auf einmal mitteilen, daß das nicht die richtige Art ist, einen Orgasmus zu bekommen. Wir begriffen auch, daß die Tatsache, daß wir uns nicht trauen ehrlich zu sein, etwas mit den Machtverhältnissen in unseren Beziehungen mit Männern zu tun hatte. Jedenfalls wurde uns schon, als wir darüber sprachen, klar, was wir anderen Frauen mit unseren großen Lügen angetan hatten. Denn wann immer ein Mann einer Frau begegnet, die so tut als ob, wird er sich beim nächsten Mal weniger fragen, ob es gutging, und für die folgende Frau wird es noch schwieriger, ehrlich zu sein.

Als wir auf dem Frauenkongreß fragten, wie viele Frauen auch mal so getan haben, als wären sie zum Orgasmus gekommen, bekamen wir folgende Antworten: Hundertundvier Frauen sagten ja, zweiundsiebzig Frauen sagten nein. Mehr als die Hälfte! Wenn wir dann noch berücksichtigen, daß viele lesbische Frauen auf dem Kongreß waren, bei denen das Problem des »So tun, als hättest du einen Orgasmus« nicht so oft vorkommt (siehe Kapitel »Frauen und Frauen«), können wir sagen, daß die überwiegende Mehrheit der Frauen einmal oder öfter an der großen Lüge beteiligt war. Und das in der Zeit der großen sexuellen Revolution, in der wir doch so frei sind, die Pille nehmen und keine Angst vor Schwangerschaften haben müssen und endlich anerkannt ist, daß Frauen auch sexuelle Wesen sind. Wir waren darüber sehr erschrocken.

»Ich habe dreizehn Jahre lang getan als ob. Ich hatte das Gefühl, ich könne ihm einfach nicht erzählen, daß ich es nicht so schön fand; es war nämlich ungefähr das einzige, woran er Freude hatte, und das wollte ich ihm nicht nehmen. Es hätte ihn so verletzt, vor allem nach all den Jahren.«

»Als meine Tochter mit einem Buch nach Hause kam, in dem stand, daß Frauen mehr als einen Orgasmus hintereinander haben können, stand ich Todesängste aus, daß mein Mann das lesen könnte. Ich dachte, bald muß ich nicht nur so tun, als ob ich einmal zum Orgasmus komme, sondern dann muß ich mit der Mode gehen und noch mehr Orgasmen vortäuschen. Glücklicherweise hatte er kein Interesse.«

»Ich habe es seit meiner Hochzeit nicht schön gefunden. Aber nun ja, du warst verheiratet, und dann gehörte das dazu. So einmal in der Woche mußte es eben sein. Meistens wußte ich schon im voraus, wann, und dann dachte ich, es muß mal wieder sein. Danach war ich immer recht froh, denn nun brauchte ich erst mal ein paar Tage nicht mehr. Ich glaube, mein Mann hielt meine Erleichterung immer für

sexuelle Befriedigung, denn er fragte: ›Fühlst du dich glücklich?‹
Und ich konnte dann ehrlich ›ja‹ sagen. Aber es war Erleichterung.«

1. Die Schlacht um den Orgasmus

Die meisten von uns sind in der Epoche der Ideen von Vater Freud
aufgewachsen. Auch ohne seine schwierigen Bücher gelesen zu haben,
sind wir von seinen Auffassungen über die weibliche Sexualität beeinflußt. Die meisten Ärzte sind von ihnen beeinflußt, Berater auch, und
in Büchern über Sexualität werden seine Ideen übernommen. Kurz zu-
sammengefaßt läuft seine Auffassung darauf hinaus, daß Männer eine
aktive »Libido«, einen sexuellen Trieb, hätten und Frauen nicht; daß
Frauen auf den Penis der Männer eifersüchtig seien und eine gesunde,
erwachsene, ausgeglichene Frau ihre sexuelle Empfindsamkeit von
der Klitoris auf die Vagina übertragen habe. Wenn ein kleines Mädchen von drei oder vier Jahren zum ersten Mal den Pimmel eines Jungen sieht, würde es sogleich von einer tiefgehenden Eifersucht überwältigt werden, die es niemals mehr überwinde. Folglich würde es
erkennen, daß ihre Klitoris, womit es so wunderbar spielen kann, doch
nur ein armseliges Surrogat für den Penis des Jungen sei. Dieser
Schock führe dazu, so meint Freud, daß die Frau für den Rest ihres
Lebens mit dem Penisneid belastet sei, daß sie eitler sei als Kompensa-
tion für das Fehlen dieses wunderlichen Organs und daß sie ein Verlangen nach Babys habe. Natürlich ganz besonders nach Jungen-Ba-
bys, um ihren Mangel wiedergutzumachen. Und sie würde ihre Liebe
von ihrer Mutter, ihrem ersten »Sexualobjekt«, der sie die Schuld
daran gibt, daß sie keinen Penis hat, auf ihren Vater übertragen, den
stolzen Besitzer von dem Organ. Im Laufe ihres Erwachsenwerdens
würde sie ihr erotisches Gefühl von ihrem kindlichen »Penis-Surro-
gat«, der Klitoris, auf ihre Vagina verlagern, wodurch der Penis eines
Mannes das Werkzeug würde, das ihr Lust schenken wird.
Wir brauchen nicht einmal tiefer darüber nachzudenken, um festzustellen, wieviel Unsinn in so einer Theorie zusammengebracht ist. Es
gibt keinen einzigen Grund dafür, daß Mädchen ihre eigene Klitoris
als zweitrangiges Organ erfahren sollten. Viele kleine Mädchen finden

es herrlich, ihre Möse zu streicheln, das Treppengeländer hinunterzu-
rutschen oder sich im Bett an einer Decke zu reiben. Es ist weit herge-
holt, daß kleine Mädchen glauben sollten, Jungen hätten ein schöne-
res Gefühl, weil sie einen Pimmel haben, oder daß sie denken könnten,
ihr schöner Punkt sei ein Miniaturpenis. Man sollte sich eigentlich
eher ausdenken können, daß Jungen, die sehen, daß Frauen Brüste
haben, aus denen Milch kommen kann, und einen Bauch haben, in
dem Kinder wachsen können, eifersüchtig auf diese Fähigkeiten sind.
Aber auf die Idee eines »Gebärmutterneids« sind die gelehrten Herren niemals gekommen.

Sehr wahrscheinlich jedoch erkennen Mädchen schon früh, daß Jungen eine Reihe von Vorrechten genießen, die sie nicht haben. Sie sehen, daß Jungen viel mehr ermuntert werden, tüchtig zu sein, daß sie
wilder sein und öfter draußen spielen dürfen. Da Mädchen mehr »be-
schützt« werden, glauben sie schnell, sie seien schwächer als Jungen.
Und in einer traditionellen Familie, in der die Mutter den von der Arbeit heimkehrenden Vater versorgt, werden kleine Mädchen, von denen mehr dienende Tätigkeiten erwartet werden als von Jungen, diese
Verhaltensmuster übernehmen. Irgendwann werden sie natürlich das
Gefühl bekommen, der Besitz des Penis führe dazu, mehr Macht über
andere zu haben. Offensichtlich bewirkt er, daß du nicht abzuwaschen
brauchst, mehr Geld hast und deine Klamotten herumliegen lassen
kannst.

Es ist dann auch nicht zufällig, daß mehr Mädchen lieber Jungen sein
möchten als umgekehrt. »Penisneid« hat, soweit er besteht, also keine
biologischen Ursachen, sondern gesellschaftliche: Die Penisbesitzer
dieser Welt haben das Sagen – wenn auch keine echten Gründe gefunden werden können, warum du nur Ministerpräsident werden kannst,
wenn du im Stehen pinkeln kannst. Die Idee, daß Frauen ihre Sexualität von der Klitoris auf ihre Vagina übertragen müssen, ist eine der bar-
barischsten Auffassungen der patriarchalischen Kultur dieser Män-
nergesellschaft. Scharen von Frauen sind dadurch sehr unglücklich
geworden, und wir sind noch immer damit beschäftigt, gegen diese
Mißverständnisse anzugehen.

Die Auffassung, daß gesunde Frauen einen vaginalen Orgasmus haben müssen, ist nicht einfach nur ein technisches Mißverständnis. Sie

ist ganz wesentlich damit verbunden, wie über Frauen und Männer gedacht wird. Lange Zeit wurde geleugnet, daß Frauen und Männer eine eigene Sexualität haben. Das waren auch die Zeiten, als von Frauen erwartet wurde, fügsam zu Hause zu bleiben und auf allen wesentlichen Gebieten die Führung ihrer Männer zu akzeptieren. Da sich das nun langsam ein bißchen verändert und Frauen nicht mehr ganz so automatisch als unselbständige Wesen gesehen werden, verändern sich auch die Auffassungen über die Sexualität von Frauen. Aber Erfahrungen und Ideen, mit denen wir erzogen wurden, sind zählebig. Darum habe ich mir mal die Bücher vorgenommen, mit denen unsere Mütter, und manchmal auch noch wir selbst, großgeworden sind. Die Bücher, die wir oft hinter den »guten« Büchern oder versteckt in einer Schublade fanden – Bücher, die immer wieder neu gedruckt und gelesen wurden, die aber fast niemand vorn im Schrank stehen hatte.

2. Herr van de Velde

Wenn es in Holland ein Buch gibt, das kaputtgelesen wurde, dann ist es *Die vollkommene Ehe* von Dr. van de Velde. Mein Exemplar von 1959 (es ist schon vor dem Krieg geschrieben, im Jahre 1923) ist voll mit Stempeln der Stadtbücherei und hat offensichtlich niemals lange im Regal gestanden, bevor es wieder ausgeliehen wurde. Van de Velde war zweifellos für seine Zeit sehr modern und progressiv, und sehr viele Menschen werden hoch erfreut gewesen sein, daß es wenigstens ein Buch gab, in dem nicht vage über »die Verschmelzung auf dem Höhepunkt der Liebe« oder über »Einswerden von Eheleuten, die einander für immer gefunden haben« geredet wurde, sondern breit und ausführlich beschrieben war, worum es bei der Sexualität geht. Leider war van de Velde damals auch nicht in der Lage, bestimmte Vorurteile zu durchschauen, die zu seiner Zeit gehörten.

Van de Velde geht davon aus, daß die Unterschiede zwischen Männern und Frauen angeboren sind und das auch so bleiben muß. Schließlich, so meint er, sei für das Entstehen eines neuen Menschen ein Ei und eine Samenzelle nötig, und bei Männern und Frauen seien nun mal die Eigenschaften dieser Ei- und Samenzellen zu finden. Die

Frau ist die Wartende, die darum bittet, geweckt zu werden, der Mann ist der Aktive, der die Bewegungen macht. Die Ei-Frau wartet nicht so einfach passiv, nein, sie wartet mit klopfendem Herzen, zitternd auf ihren Saat-Mann. Aus der Tatsache, daß Saatzellen das Ei suchen (er vergißt mal eben, daß eine Eizelle auch einen langen Weg zurücklegt), leitet er eine ganze Reihe von Eigenschaften ab: Männer sind natürliche Führer, sie müssen ihre Frau liebevoll beherrschen. Denn auch wenn sie sich dagegen wehrt, eine »echte« Frau wird einen Mann, der sie nicht mit »sanftem Druck« zu überwältigen weiß, nicht respektieren. Außerdem stehen die Samenzellen miteinander in Konkurrenz, womit auch die Streitlust von Männern ohne weiteres erklärt ist. Frauen sind von Natur aus emotional, verletzbar, unausgeglichen und vor allem mütterlich. Es ist dann auch logisch, den folgenden Schritt zu machen und zu sagen, daß es die Männer sind, die außerhalb des Hauses arbeiten müssen, während die Frauen ihre Hauptaufgabe darin finden werden, zu gebären und ihre Nachkommenschaft zu versorgen: »Es ist also nicht zuviel gesagt, wenn wir zusammenfassen: Der Körper einer Frau ist von der Natur ausschließlich für die Erhaltung der Art, für das Hervorbringen von Kindern bestimmt.«

Wollen Sie boxen, Herr Doktor van de Velde ???

Die Männer, die nicht beherrschen, oder Frauen, die nicht soviel Vergnügen daran haben, beherrscht zu werden, sind einfach »unnatürlich«. Aber so natürlich ist es nicht, daß Männer beherrschen, sonst müßte sich van de Velde keine Sorgen darüber machen, daß Menschen etwas tun, was an der »natürlichen« Herrschaft rüttelt. So sieht er beispielsweise die Führungsrolle der Männer in Gefahr, wenn sie beim Bumsen nicht oben liegen. Zwar darf die Frau ab und zu auch mal oben liegen, das soll aber nicht zur Gewohnheit werden: »Als Nachteil muß jedoch, bei unbegrenzter Anwendung, die völlige Passivität des Mannes und die Übertragung der ganzen Aktivität auf die Frau betrachtet werden, weil das zum natürlichen Verhältnis der Geschlechter in Gegensatz steht und sich deshalb auf die Dauer rächen muß. Schon aus diesen Gründen muß davon abgeraten werden, diese Art von Einswerden als Regel anzunehmen.«

Daß in dieser Gedankenwelt die Sexualität der Frau total an die des Mannes angepaßt wird, ist zu erwarten. Van de Velde weiß als Arzt, daß Frauen eine Klitoris haben, ein Organ, das nur für die »geschlechtliche Reizbarkeit« da ist, vergleichbar dem Penis des Mannes. Daraus leitet er nicht ab, daß für Männer eine bestimmte Art des Freiens für ihren Penis angenehm ist und für Frauen andere Arten für ihre Klitoris am schönsten sind, nein, es gibt nur eine richtige Art zu freien: »Unter normalem Geschlechtsverkehr verstehe ich jeden Umgang, der zwischen zwei geschlechtsreifen Menschen unterschiedlichen Geschlechts mit dem direkten oder indirekten Ziel der geschlechtlichen Befriedigung stattfindet und bei Überschreiten einer gewissen Reizschwelle mit dem Ausstoßen des männlichen Samens in die weibliche Scheide unter ungefähr gleichzeitig auftretender orgastischer Befriedigung beider Teilnehmer seinen Höhepunkt erreicht.« Damit ist die Grundlage gelegt für viele, viele Jahre voll von Mißverständnissen, die wir bis heute in beinahe allen Aufklärungsbüchern wiederfinden. Anziehung ist nur normal zwischen Menschen unterschiedlichen Geschlechts. Nur der Penis-in-die-Vagina-Sex ist normal. Und Männer und Frauen müssen gleichzeitig beim Bumsen zum Orgasmus kommen.

Daß das nicht immer so ideal ist, wie van de Velde es gern wollte, weiß auch er sehr gut. Sonst hätten er und die »Fachleute« auf dem Gebiet des Sex nicht so volle Wartezimmer. Aber es ist weniger wichtig, *wie* Frauen fühlen, als was sie fühlen *müssen*. Frauen *müssen* zum Orgasmus kommen, wenn ihr Mann einen Orgasmus hat: »Es ist sicher, daß beim natürlichen Einswerden die Ejakulation der Samen der wichtigste Faktor für die Befriedigung der Frau ist.« Die Klitoris kann beteiligt sein, während des Vorspiels darf sie gestreichelt werden, und hoffentlich wird während des Geschlechtsverkehrs genügend an ihr gerieben, um den Reiz zu erhöhen. Aber wenn das nicht der Fall ist, dann wird nicht falsch gefreit, sondern dann stimmt bei der Frau etwas nicht: Die Klitoris sitzt zu hoch oder ist zu klein, oder das Organ ist in einer Phase kindlicher Entwicklung steckengeblieben. Eine Frau, die beim »normalen« Geschlechtsverkehr keinen Orgasmus bekommt, ist frigide.

Suchbilder: Und wo ist die Klitoris?

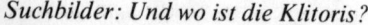

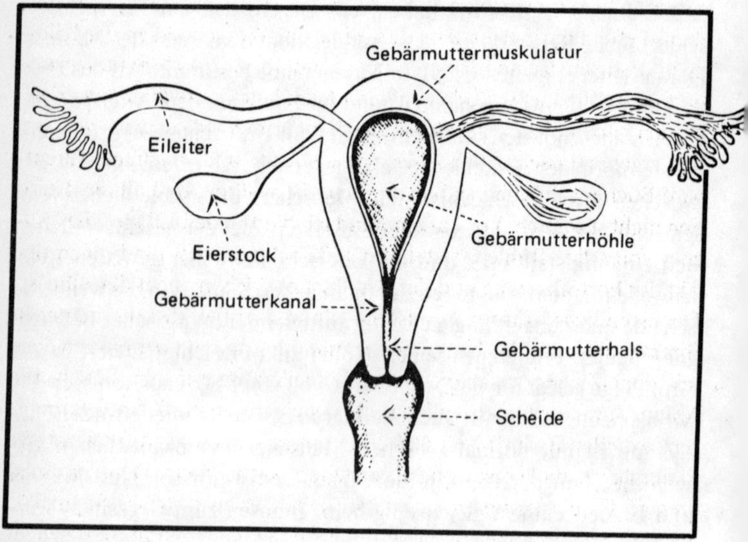

In vielen Büchern aus der Zeit vor und nach dem Krieg finden wir eben diesen Unsinn wieder. Du kannst dich fragen, warum Menschen alles getan haben, um Frauen eine für sie unbefriedigende Form von Sexualität einzureden. Sicher hängt das mit der Unterdrückung der Frauen im allgemeinen zusammen. Es bestand immer Angst vor der schlummernden Sexualität der Frauen, davor, was passieren würde, wenn sie aufbricht. Wenn du erkennst, daß Frauen eine eigene Sexualität haben und nicht von der »Führung« der Männer abhängig sind, dann erkennst du auch, daß sie einen eigenen Willen haben; daß sie sich nicht freiwillig den Wünschen der Männer unterwerfen, weder auf sexuellem Gebiet noch auf anderen Gebieten ihres Lebens. Darum hielten es viele männliche »Fachleute« für wichtig, die Klitoris zu verschweigen oder so zu tun, als sei es krankhaft oder kindlich, wenn Frauen dort sexuelle Gefühle haben. Denn wenn wir die Klitoris als das sexuelle Zentrum unseres Körpers akzeptieren, müßten wir ja gleichzeitig akzeptieren, daß wir für unsere Befriedigung keinen Penis *nötig* haben; und das genau wollen Männer im allgemeinen nicht wahrhaben – noch immer nicht. Die Versuche, unsere Sexualität zu unterdrücken, indem man uns weismacht, was »normal« ist, waren ebenso effektiv wie die Klitoridektomie, das Wegschneiden der Klitoris in arabischen und afrikanischen Ländern, die noch heute praktiziert wird. Wir aber wurden von den »Fachleuten« psychisch kastriert. Frauen haben diese Unterdrückung nicht immer stillschweigend über sich ergehen lassen. Auch zu Zeiten, als Ärzte und Psychiater furchtbare Bücher schrieben, gab es Frauen, die wußten, daß all die Theorien nicht stimmten. Vor kurzem fand ich die Wiederauflage eines Buches von Alice Rühle-Gerstel, die 1932 schrieb, daß für Frauen der Akt der Fortpflanzung und der Art, Lust zu erleben, nicht dasselbe ist. Der eigentliche »Lustträger« ist die Klitoris, schrieb sie schon damals. Ihrer Analyse zufolge hängt die sogenannte Frigidität bei Frauen eher mit dem Zwang zusammen, ihre sexuellen Bedürfnisse denen der Männer unterordnen zu müssen, als mit einem »natürlichen« geringeren sexuellen Bedürfnis. Ihre Auffassungen setzten sich offensichtlich kaum durch, und es ist wohl zu verstehen, warum nicht. Denn nur sehr wenige Frauen konnten sich die Freiheit erlauben, ihre Sexualität *nicht* der der Männer unterzuordnen. Es ist kein Zufall, daß solche Ideen erst Verbreitung finden, wenn Frauen gleichzeitig in anderen Bereichen ihres Lebens das Bedürfnis nach mehr Selbständigkeit entwickeln.

Meistens sind es nicht die traditionell »fraulichen« Frauen, wie wir jetzt aus Untersuchungen wissen, die das größte Vergnügen an Sex haben. Zum sexuellen Vergnügen gehört, dich für dich selbst einsetzen zu können, emotional, und darum mußt du in Verhältnissen leben, die dir das gestatten. Obwohl allgemein angenommen wird, feministische

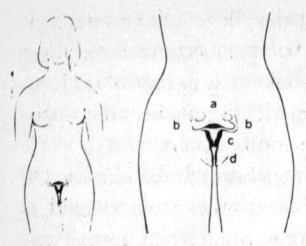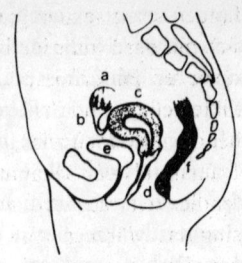

a. Eierstöcke (Ovarien)
b. Eileiter (Tuben)
c. Gebärmutter (Uterus)
d. Scheide (Vagina)
e. Blase
f. Darm

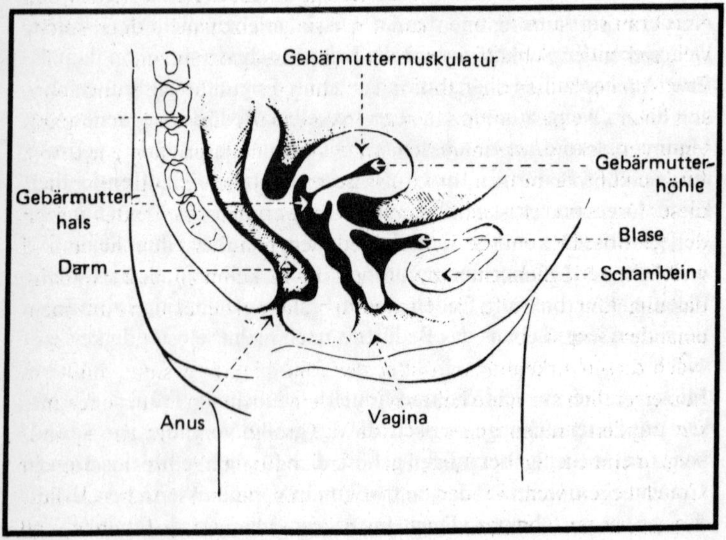

Gebärmuttermuskulatur

Gebärmutterhöhle

Gebärmutterhals

Blase

Darm

Schambein

Anus

Vagina

Frauen seien sexuell frustriert, zeigt sich das Gegenteil: Frauen, die sich mit der Emanzipation beschäftigen, befassen sich auch mit ihren sexuellen Bedürfnissen. Ob deren Verwirklichung immer ohne Konflikte gelingt und ihr Verhalten von Männern »fraulich« oder anziehend empfunden wird, ist wiederum eine andere Sache.

Damals, als der bekannte Kinsey mit seinen Forschungen an die Öffentlichkeit trat, wurde zum ersten Mal etwas deutlicher, welch ein Unsinn das Märchen vom vaginalen Orgasmus war. (Noch immer wird erst dann etwas zur Kenntnis genommen, wenn es ein Mann äußert, obwohl Frauen es schon lange gesagt haben. Seit langem weisen Frauen beispielsweise darauf hin, daß Arbeit im Haushalt ein wesentlicher gesellschaftlicher und ökonomischer Beitrag ist, doch erst wenn männliche Professoren dasselbe sagen, kommt es in die Zeitung.) 1953 wurden die Untersuchungen von Kinsey über die weibliche Sexualität publiziert, worin zu lesen war, daß die kleinen Schamlippen, der Vaginavorhof und die Klitoris von Nervenenden durchzogen sind, die denen im Penis des Mannes vergleichbar sind. Und Kinsey bemerkte, daß eine Frau ebenso schnell einen Orgasmus bekommen konnte wie ein Mann – wenn sie sich selbst befriedigt. Mit anderen Worten: wenn eine Frau selbst bestimmen kann, wie sie gereizt wird – doch solche weitreichenden Schlußfolgerungen zog Kinsey noch nicht.

Etwas später kamen die Laboruntersuchungen von Masters und Johnson hinzu, die ganz minuziös mit verschiedenen technischen Apparaten untersuchten, wie männliche und weibliche Orgasmen entstehen. Ihre Schlußfolgerungen: Es gibt nur einen weiblichen Orgasmus, und dieser Orgasmus entsteht immer durch direktes oder indirektes Reizen der Klitoris. Der einzige Unterschied zwischen den männlichen und weiblichen Möglichkeiten, zum Orgasmus zu kommen, bestand darin, daß ungefähr die Hälfte der Frauen zu mehreren Orgasmen kurz nacheinander fähig war.

Nach diesen Erkenntnissen über den klitoralen Orgasmus müßte es nun eigentlich ein Ende haben mit all dem Unsinn, der mit sogenannten frigiden Frauen angestellt wurde: Operationen, um die Klitoris wegzunehmen, Schocktherapien, jahrelang beim Psychiater auf der Couch liegen, wenn Frauen betroffen waren, deren Männer sich diese Kosten leisten konnten. Doch noch immer kann es geschehen, daß

Männer lieber Frauen unter Druck setzen, sich ihren Phantasien anzupassen, als ihre Phantasien den Frauen anzugleichen. Ein entsetzliches Vorbild ist ein Gynäkologe in Amerika, ein Dr. James Burt, der nun eine neue Erfindung auf den Markt gebracht hat. In Amerika werden Frauen bei der Niederkunft routinemäßig geschnitten, weil das die Geburt einfacher macht, besonders für den Arzt. (In Holland wird das *noch* nicht überall routinemäßig gemacht.) Beim Zusammennähen, schön stramm, gut für den Mann, übte er sich gleichzeitig darin, die Klitoris zu verschieben, so daß sie bei »normalem« Verkehr leichter berührt werden konnte. Dr. Burt spezialisiert sich nun: Er operiert Frauen, damit die Klitoris dichter zur Vagina kommt und es, nach seiner Meinung, weniger Mühe kostet, einer Frau beim Bumsen zu einem Orgasmus zu verhelfen. Seine eigene Frau hat er inzwischen auch mit der idealen Möse ausgestattet. Glücklicherweise ist das eine Ausnahme und sowohl von seiten der Therapeuten, die sich in ihren Verdienstmöglichkeiten bedroht sehen, als auch von der Frauenbewegung kritisiert worden.

Suchbilder: Und wo ist die Klitoris?

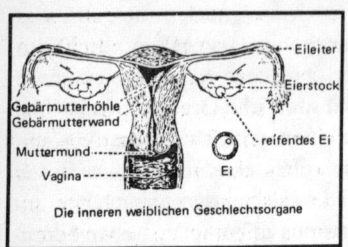

Die inneren weiblichen Geschlechtsorgane

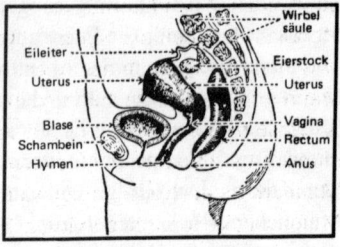

Anne Koedt war die erste Frau in der neuen Welle der Frauenbewegung, die zu schreiben wagte, daß der Mythos von vaginalen Orgasmus eine Methode ist, uns unten zu halten. Ihr und Frauen nach ihr wie Shere Hite, die Tausende von Frauen interviewte, haben wir es zu verdanken, daß immer öffentlicher gemacht wird, wie unterdrückend es ist, Frauen eine sexuelle Verhaltensweise aufzuzwingen, die nicht ihren Bedürfnissen entspricht.

3. Die sexuelle Revolution, eine andere Lüge

Zu Ende des vorigen und Beginn dieses Jahrhunderts gab es die erste »sexuelle Revolution«. Im vorhergehenden viktorianischen Zeitalter wurden Frauen entweder als geschlechtslose Muttertiere oder als supersexuelle Huren gesehen. Nun wurde offen gesagt, daß Sexualität nicht das Ausleben von tierischen oder niedrigen Gelüsten war oder nur der Fortpflanzung dient, sondern etwas Schönes ist zwischen Männern und Frauen. (Homosexualität blieb vorläufig noch in der Ecke der niederen Gelüste, blieb »schlecht«.) Darum wurde gesagt, daß Frauen ebenso wie Männer nach sexuellem Einswerden Bedürfnis haben. In dieser Zeit gab es auch die erste öffentliche Propaganda für die Geburtenregelung. Holland war darin ein Vorreiter; hier gab es die erste Klinik für Geburtenregelung, gegründet von Aletta Jacobs im Jahre 1882. Schon damals gab es Feministinnen, die begriffen, daß diese Befreiung der Sexualität den Frauen nicht nur Freude brachte. Zwar wurde das Tabu um die Sexualität zwischen Männern und Frauen zerstört, lesbische Beziehungen aber um so mehr tabuisiert. Es gab in dieser Zeit viele Frauenfreundschaften, und daß Frauen einander Briefe voll leidenschaftlicher Gefühle schrieben, wurde als normal empfunden. Auch konnten sie beieinander schlafen, ohne daß etwas Merkwürdiges dahinter vermutet wurde. Nun wurden Freundschaften zwischen Frauen mit der »echten« sexuellen Beziehung zwischen Mann und Frau verglichen und als kindlich und zweitrangig abgetan. Außerdem ging es bei der neuen sexuellen Freiheit zwar um die Kommunikation zwischen zwei gleichen Seelen, aber Frauen waren den Männern nicht gleich. Frauen waren damals noch mehr als heute von Männern ökonomisch abhängig, hatten im öffentlichen Leben besonders wenig Freiheit und damit wenig Freiheit, von den eigenen sexuellen Bedürfnissen auszugehen. Außerdem war die doppelte sexuelle Moral noch keineswegs verschwunden. Dieselben Männer, die sagten, eine Frau sei prüde, wenn sie sich außerhalb des Schutzes der Ehe nicht dazu bewegen ließ, mit ihnen zu schlafen, konnten sie vor Freunden als billige Dirne beschimpfen, wenn sie es doch tat. Abgesehen von den Frauen, denen es gelungen war, sich eine unabhängige Karriere aufzubauen, bedeutete die sexuelle Revolution für Frauen immer, daß sie alles tun mußten, um den Männern zu gefallen. Vor der Zeit der sexuellen Revolution hatten sie sich keusch zu verhalten und die eigenen sexuellen Bedürfnisse zu unterdrücken. Nun wurde von den neuen Bohemiens erwartet, daß sie ihre alte Prüderie fahrenließen. Aber noch immer waren es die Wünsche der Männer, die bestimmten, was geschah. Die sexuelle Revolution von damals schien vor allem die Männer von der Sorge zu befreien, ihre Sexualität bei den Prostituierten oder mit der Ehe bezahlen zu müssen. Die Sexualität der Frauen war nun auf dem freien Markt, ohne daß sich gleichzeitig die ökonomische Lage der Frau durchgreifend veränderte. Kein Wunder, daß viele Feministinnen von damals nicht darauf hereinfielen. Eine Erzählung der Schriftstellerin Meridel LeSeuer, die sich in den freien Schriftstellerzirkeln in Amerika bewegte, schildert, wie ein amerikanischer Schriftsteller ihr nachstellte und, als sie sich weigerte, auf seine sexuellen Wünsche einzugehen, verkündete, sie werde niemals eine gute Schriftstellerin, wenn sie ihre Prüderie nicht ablege. Ein modernes Argument. Der Tatsache, daß viele Frauen damals nicht viel von der »freien Liebe« hielten, haben wir wohl die in Büchern vermittelte Vorstellung zu verdanken, die frühen Feministinnen seien versauerte, prüde alte Jungfern gewesen, statt realistische Frauen, die manchmal lieber ohne eine sexuelle Beziehung blieben, als sich ausbeuten zu lassen. Inzwischen haben wir eine neue Welle von sexueller Revolution hinter uns. Die Pille, die ersten öffentlichen Abtreibungen, weniger Tabus über Sex außerhalb der Ehe, eine ge-

wenn ich nicht
freien will, bin
ich prüde, und
wenn ich will, bin
ich eine Nutte...

ringere öffentliche Unterdrückung der Homosexualität (jedenfalls in Holland), ein weniger strenges Verbot von Pornographie und das Eingeständnis, daß Frauen auch sexuelle Wesen sind – es schien, als sei die sexuelle Befreiung auch für die Frau nun beinahe eine Tatsache.

Leider sind doch viele der Verhaltensmuster aus der früheren Welle wiederzuerkennen. Noch immer ist es nicht so, daß Frauen den Männern wirklich gleichgestellt sind, auch wenn das behauptet wird. Weitaus die meisten Frauen sind ökonomisch von ihren Ehemännern abhängig und von ihren Chefs. Moderne Frauen werden unter Druck gesetzt, Sex schön zu finden, jedoch werden sie nicht gefragt, welche Art von Sex. Die Haltungen verändern sich zwar, und nun wird von uns erwartet, mit allerlei Stellungen zu experimentieren, doch die Verhältnisse, in denen Sexualität stattfindet, sind größtenteils noch dieselben. Wir haben jetzt mehr technische Kenntnisse über weibliche Sexualität. Doch viele Ärzte, Berater und Sexologen machen einfach weiter mit dem alten Unsinn und bauen die neuen Kenntnisse einfach in die alten Vorurteile ein. Beispielsweise erkennen sie wohl, daß die Klitoris das sexuelle Zentrum der Frau ist (nachdem es wissenschaftlich bewiesen ist, kann es kaum noch abgestritten werden), ziehen dann aber keine andere Schlußfolgerung daraus als die, daß der Mann während des Vorspiels die Klitoris streicheln oder eine Stellung wählen muß, bei der die Klitoris mehr berührt wird. Sex bleibt Bumsen, andere Formen bleiben Girlanden drumherum. Keine Lust zum Bumsen zu haben, bleibt eine Abweichung. Während des Penis-in-Vagina-Kontaktes nicht zum Orgasmus zu kommen wird Frigidität oder freundlicher eine »Unfähigkeit« genannt. Daß noch immer viele Frauen nicht viel daran finden, ist sogar zu den Wissenschaftlern durchgedrungen. Aber die Ursache wird noch immer darin gesucht, daß Frauen traditionell prüde sind, »Lustangst« haben, und nicht darin, daß die Art zu freien noch immer von den Männern diktiert wird und Frauen selten eine Beziehung haben, in der sie wirklich herausfinden können, was ihre eigentlichen Bedürfnisse sind. Beinahe niemand kommt auf die Idee, daß daran, wie Männer mit Sex umgehen, etwas nicht stimmen könnte. So werden Therapien entworfen, die Frauen über ihre »Angst vor der Sexualität« hinweghelfen sollen, aber das Endziel bleibt immer dasselbe: Es soll gebumst werden.

Lustangst??

»Als ich nach einem Fest mit ihm ging, tat ich das hauptsächlich aus Neugier. Ich fand ihn schon sexy. Ich wollte einmal sehen, wie es sein würde, mit ihm zu bumsen. Das geschah. Auf dem Bett. Auf dem Fußboden. Stehend gelang es nicht so gut, wir fielen immer wieder um, aber probierten weiter. Von hinten. So 'n bißchen den ganzen Stellungskatalog durch. Ich machte mit, halb weil ich es einmal mitmachen wollte, halb weil ich das Gefühl hatte, daß ich nicht mehr sagen konnte, genug zu haben, nachdem ich nun einmal mitgegangen war. Aber es ließ mich alles eiskalt. Als ich wegging, fragte er: ›Kommst du morgen wieder?‹ Ich sagte nein. Da wurde er richtig ein bißchen klein und fragte: ›Habe ich es denn nicht gut gemacht? Wolltest du es anders?‹«

»In der Zeit, als ich keine feste Beziehung hatte, habe ich ziemlich viel mit lockeren Freundschaften experimentiert. Nach einer Diskussion oder nach einem Abend in der Kneipe. Es gehörte ein bißchen zum Stil der Menschen, mit denen ich damals zusammen war. Aber es gefiel mir nicht so gut. Wenn ich es schön fand, verliebte ich mich; doch an jemandem zu hängen war aus der Mode in diesen Kreisen. Und wenn ich nicht verliebt war, dann lag ich mit so einem fremden Körper im Bett und dachte, Herrje, wie werde ich ihn wieder los.«

»Es war so ein Mann, der genau gelernt hatte, wie es sein sollte. Ausgedehntes Vorspiel, entsprechende Aufmerksamkeit für meine Klitoris, höflich fragen, ob ich zum Orgasmus gekommen war. Nach all der Mühe, die er sich gegeben hatte, konnte ich es nicht übers Herz bringen, ihm zu sagen, daß ich das Gefühl hatte, meine Möse sei aus Plastik, vollkommen gefühllos. Er sah mich so strahlend an, so von wegen: Habe ich es nicht gut gelernt, wie es sich mit Frauen gehört. Er hatte meinen Orgasmus einfach nötig als Belohnung.«

Wir dürfen nicht nur einen Orgasmus haben, wir müssen. Wenn schon nicht zu unserem eigenen Vergnügen, dann doch wenigstens für ihn. Ein extremes Beispiel dafür, daß wir noch immer für ihn, nicht für uns selbst bumsen sollen, war der Prozeß um die »Frigidität« einer achtunddreißigjährigen französischen Frau. Sie war durch einen Autounfall so an ihrem Becken verletzt worden, daß sie danach zu viel Schmerzen hatte, um an Sex Vergnügen zu finden. Das Gericht gewährte Schadenersatz von ungefähr 7000 Mark; zu bezahlen an den Mann, weil *er* nun so zu kurz kam (»Libération«, 21. 9. 1978). Im Zuge der sexuellen Revolution wird von uns erwartet, daß wir wie die Männer Gefühle und Sex voneinander zu trennen wissen. Daß Freien viel schöner ist, wenn du jemand liebst, oder sogar widerlich ist, wenn du nicht zumindest gut auf sie oder ihn zu sprechen bist, scheint ein altmodischer Standpunkt zu sein. Während wir früher schief angesehen wurden, wenn wir Sex schön fanden, werden wir nun schief angesehen, wenn wir nicht dem männlichen Verhaltensmuster folgen. Es ist schwierig und verwirrend, zwischen dem alten Muster der prüden Frau und dem neuen Muster des Männersex, der flotten Nummer unseren eigenen Weg zu finden. Wir haben noch wenige Vorbilder dafür, wie unsere Sexualität aussähe, wenn wir wirklich frei wären, das zu tun, was wir selbst wollen. Von Frauen, die mit Frauen freien, können wir viel lernen, wie Sexualität in gleichberechtigteren Beziehungen aussehen kann. Sofern wir Beziehungen mit Männern wollen, ist deutlich, daß nicht nur wir uns ändern müssen, sondern auch Männer an ihren selbstverständlichen Verhaltensmustern etwas verändern müssen. Allmählich wagen nun auch Männer offen zu erzählen, daß es ihnen nicht gefällt, immer den großen Weiberhelden zu spielen. Aber es sind noch wenige, und viel Unterstützung von anderen Männern haben sie vorläufig nicht zu erwarten.

112

V. Zurechtkommen mit dem Orgasmus*

Es sollte nicht so wichtig sein, wie wir einen Orgasmus machen, wenn er nur schön ist und uns ein gutes Gefühl gibt; denn das ist der einzige Grund, warum wir uns überhaupt damit beschäftigen. Doch weil wir krampfhaft versuchten, einen Orgasmus so zu bekommen, wie es in den Büchern stand, sind einige von uns nie dazu gekommen, herauszufinden, wie es uns selbst dabei geht. Darum behandelt dieses Kapitel, wie wir einen Orgasmus machen können und was uns daran hindern kann.

Einen Orgasmus machen zu können ist eines der schönsten Vergnügen, das uns unser Körper zu bieten hat, nicht mehr und nicht weniger. Die eine Frau hat mehr Bedürfnis danach als die andere, für die eine Frau ist es ein großes Erlebnis, für die andere einfach ein schönes Ereignis. Auch abhängig davon, wie du dich selbst fühlst, kann es einmal furchtbar wichtig und ein andermal eine Nebensache sein.

Ein Orgasmus kann für dich beim einen Mal eine ganz andere Bedeutung haben als beim nächsten Mal. Manchmal ist es herrlich, so einzuschlafen, oder eine Entspannung, wenn du ein aufregendes Buch gelesen hast, ein Geschenk für dich selbst oder ein Ereignis, das du mit einer Person teilst, die du sehr gern magst. Selten, beispielsweise wenn du schrecklich verliebt bist, kann es wirklich einer Ekstase ähneln, dem Feuerwerk, dem Schweben im siebten Himmel, wie du es aus Büchern und Filmen kennst. Aber das ist nicht immer und auch nicht für jede so.

Sehr viele Frauen haben oder hatten Probleme damit, einen Orgasmus zu machen. Ein ganz wichtiger Grund dafür ist, daß Frauen in unserer Gesellschaft nicht gelernt haben, sich aktiv um das eigene sexuelle Vergnügen zu kümmern, und viele Frauen einfach nicht wissen, wie ein Orgasmus gemacht werden kann. Außerdem haben die meisten Frauen gelernt, ihre Sexualität von der eines Mannes abhängig zu ma-

* Wortspiel im Holländischen – klaarkomen = fertigwerden mit = befriedigt sein, zum Ogasmus kommen

113

chen, es ihm zu überlassen, ihr einen Orgasmus zu geben. Männer wissen häufig noch weniger darüber, wie Frauen gebaut sind, als die Frauen selbst. Auch sie sind schließlich meistens mit der Penis-in-Vagina-Idee erzogen, einer Art Steckkontakt-Sex, bei dem mit dem Einstecken des Steckers die Lampen von selbst angehen. Die Filme, in denen Frauen stöhnend zum Orgasmus kommen, wenn auch nur ein Penis in ihre Richtung zeigt, helfen auch nicht weiter, ebensowenig wie alle Bücher, in denen Frauen unverändert knallende Orgasmen bekommen, sowie ein Mann in sie »eindringt«. Meistens sind das Männerphantasien, und leider haben auch Schriftstellerinnen oft diese Phantasien übernommen. Vielleicht, weil auch sie selbst glaubten, daß »normale« Frauen es so empfinden.

Das »normale« Bumsen scheint sicher nicht die beste Methode für Frauen zu sein, einen Orgasmus zu machen. Wir werden noch erklären, warum nicht. Und bestimmt gelingt er beim »normalen« Bumsen nur selten, wenn eine Frau gar nicht weiß, wie sie einen Orgasmus machen kann – wenn sie nicht mit sich selbst oder auf eine andere Art freien kann. Die jahrelang von Psychiatern, Ärzten und anderen »Fachleuten« verbreiteten sonderbaren Theorien darüber, wie Frauen Orgasmen bekommen *müssen*, haben furchtbar viel Unheil angerichtet und sehr viele Frauen unsicher und unglücklich gemacht. Doch bevor wir darauf weiter eingehen, wollen wir erst einmal sehen, was wir über Orgasmen wissen, wie sie sich anfühlen und wie sie entstehen.

1. Wie es sich anfühlt

»Ich finde es furchtbar schwierig zu beschreiben, wie sich ein Orgasmus anfühlt. Früher glaubte ich manchmal, daß ich einen Orgasmus hatte, wenn ich mich beim Freien sehr froh und erregt fühlte. Doch nun weiß ich, daß das viel mehr mit emotionaler Spannung zu tun hatte als mit einem Orgasmus. Jetzt weiß ich ganz genau, wann ich einen Orgasmus habe, es ist mit nichts anderem zu verwechseln. Es beginnt mit sanften Wellen von Vergnügen, die wieder abebben, bis die Spannung wirklich irrsinnig groß ist. Und wenn ich denke, nun geht es nicht weiter, dann fühle ich tief in mir, wie sich meine Möse

zusammenzieht, einige Male, und dann ebbt die Spannung wieder ab.«

»Bei mir ähnelt das Ansteigen der Spannung ein bißchen dem Gefühl, das du im Bauch hast, wenn der Fahrstuhl ganz schnell nach unten geht, aber es ist viel schöner, erst vor allem an meiner Klitoris und dann geht es beinahe durch meinen ganzen Körper. Ich merke, daß ich von selbst meinen ganzen Körper anspanne, kurz bevor ich auf dem Höhepunkt bin.«

»Ich empfinde es immer noch als ein ganz besonderes Gefühl, das ich schwer beschreiben kann. Nur mit den sonderbaren Bildern von Wellen und Feuerwerk, die du manchmal im Film siehst, hat es nichts zu tun. Es ähnelt ein bißchen solchen Augenblicken, wenn ich dringend pinkeln muß, und dann auch mehr dem Moment, wenn du es wirklich laufen läßt. Oder einem Niesanfall, wenn du in die Sonne guckst, aber dann einem ganz herrlichen, dicken, wundervollen Niesanfall.«

Für einige Frauen fühlt sich jeder Orgasmus gleich an. Aber viele Frauen finden, daß es da ziemliche Unterschiede zwischen dem einen oder anderen gibt.

»Für mich ist ziemlich wichtig, wie ich zum Orgasmus komme. Wenn ich meine Finger nehme, dann kann ich es sehr gut regulieren. Dann lasse ich es anschwellen und wieder ein bißchen abebben. Dann dauert es sehr lange, bis er kommt, und kommt ganz tief. Wenn jemand anders mir einen Orgasmus macht, empfinde ich das wieder ganz anders. Dann ist vielmehr mein ganzer Körper beteiligt. Aber dann kommt er nicht so tief, und dann sind die Zuckungen auch nicht so stark.«

»Manchmal ist es enttäuschend, dann ist es auf einmal vorbei, ganz schnell. Ein andermal kann ich es richtig hinauszögern, länger und länger und dann, haa! So, als ob du mit einem Flugzeug immer schneller rollst und dann auch einmal steigt es auf.«

»Ich habe meine besten Orgasmen, wenn ich meine Tage habe.
Dann fühle ich richtig, wie sich meine Gebärmutter zusammenzieht.
Es hilft auch gegen Bauchschmerzen, wenn ich Mestruations-
krämpfe habe.«

2. Was geschieht

Jeder Orgasmus entsteht durch Reizen der Klitoris. Bei jeder Frau ist
die Klitoris die zentrale Stelle, von der sich ein Orgasmus entwickelt.
Aber wie die Klitoris am besten gereizt werden kann, ist bei jeder Frau
anders. Einige Frauen haben die schönsten Orgasmen, wenn der ganze
Bereich rund um die Klitoris sanft gestreichelt wird. Bei einigen
Frauen ist die Spitze so empfindlich, daß direkte Berührung eine
schnelle Reizung verursacht oder sogar schmerzhaft ist; sie kommen
am besten zum Höhepunkt, wenn die Hautfalte über ihrer Klitoris hin
und her bewegt wird. Für ein paar Frauen ist es möglich, einen Orgasmus zu machen, wenn in der Vagina etwas hin und her bewegt wird.
Da sich die Lippen dann mit bewegen, tritt derselbe Effekt ein. Doch
das ist nicht so alltäglich, wie wir es alle gelernt haben. Und selbst
wenn du es *kannst*, ist noch die Frage, ob du es *so* tun willst.
Über die Art, wie wir einen Orgasmus bekommen, herrscht viel Verwirrung. Es wurde uns lange erzählt, daß Frauen zwei Sorten von Orgasmus hätten: einen klitoralen Orgasmus durch Reizung »von außen« und einen vaginalen durch Reizung »von innen«, dadurch, daß
ein Penis in deine Vagina dringt. Das ist aber nicht wahr: Alle Orgasmen sind klitoral. Einige Frauen können beim sogenannten gewöhnlichen Bumsen einen Orgasmus bekommen, weil ihre Klitoris zufällig
so sitzt, daß der Druck vom Unterleib des Mannes ausreicht, oder weil
ihre Lippen zufällig so sitzen, daß sie sich genügend mit bewegen beim
Bumsen, um genau die richtige Reibung zu erreichen. Aber das ist nur
bei wenigen Frauen so. In einigen Berichten wird behauptet, daß ungefähr die Hälfte der Frauen beim Bumsen zum Höhepunkt kommt.
Im *Hite*-Report sind es dreißig Prozent. In meinem ganzen Bekann-
tenkreis, von allen Frauen, mit denen ich gesprochen habe, waren es
genau drei. Die Zahlen in den Untersuchungen geben wahrscheinlich

ein verfälschtes Bild, weil wir so lange geglaubt haben, daß wir vaginal zum Höhepunkt kommen *müssen,* daß es normal sei, und wir nicht so gerne erzählen wollten, nicht »auf die übliche Art« oder sogar überhaupt nicht zum Höhepunkt zu kommen.

Die Vagina ist an der Innenseite ziemlich gefühllos, dort enden fast keine Nervenstränge. Kleine Operationen können an der Vaginawand ohne Betäubung ausgeführt werden. Wir wissen auch aus eigener Erfahrung, daß wir einen Tampon in uns haben können, ohne ihn zu fühlen. Auch ein Pessar bemerkst du nicht, wenn es einmal sitzt. Das soll nicht heißen, daß es nicht einige Frauen wunderbar finden, mit einem Penis in der Vagina zu freien. Du fühlst den Druck ganz deutlich, doch viel von der Erregung bei dieser Art von Freien scheint mehr emotional zu sein, als daß es wirklich dazu beiträgt, einen Orgasmus zu bekommen. Nur ganz wenige Frauen schieben etwas in ihre Vagina, wenn sie mit sich selbst freien. Und wenn sie es doch tun, dann meist zusätzlich zum Streicheln der Klitoris. Obwohl in der Pornographie oft Abbildungen von »lesbischen« Frauen zu finden sind, die einander mit Plastikpenissen, Mohrrüben oder Kerzen bearbeiten, kommt das in Wirklichkeit kaum vor. Das ist eine Männerphantasie, eine Unfähigkeit, sich vorzustellen, daß Frauen miteinander etwas anderes tun als eine Art imitierten »Geschlechtsverkehr«.

Es ist auch nicht wahr, daß Frauen länger brauchen als Männer, um zum Höhepunkt zu kommen. Wenn Frauen sich selbst einen Orgasmus machen, können sie das ebenso schnell wie Männer, wenn sie es *wollen.* (Doch warum solltest du, wenn du dir selbst ein Vergnügen bereiten willst?) Wenn sie mit jemand anders freien, dauert es länger, was darauf zurückzuführen ist, daß sie mit jemand anders nicht unbedingt so freien, wie es für sie am schönsten ist. Natürlich sollte es keine Rolle spielen, wie lange du dazu brauchst, es ist schließlich kein Wettlauf. Nur ist es ärgerlich, wenn du mit jemand freist und glaubst, es dauere ihr oder ihm zu lange. Aber all das zu wissen ist wichtig, weil es ein Argument widerlegt, das dazu dient, Frauen auf sexuellem Gebiet oft als zurückgeblieben zu betrachten.

2. Wie er kommt

Was nun genau dieses intensive, wunderbare Gefühl eines Orgasmus hervorruft, wissen wir nicht. Sicher: Durch einen bestimmten Reiz füllen sich einige Blutgefäße, bis die Spannung so groß wird, daß mit einigen Zuckungen von Blutgefäßen und Muskeln das Blut wieder abströmt. Doch damit ist natürlich nicht viel darüber gesagt, warum es sich so anfühlt. Technisch gesehen, sind beim Orgasmus einige Phasen zu unterscheiden:

– Erregung. Die Klitoris schwillt an – manchmal ganz wenig – und wird empfindsamer. Die Vagina fängt an zu »schwitzen«. Deine Muskeln, besonders die in der Bauchhöhle, beginnen sich zu spannen. Die inneren Lippen deiner Vagina werden dicker und bekommen eine dunklere Farbe. Der innerste Teil deiner Vagina wird weiter, während der vordere Teil durch die Schwellung enger wird. Dein Herzschlag wird schneller und die Atmung auch. Vielleicht »errötest« du an einigen Körperteilen, und deine Brustwarzen werden hart.

– Der Anlauf zum Orgasmus. Der ganze Bereich um deine Vagina und Klitoris schwillt an, auch der Teil deiner Vagina, der am dichtesten an der Öffnung liegt. Wenn du es schön findest, etwas in deiner Vagina zu haben, ist das der Augenblick, denn dann bist du dort am empfindlichsten. Du atmest schneller, deine Muskeln spannen sich weiter. Deine Klitoris zieht sich ein bißchen zurück. Wenn du das nicht weißt, kann es dich verwirren, daß sie auf einmal »verschwunden« ist. Wenn du mit jemand freist, kann die betreffende Person glauben, daß du weniger erregt bist, weil deine Klitoris weniger vorsteht. In Wirklichkeit bist du dann kurz vor dem Orgasmus. Im letzten Anlauf spannen wir unsere Muskeln, »erstarren« und halten vielleicht den Atem an. Gerade weil wir gelernt haben, daß Frauen wimmernd und stöhnend zum Höhepunkt kommen sollen, kann es verwirrend sein, daß du gerade dann ganz still und steif bist, wenn du kurz davor bist. Der Übergang von der »Erregung« zum »Anlauf« ist nicht so deutlich. Es ist ein bißchen wie beim Starten eines Flugzeugs. Du rollst, fährst schneller und schneller und schneller, und auf einmal hebst du mit einem Wupp vom Boden ab. Meistens verläuft die Erregung nicht wie eine steigende Linie, sondern ebbt ab und kommt wieder. Das gerade kann sehr schön sein; aber solange du noch übst, bekommst du vielleicht das Gefühl, daß es nicht gelingt, wenn das Gefühl wieder wegsinkt. Bist du wirklich kurz vor dem Orgasmus, ist dies ein Augenblick, wo du nicht mehr zurück kannst. Wenn du dann aufhörst, bekommst du trotzdem einen Orgasmus, doch meistens nicht so deutlich, du »verlierst« einen.

– Der Orgasmus, die Entladung. Wenn die Spannung am höchsten ist, beginnen die Muskelkontraktionen. Eine oder mehrere Sekunden lang ziehen sich die Muskeln in deiner Möse zusammen, einige Male hintereinander, abhängig davon, wie groß die Spannung war, die du aufgebaut hattest. Manchmal kannst du das bis in deine Gebärmutter und deinen After fühlen. Manchmal geht es durch deinen ganzen Körper.

– Entspannung. Nach einem Orgasmus dauert es ungefähr eine halbe Stunde, bis die Schwellung abgeklungen ist, deine Muskeln wieder entspannt sind. Du kannst die Spannung auch festhalten, wenn du noch »oben« bist, und einen neuen Orgasmus machen und noch einen. Die meisten Frauen haben die Fähigkeit, mehrere Orgasmen hintereinander zu haben. Männer brauchen viel mehr Zeit, bis sie wieder »können«. Doch die Tatsache, daß du es kannst, bedeutet noch nicht, daß du Spaß daran hast. Es wäre Unsinn, daraus eine Art Wettkampf machen zu wollen, so wie Männer ihre »Nummern« zählen. Wenn du bis zum Anlauf gekommen bist, aber keinen Orgasmus bekommen hast, kann es länger dauern, bis du wieder entspannt bist. Das kann ein sehr unangenehmes Gefühl sein. Es passiert manchmal, wenn du nicht auf die für dich schönste Art weiterfreien kannst, sondern nach einem »Vorspiel« plötzlich zum »gewöhnlichen« Bumsen übergehst, wodurch dann deine Erregung vielleicht abgebrochen wird. Wenn du mit jemand anders freist, ist es gut, wenn du für dich selbst schon herausgefunden hast, wie du es am schönsten findest.

4. Einen Orgasmus machen lernen

Für die meisten Frauen gilt, daß sie die stärksten Orgasmen am besten selbst machen können. Das soll nicht heißen, daß es emotional nicht sehr bedeutsam sein kann, ihn mit jemand anders zu erleben. Doch hier will ich nur über den physischen Aspekt reden. Wir selbst können es am besten, weil wir uns dann völlig auf uns selbst konzentrieren können, und das ist die erste Voraussetzung. Frauen werden oft davon abgehalten, sich wirklich ihren Gefühlen hinzugeben, weil sie zu sehr mit den Gefühlen von anderen beschäftigt sind und sich dabei selbst vergessen. Einen Orgasmus für jemand anders bekommen, das geht nicht. Wie du es auch betrachtest, es ist ein ziemlich auf dich selbst bezogenes Ereignis, wobei du die Bedürfnisse von anderen eben mal vergessen können mußt. Darum ist es gerade für Frauen, die damit noch Schwierigkeiten haben, viel besser, am Anfang selbst zu üben, bevor sie mit jemand anders herausfinden, was schön ist.

Die Klitoris hat einen sanften Druck besonders gern, wenn deine Möse warm, weich und feucht ist. Mit deinen Fingern ist es ganz einfach, genau den Druck und den Rhythmus zu finden, den du nötig hast. Du kannst deine Finger mit Spucke oder der Feuchtigkeit aus deiner Vagina naß machen. Mit den Fingern von jemand anders ist das oft schon wieder schwieriger, es sei denn, daß du sagen kannst, wenn es zu kräftig oder zu sanft, zu schnell oder zu langsam ist. Eine Zunge auf deiner Klitoris oder ein sanftes Lutschen, das ist fast ideal und ähnelt dem, was Männer fühlen, wenn sie ihren Penis in einer Vagina bewegen, die auch warm und feucht ist und genau den Druck gibt, der beim Hinein- und Hinausgleiten schön ist. Es kann auch schön sein, sich an etwas Sanftem zu reiben. Wenn du über den Luxus einer Badewanne mit einer Handdusche verfügst, dann gibt dir das eine phantastische Möglichkeit, zu lernen, zum Orgasmus zu kommen oder einen festlichen Orgasmus zu machen: die Wanne halb vollaufen lassen, sich hineinlegen und mit dem warmen Strahl aus der Handdusche unter Wasser über deine Klitoris hingleiten. Hundert sanfte Zungen! Als Problem kann dabei allerdings auftauchen, daß du es nicht schaffst, bevor deine Wanne überläuft, weil sie keinen guten Abfluß hat, oder das warme Wasser deines Boilers allzu früh verbraucht ist. Ein Mittel, das von vielen Frauen in Amerika benutzt wird, hier jedoch noch nicht so bekannt ist, weil es kalt und technisch erscheint, ist der Vibrator. Es ist eine kleine Maschine mit Netzanschluß oder Batterie, die schwingt und zittert so, wie du es mit deinen Händen nicht kannst. Einige Frauen, die am Anfang nicht so einfach zum Orgasmus kommen konnten, fanden einen Vibrator sehr hilfreich. Du brauchst keine Angst zu haben, daß du davon süchtig wirst oder nur noch mit deinem Vibrator zum Orgasmus kommen kannst. Wenn du einmal eine Art gefunden hast, zum Orgasmus zu kommen, ist es hinterher einfacher, es auch auf andere Weise zu erleben. Vibratoren gibt es meistens in Penisform, ein bißchen unsinnig, weil sie in deiner Vagina fast keinen Sinn haben und die Form unwichtig ist, weil du etwas an deine Klitoris hältst. Wahrscheinlich glaubten die Fabrikanten, daß wir doch nach einer Art nachgemachtem Penis suchen würden. Aber mit einer elektrischen Zahnbürste oder einem Massagegerät geht es genausogut. Und einigen Frauen gelingt es sogar, wenn sie sich an die Waschmaschine lehnen. Vibratoren kannst du in allen einschlägigen Fachgeschäften kaufen, sie dir auch schicken lassen, oder auch mit einigen Freundinnen in einen Sexshop gehen, wenn du dazu allein keine Lust hast.

Einige Frauen haben emotionale Widerstände gegen einen Orgasmus. Sie haben Angst, sich hinzugeben, hören auf, wenn sie kurz davor sind. Manchmal hängt das damit zusammen, daß du Angst hast, dich emotional hinzugeben, und manchmal hängt es mit Unterdrückung von Wut oder Kummer über dich selbst oder deine Umgebung zusammen, die du nicht zum Ausdruck bringen darfst. Einige Frauen weinen beim Orgasmus oder danach, weil beim Entladen der Spannungen auch andere Emotionen freigesetzt werden. Einige Frauen haben Angst, daß sie, wenn sie sich gehenlassen, unbeherrscht und häßlich werden. Manchmal hat jemand Angst, einen Orgasmus kommen zu lassen, weil es so scheint, als ob du dann pinkeln mußt. Bisweilen ist das auch so; aber wenn du erst mal allein im Bad oder mit einem Handtuch darunter übst, kannst du lernen, deine Muskeln so zu beherrschen, daß du den Höhepunkt erreichst und nicht pinkeln mußt. Ein Orgasmus ähnelt auch ein bißchen einem Sprung in die Tiefe, dem Wagnis, sich über den Rand gleiten zu lassen, ohne zu wissen, ob du gut ankommst (du kommst immer weich an!); aber du kannst deine Selbstbeherrschung nicht wirklich verlieren, wenn du es nicht willst.

Beim ersten Mal ist ein Orgasmus manchmal enttäuschend, er ist so schnell vorbei. Wenn du ein Feuerwerk erwartet hattest, ist der kleine Sprung über den Rand vielleicht wenig. Aber wenn du einmal weißt, wie es geht, ist es möglich, weiterzugehen, beispielsweise ein bißchen anhalten, wenn du kurz vor dem Orgasmus bist, und dann wieder weitermachen, dann wieder anhalten, bis du vor lauter Spannung nicht mehr kannst.

Wichtig ist, daß du dich auf dich selbst konzentrieren kannst, auch wenn du mit jemand anders freist. Wenn du mit dir selbst freist, mußt du ungestört sein können, nicht das Gefühl haben, daß jeden Augenblick jemand reinkommen kann oder das Telefon klingelt. Du brauchst Wärme und eine Umgebung, in der du dich wohl fühlst, wo du dich »verrückt« benehmen darfst, weil du zu Hause bist.

In Amerika und nun auch in Holland wird mit »prä-orgastischen« Frauengruppen gearbeitet, Frauen, die *noch* nicht zum Höhepunkt kommen können, Frauen, die früher als »frigide« bezeichnet wurden. Das Programm einer solchen Gruppe besteht zur Hälfte daraus, daß du lernst, für dich selbst einzustehen, dich selbst zu schätzen, und zur anderen Hälfte aus Übungen, die du zu Hause machen kannst. Es ist schön, mit anderen Frauen über deine »Fortschritte« sprechen zu können, das nimmt ein bißchen von dem idiotischen Tabu, über Sex zu reden, und ihr könnt einander helfen, wenn du nicht weißt, wie es weitergehen soll. Es ist nicht immer einfach, eine solche Gruppe zu fin-

den. Du kannst es auch allein versuchen, indem du mit Hilfe eines Buches übst. Du kannst dann selbst nach dem Programm vorgehen. In großen Zügen sieht das folgendermaßen aus (jede Gruppe wird so wieder ihre eigenen Regeln haben):

– Mit-einander über deine sexuelle Geschichte sprechen. Das ist wichtig wegen der Vorstellungen, die du mitbekommen hast und die vielleicht noch immer in deinem Kopf herumspuken: nicht anfassen, das ist eklig, brave Mädchen tun das nicht, eine erwachsene Frau hat das nicht nötig. Wenn du allein an dir arbeitest, kannst du auch ein Tagebuch führen und aufschreiben, was dir an Erinnerungen einfällt, was du bei den Übungen fühlst, sowohl unangenehme Gedanken als auch fröhliche Entdeckungen.

– Lernen, deinen Körper zu verwöhnen. Dich mit Babyöl oder etwas Gutriechendem massieren. Lange in der Badewanne oder unter der Dusche planschen.

– Deinen Körper schätzen lernen. Dich nackt in einem großen Spiegel betrachten und dir selbst ehrlich erzählen, was du nicht schön findest, aber vor allem, was du *schön* findest. Wir sind so daran gewöhnt, uns immer nur von der vorteilhaftesten Seite zu sehen, oder, im Gegenteil, uns so darauf zu fixieren, daß die Beine zu kurz oder die Brüste zu klein sind, daß wir das Vorteilhafte an uns schon gar nicht mehr sehen.

– Ausführlich deine Möse betrachten.

– Eine Liste von deinen guten Eigenschaften machen und die beim nächsten Mal wieder erweitern. (Ich sorge gut für mich selbst, ich bin warm, ich bin klug, ich bin stark.)

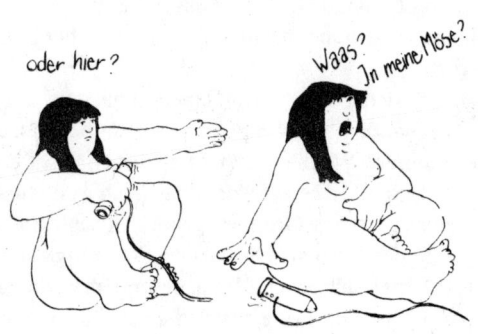

– Weiterlernen, deinen Körper zu genießen. Deine eigene Haut streicheln und fühlen, wo es sich am schönsten anfühlt. Deine Massage weiterführen, nun auch zwischen den Beinen. Mindestens fünf Minuten lang die empfindlichste Stelle deiner Möse massieren. Verschiedene Arten ausprobieren, mit weichen Dingen, mit Wasser, mit einem Vibrator.

– Nach deinen Lieblingsphantasien suchen. Vielleicht wagst du es, sie aufzuschreiben. Welche Filmpassagen haben dich erregt, kennst du Bücher, in denen Passagen vorkamen, die dich aufregten?

– Schließlich nimmst du dir eine dreiviertel oder ganze Stunde, um die schönste Art auszuprobieren, mit dir selbst zu freien. Du mußt dich entspannen können, genießen, was du fühlst, ohne so schnell wie möglich auf ein Ziel loszusteuern. Aber Entspannen bedeutet nicht, daß du mit deinem Körper nichts tust. Kurz vor dem Orgasmus spannen wir unsere Muskeln, besonders die in Bauch und Beinen. Es kann sehr hilfreich sein, wenn du lernst, deine Bauchmuskeln zu spannen, besonders die Muskeln in deiner Vagina. Die Übungen dafür, beschrieben durch einen Herrn Kegel und darum »kegeln« genannt, sind ganz einfach. Zuerst versuchst du, beim Pinkeln es zwischendurch mal anzuhalten. Die Muskeln, die du dabei benutzt, sind dieselben, die du beim Orgasmus anspannst. Ohne daß es jemand sieht, kannst du mit ihnen in der Straßenbahn oder vor dem Fernsehen Gymnastik machen. Zehnmal hintereinander spannen und entspannen, eine Art von täglichen Kniebeugen, aber dann mit deiner Möse. Was du so bewußt tust, ist das gleiche, was beim Orgasmus von selbst geschieht.

– Wenn du Angst hast, dich gehenzulassen, kannst du gerade übertrieben stöhnen, Geräusche machen, dich hin und her bewegen. Niemand sieht dich.

– Es gelingt nicht jeder Frau sofort, einen Orgasmus zu bekommen. Manchmal ist es wirklich eine Frage von »Schularbeiten«, täglich eine Stunde über mehrere Wochen. Das ist natürlich nicht so schlimm, denn eine Stunde Spaß ist es auf jeden Fall, auch wenn du keinen Orgasmus bekommst. In den Gruppen gelingt es schließlich fünfundneunzig Prozent der Frauen. Die größte Schwierigkeit besteht oft darin, dir Zeit für dich selbst zu nehmen, besonders wenn du mit anderen zusammen wohnst und es egoistisch erscheint, sich eine Stunde täglich im Bad oder Schlafzimmer einzuschließen. Und doch ist eine Stunde nicht viel, wenn wir bedenken, wie oft und wie lange wir uns um andere kümmern. Und auch wenn du keinen Orgasmus bekommst, ist die Stunde vielleicht so kostbar geworden, daß du sie nicht mehr missen möchtest.

»Ich habe selbst kein Bad, aber wenn ich ab und zu bei Freunden die Kinder hüte, nehme ich Badeöl mit, mache schöne Musik an, schalte das Licht im Badezimmer aus und stelle einige Kerzen auf den Rand, nehme ein Glas Wein mit und lasse mich sanft in das warme Wasser gleiten. Und dann ein Orgasmus. Das steht einer sexuellen Erfahrung mit jemand anders in nichts nach!«

VI. Sexuelle Phantasien

Zwischen sexuellen Phantasien, Tagträumen und Träumen gibt es Unterschiede. Träume hast du im Schlaf, und du kannst sie nicht kontrollieren. Es kann passieren, daß du im Traum mit jemandem freist, woran du im wachen Zustand nie denken würdest; das ist dann sehr schön. Manchmal hast du undeutliche erotische Träume von Leuten, die du nicht kennst.

»Manchmal habe ich sehr erotische, erregende Träume. Merkwürdigerweise sind die nicht so sehr sexuell, ich meine damit, ich bumse nicht in so einem Traum. Aber irgendwie empfinde ich dann bei einem Kuß oder einer Berührung eine Spannung wie in Wirklichkeit fast nie. Wenn ich Sex erlebe, beobachte ich mich dabei noch immer ein bißchen oder höre die Nachbarn oder kriege einen Wadenkrampf. Im Traum aber ist es reine Verführung. Ich habe auch mal im Schlaf einen Orgasmus bekommen und wachte davon auf. Leider kann ich solche Träume nicht bestellen. Manchmal versuche ich so ein bißchen in die Richtung zu denken, bevor ich einschlafe, aber das nützt nicht soviel.«

Manchmal sagen Träume etwas über Wünsche aus, die du dir selbst nicht so schnell eingestehst.

»Ich träume oft von Frauen. In letzten Traum ging ich mit einem Mädchen, das früher in meiner Klasse war, schwimmen. Sie sah noch genauso aus wie damals, war aber ebenso alt wie ich. Wir schwammen unter Wasser, nebeneinander, mit denselben Bewegungen. Wir berührten uns nicht, aber es war sehr traurig und schön und erotisch.«

»Kurz bevor mein Freund und ich uns trennten, begann ich auf einmal von anderen Männern zu träumen. Wenn ich von Männern

träumte, die nicht existierten, empfand ich deshalb keine Schuldge-
fühle, aber manchmal träumte ich auch von dem besten Freund mei-
nes Freundes. Nachdem ich einmal geträumt hatte, daß wir ganz
schön wild miteinander gefreit hatten, kam er am gleichen Tag vor-
bei. Mir wurde ziemlich heiß, weil die Traumbilder zurückkehrten,
als ich ihn sah. Ich dachte plötzlich, er habe eigentlich einen schönen
Körper, und fragte mich, ob er nackt wirklich so aussehen würde wie
in meinen Träumen. Ich glaube, ich habe mich ziemlich merkwürdig
verhalten. Ich fühlte mich doch etwas schuldig deshalb.«

Tagträume sind anders, die denkst du dir aus, die kannst du kontrollieren. Du kannst an eine Person denken, in die du verliebt bist, daran,
was ihr zusammen machen könntet. Daran zurückdenken, wie du letz-
tes Mal mit jemand gefreit hast. Dir Bilder aus einem Film in Erinne-
rung rufen, mit dir selbst in einer attraktiven Rolle. Unsere Tagträume
sind oft erregender als fix und fertige Filme im Fernsehen; wir können
uns selbst genau in die Rolle versetzen, die wir gern spielen wollen,
und mit anderen Leuten das tun, wozu wir Lust haben, ohne sie zu
belästigen.

Für viele Frauen sind Tagträume eine Möglichkeit, die Eintönigkeit zu
überstehen. Es ist die einzige Möglichkeit, es hinter der Stanzmaschine
oder beim Einpacken von Suppendosen auszuhalten. Es ist auch die
einzige Möglichkeit, die ewige Wiederholung von Abwaschen, Betten-
machen, Staubsaugen und anderen Arbeiten auszuhalten, die zwar
deinen Körper, aber kaum deinen Geist beanspruchen. Tagträumen
kostet nichts und ist einfach. Aber wenn du den größten Teil des Tages
im Traum verbringst, heißt das offensichtlich, daß du in deinem Leben
wenig Anregendes und Spannendes erlebst; du könntest darüber
nachdenken, wie du dein Leben abwechslungsreich gestalten kannst.

Sexuelle Phantasien sind nicht dasselbe wie Tagträume, obwohl auch
Tagträume erotisch sein können. Sexuelle Phantasien sind Bilder, die
wir bewußt herbeirufen, um uns sexuell zu reizen. Die meisten Männer
und viele Frauen haben bestimmte Bilder, die sie erregend finden und
die ihnen z. B. helfen, einen Orgasmus zu bekommen. Wir denken uns
diese Bilder selbst aus, aber manchmal verwirrt uns, daß wir offenbar
wenig Kontrolle über den Inhalt unserer sexuellen Phantasien haben.

*»Wenn ich onaniere, habe ich immer sexuelle Phantasien mit frem-
den Männern. Damit habe ich nicht so viele Schwierigkeiten. Aber
ich habe doch ein schlechtes Gefühl, wenn ich mit meinem Mann
freie und kurz vor dem Orgasmus dieselben Phantasien habe. Als ich
diese einmal zu verdrängen suchte, war es viel schwieriger, einen Orgasmus zu bekommen. Ich habe auch mal probiert, Phantasien über
meinen Mann zu haben, aber das funktionierte einfach nicht so gut.
Es ist so ein bißchen ein Gefühl von Treulosigkeit, so, als ob ich nicht
wirklich mit ihm, sondern mit dem Typ in meinem Kopf freie.«*

*»In den Phantasien, die am besten wirken, werde ich von zwei Män-
nern gleichzeitig überwältigt. Ich schäme mich deshalb, ich finde das
eigentlich nicht gut.«*

Die Hälfte der Frauen hat regelmäßig sexuelle Phantasien. Wenn verheiratete Frauen mit ihrem Mann freien, haben sie häufig Phantasien
über einen unbekannten, romantischen Liebhaber oder denken an ein
früheres sexuelles Erlebnis mit jemand anderem. Viele Frauen haben
deshalb Schuldgefühle und würden es nicht gern erzählen.
Eine andere häufig vorkommende Phantasie ist die, überwältigt zu
werden. Diese Phantasie wird gern so interpretiert, daß Frauen am
liebsten überwältigt werden möchten, daß wir von Natur aus masochi-
stisch seien. Gerade wenn du versuchst, anderen Menschen deutlich
zu machen, daß du es nicht gut findest, einfach übergangen zu werden,
ist es etwas peinlich, dich selbst bei solchen Phantasien zu ertappen.
Warum uns bestimmte Vorstellungen mehr erregen als andere, haben
wir noch nicht ausreichend erklärt. Einige Dinge wissen wir:
– Die meisten Frauen phantasieren, es ist also nicht anormal.
– Wenn du in deinen Phantasien überwältigt wird, heißt das noch
lange nicht, du fändest es auch in Wirklichkeit schön, vergewaltigt zu
werden. Schön an Phantasien ist ja gerade – und darüber sollten wir
uns bewußt sein –, daß du sie selbst erfindest und abbrechen, den »Täter« auswählen und wieder wegschicken kannst, wenn du lieber einen
anderen willst. Auch wenn du phantasierst, überwältigt zu werden,
liegt im Unterschied zu einer Vergewaltigung im normalen Alltag die
Kontrolle immer bei dir, du selbst suchst dir jemanden. Was in Phanta-

sien als Überwältigung erscheint, ist eher Leidenschaft, während wirkliche Vergewaltigungen eher aggressiv sind. Aggression ist nie schön.

»Ich habe zwar schon mal von einem Mann geträumt, der von Leidenschaft überwältigt wurde, als er mich sah, und den ich nicht mehr zurückhalten konnte. Aber als mein Kollege mal zuviel getrunken hatte und versuchte, mich festzuhalten, fand ich es widerlich.«

Vielleicht befinden sich in vielen unserer Phantasien noch Elemente unserer Unterdrückung. Vielleicht würden weniger Frauen davon träumen, überwältigt zu werden, wenn es nicht normal wäre, daß wir unten liegen. Eine Mischung von Sex und Aggression ist auch fast das einzige, was wir um uns herum sehen, es sind fast die einzigen sexuellen Vorstellungen, denen wir begegnen.

Frauen können von sexuellen Bildern genauso erregt werden wie Männer, aber die meisten Frauen reagieren weniger eindeutig darauf. Das hängt mit der Zweideutigkeit in der Realität zusammen: Wir reagieren positiv – mit Erregung – auf Erotik, weil wir erotische Wesen sind, aber mit Abscheu auf die selbstverständliche Herrschaft der Männer über Frauen, die zum normalen Sex zu gehören scheint; wir haben zu viele Erinnerungen an Situationen, in denen Sex nicht schön, sondern unterdrückend war.

Eine Untersuchung, in der Männer und Frauen erotische Tonbänder hörten, ergab, daß die meisten Frauen durch Situationen erregt wurden, in denen sie selbst aktiv waren und bestimmen konnten, was sie schön fanden. Übrigens wurden auch die Männer am meisten durch Phantasien von aktiven Frauen erregt, aber auch da zeigt sich der Unterschied zwischen Phantasie und Wirklichkeit. In Phantasien können Männer sich zwar verführen lassen, sind jedoch in Wirklichkeit schnell unzufrieden, wenn sie die Situation nicht beherrschen und ihnen die Leitung aus den Händen genommen wird.

Sexuelle Phantasien sind gratis. Was sich in unserem Kopf zum eigenen Vergnügen abspielt, gehört uns, darüber brauchen wir keine Rechenschaft abzulegen und uns deswegen sicherlich nicht zu schämen. Die Bilder, die in unserer Phantasie auftauchen, werden sich ändern, so, wie sich unsere sexuelle Beziehungen ändern. Aber wir wissen noch nicht, wie Sexualität in einer Welt aussehen wird, in der nicht die Hälfte der Menschen die andere buchstäblich unten zu halten sucht. »Vielleicht gibt es dann überhaupt keinen Sex mehr«, sagte eine meiner Freundinnen, »weil wir unsere Bedürfnisse dann auf ganz andere Art und Weise erfüllen.« – »Vielleicht können wir dann mit jedem freien, den wir nett finden«, sagt eine andere Freundin. Ein schöner Tagtraum, zunächst.

VII. Miteinander freien

Eine gute Beziehung zu dir selbst ist der Ausgangspunkt für jede Beziehung mit anderen. Denn es fühlt sich anders an, die warme Haut einer anderen Person, eine Hand, die deinen Rücken streichelt, ein Geruch, der nicht dein eigener ist.

Mit jemand anders zu freien wird oft als etwas gesehen, das du mit deinen Geschlechtsteilen tust und in einem Orgasmus zu enden hat. Es kann ein starkes Bedürfnis sein, durch einen Orgasmus Spannungen abzubauen, aber ein mindestens ebenso starkes Bedürfnis ist das nach Zärtlichkeit, sich an jemand anzuschmiegen. Das braucht sich überhaupt nicht auf die eine Person zu beziehen, mit der du nach außen hin einen »Geschlechtsteile-Vertrag« geschlossen hast. Wir machen unser Leben arm, wenn wir nur in der einen Beziehung Zärtlichkeit suchen, die wir eigentlich täglich mit den Menschen um uns herum erfahren müßten. Mit kleinen Kindern kannst du wunderbar freien, weil sie noch so ohne Scham das tun, wozu sie Lust haben. Der Umgang mit einem kleinen Kind kann mindestens so erotisch sein wie die Beziehung zu einem Erwachsenen. Auch mit Tieren ist ein sinnlicher Kontakt möglich. Eine Katze, die dich zum Streicheln verführt, bekommt nicht nur Vergnügen, sondern gibt es auch. Selbst das Stillen ist für viele Frauen ein sehr erotisches körperliches Gefühl. Bei Geburten, bei denen die Schmerzen nicht vorherrschen, können Preßwehen ein phantastisches Gefühl sein. Im täglichen Kontakt mit den Menschen um dich herum ist Berührung wichtig. Eine Person, die tagelang nicht berührt wird, kann sich vor dem eigenen Körper zu ekeln beginnen und depressiv werden.

Nicht jede Berührung ist schön. Berührungen zwischen Männern und Frauen haben oft eine doppelte Bedeutung. Oft sind Machtspiele darunter verborgen. Ein Mann, der dich neckend am Hals packt, kann damit gleichzeitig sagen wollen: Sieh mal, was ich mit dir tun könnte, wenn ich es wollte. Eine Hand auf deinem Knie ist oft ein Versuch, zu sehen, wie weit er gehen kann, oder eine Geste des Besitzens: Diese

Frau gehört mir. Viele Männer haben gelernt, über Sexualität in Begriffen von Eroberung und Leistung zu denken, und ihre Fähigkeit, ganz einfach warme Haut an warmer Haut zu genießen, vernachlässigt. Wenn Männer sich berühren, ist es so, als ob sie vor eventueller Zärtlichkeit Angst haben: auf die Schultern klopfen oder ein Puff in die Rippen und höchstens, wenn jemand tot ist oder ein Tor gefallen ist, umarmen sich auch Männer mal in der Öffentlichkeit. Wenn Männer Frauen berühren, hat das oft sexuelle Nebenbedeutungen, weshalb die meisten Frauen keinen Wert darauf legen. Damit schaden Männer sich selbst, aber wir würden uns selbst beschneiden, wenn die Berührung von Männern das einzige wäre, was wir uns zugestehen. Jeder weiß, wie schön es sein kann, wenn jemand deine Hand nimmt, wenn du traurig bist. Es gibt keinen Grund, so lange zu warten, bis du Kummer hast.

»Ich bin tüchtig. Ich lasse mich nicht so schnell unterkriegen. Es ist mir zuwider, daß Männer mich in den Augenblicken lieber mögen, wenn ich verletzbar bin, beispielsweise wenn ich weine. Wenn sie mich nicht ebensogern mögen, wenn ich stark bin, brauche ich ihre Hilfe nicht. Ich habe nie so einfach mal um Hilfe bitten können, auch Frauen nicht. In der radikalen Therapie habe ich gelernt, wie sehr ich mir damit selbst schade. Gerade wenn ich es am meisten brauche, schließe ich mich am meisten ab. Ich lasse mich kaum berühren. Von der Gruppe habe ich den Auftrag erhalten, dafür zu sorgen, daß ich mindestens viermal täglich umarmt werde. In der Gruppe haben wir das geübt. Am Anfang war das sehr künstlich. Doch später merkte ich, wieviel einfacher es für mich wurde, die Hand von jemand festzuhalten oder mich an jemand anzulehnen, wenn ich Lust dazu habe.«

Viele Frauen finden körperliche Berührung grauenhaft und werden nervös bei zuviel Intimität. Möglicherweise haben wir uns auch im Umgang mit Männern daran gewöhnt, daß Berührung keine Zärtlichkeit, sondern die Bitte um etwas anderes ist, daß wir kein Vertrauen mehr haben, wenn uns jemand streichelt, und nur denken: Was will der wohl von mir? In einer Frauengruppe kannst du dieses alte Gefühl sehr gut loswerden. Eine der Möglichkeiten ist die, einander zu massieren. Das braucht nicht gleich vollkommen nackt zu sein; es kann schon herrlich sein, wenn dir jemand fünf Minuten lang die Nackenmuskeln massiert oder den Rücken, wenn du auf dem Bauch liegst. Es kann auch sehr schön sein, sich mal in einer Situation zu befinden, in der du nicht gleich das Gefühl hast, etwas zurückgeben zu müssen. Gerade dann, wenn du als Frau daran gewöhnt bist, daß ein Streicheln über deinen Rücken nicht um des Streichelns willen geschah, sondern einen anderen Zweck verfolgte. Ich habe erlebt, wie eine Frau, die erkannte, wieviel Wärme ihr fehlte, ihre Frauengruppe bat, sie zehn Minuten lang zu streicheln und zu massieren. Die eine massierte ihre Füße, die andere ihren Nacken, eine dritte streichelte ihren Rücken. Sie bekam einen Weinkrampf, der mindestens eine Viertelstunde dauerte, als sie sich bewußt wurde, daß sie nur gab, ihren Kindern, ihrem Mann, und wie wenig sie selbst bekam. Auch wenn wir mit jemand freien, ist es wichtig, uns selbst nicht zu vergessen. Wir müssen deutlich machen, was wir wollen, und uns nichts aufdrängen lassen, weil es als »normal« gilt oder in Mode ist.

Wir können die Situation, in der wir freien, selbst bestimmen. Wenn du von einer schnellen Nummer mal so zwischendurch nichts hast, brauchst du es nicht zu tun. Wir brauchen keine akrobatischen Kunststücke, die wir nicht schön finden, zu vollbringen, nur weil wir im Augenblick Sexbücher haben wie Kochbücher, mit Rezepten für abwechslungsreichen Sex: an den Kühlschrank lehnen als Vorspiel und mit schwarzen Strümpfen an der Lampe hängen als Nachspeise. Es kann ein wunderbares Gefühl sein, draußen zu freien, mit der Sonne auf der Haut, kurz nach dem Schwimmen. Aber wenn du dich zu sehr abgelenkt fühlst, weil du von einer Gruppe Pfadfinder überrascht werden könntest, dann sind die Dünen vielleicht nicht der richtige Ort. Früher gehörte es sich, Sex im Dunkeln, unter der Decke, das Nachthemd ein bißchen hochgeschoben, zu betreiben. Nach dem Umschwung scheint es nun modern zu sein, in allen Situationen freien zu können; aber vielleicht findest du zufällig dein Bett am gemütlichsten. Wenn du unten liegst, ist ein kalter Fußboden für ihn bestimmt angenehmer als für dich. Vielleicht findest du es gerade wunderbar warm unter der Decke. Vielleicht kannst du dich besser konzentrieren und entwickelt sich deine Phantasie auch besser bei gedämpftem Licht oder Kerzenschein als bei Neonbeleuchtung oder hartem Morgenlicht.

Wir müssen auch selbst bestimmen, was für sexuelle Beziehungen wir wollen. Früher war es unterdrückend, daß wir ernsthaft verlobt sein mußten, bevor wir die Kleider fallen lassen durften. Heute kann es ebenso unterdrückend sein, daß du für eine dumme Gans gehalten wirst, wenn du jemand lieber erst kennenlernen willst, bevor du mit ihm freist. Nachdem jahrelang der Nachdruck auf der einen Beziehung lag, in der du dein ganzes Leben verbringen sollst, ist nun allgemein anerkannt, daß du in deinem Leben mehreren Menschen begegnest, die du magst, vielleicht hintereinander, vielleicht gleichzeitig. Monogamie, sofern zum Gesetz erhoben, ist schwierig durchzuhalten. Doch das Umgekehrte: Wenn es zur Norm wird und als Höhepunkt der Progressivität gilt, mit mehreren Menschen gleichzeitig sexuelle Beziehungen zu haben, kann ebenso unterdrückend sein. Einige von uns haben erfahren, daß es möglich ist, mehrere Menschen gleichzeitig zu lieben, wissen aber auch, mit wieviel Spannungen und welchem Energieaufwand das verbunden ist. Außerdem sind mehrere gleichzeitige Beziehungen oft schmerzlich, wenn es um Menschen geht, die nicht unter den gleichen Voraussetzungen miteinander verkehren, die nicht gleichgestellt sind. Beispielsweise wenn es sich um das »klassische« Modell handelt: ein Mann in der Mitte und eine »feste« Frau an der einen und eine »lose« an der anderen Seite; ein Verhaltensmuster, das schon lange als alte Form im progressiven Gewand demaskiert ist. Aber noch oft werden Frauen unter dem Mäntelchen »Es muß doch möglich sein« gegeneinander ausgespielt. Alle beide bekommen nicht, was sie wollen, und alle beide müssen sich mit etwas begnügen, das sie nicht akzeptieren würden, wenn sie keine Angst hätten, er ginge dann zu der anderen. Ein Machtspiel, »Teile und herrsche« genannt. Auch die »offene Ehe« scheint sehr progressiv – vom Standpunkt der Eheleute aus betrachtet. Für die dritte Person, die so lange mitmachen darf, wie es schön ist, aber verschwinden muß, wenn es schwierig wird, sieht es meist weniger fröhlich aus.

Gleichzeitige Beziehungen zu mehreren Frauen sind auch nicht einfach, ebenso wie Beziehungen mit einer Frau und einem Mann. Es gibt keine Regeln dafür, was sein muß, was sein darf, was progressiv ist.

Wir bestimmen selbst, was wir wollen. Wenn wir zum Partnertausch keine Lust haben, dann tun wir es eben nicht. Wir können selbst wählen, worauf wir unsere Energie richten wollen; ob wir unsere Sexualität mit mehreren Menschen teilen oder nur mit einer Person freien möchten oder mit niemand. Es gibt keine Regeln, außer denen, die wir selbst aufstellen.

Für die eine Frau ist Sex am schönsten mit jemand, mit dem sie schon lange vertraut ist. Für die andere ist es das ekstatische Erlebnis, wenn sie über beide Ohren verliebt ist. Wie stark sexuelle Gefühle von anderen Emotionen abhängig sind, wissen wir alle: Die Haut von jemand anders fühlt sich anders an, wenn du sie oder ihn gern magst, als die von jemand, der dir vollständig gleichgültig ist. Und doch ist jede Haut aus dem gleichen Stoff und hat auch ungefähr die gleiche Temperatur. Deshalb können wir »sexuelle Befriedigung« nicht nur daran messen, wie oft wir mit jemand freien oder wie viele Orgasmen wir dabei bekommen.

»Ich habe es zweimal erlebt, daß ich wirklich in jemanden verknallt war. Beim ersten Mal war es ein Mann, der kurz darauf wegfuhr, das machte es noch dramatischer. Wir haben gefreit, als wäre es das letzte Mal in unserem Leben. Ich kann mich nicht daran erinnern, daß ich einen Orgasmus bekam, ich war viel zu verknallt, um mir darüber Sorgen zu machen. Ich war viel zu erregt, viel zu sehr auf ihn gerichtet, um mich auf mich selbst konzentrieren zu können. Es war, alles zusammengenommen, ein großer Orgasmus. Beim zweiten Mal fing es auch mit einem großen Feuerwerk an. Aber er mußte nicht weg, und es wurde langsam ruhiger und gewohnter. So verspürte ich langsam doch Lust, auch zum Orgasmus zu kommen, wenn wir freiten. Vor dieser Zeit war es mir egal.«

»Ich bekomme fast nie einen Orgasmus, wenn ich mit jemand bumse. Die wenigen Male, die es doch passierte, war ich bis über beide Ohren in den Jungen verliebt. Ich hatte das Gefühl, schon zum Höhepunkt zu kommen, wenn er mich nur ansah. Einige Male ging es beim Bumsen so einfach von selbst, obwohl ich sonst schon noch etwas Besonderes brauche, wenn ich mit jemand zum Orgasmus

kommen will. Es war nicht so, daß wir etwas Besonderes machten, es
waren mehr die Emotionen, die dazugehörten.«

Und manchmal hat Sex fast nichts mit Sex zu tun.

»Es war der erotischste Augenblick, als wir einander gegenüber am
Tisch saßen, wir berührten einander nicht, sie sah mich an und sagte:
›Ich finde dich lieb.‹«

VIII. Frauen und Frauen

Frauen entscheiden sich aus vielen Gründen für andere Frauen: aus emotionalen, sexuellen und sogar aus politischen Gründen. Weil du einer anderen Frau emotional sehr nahe stehst und Sex dann nur noch ein Schritt weiter ist. Oder weil du bei einer Frau das Gefühl hast, daß sie dich mag, weil du stark bist und nicht nur, weil du so empfindsam bist. Oder weil du dich bei einer anderen Frau nicht kleiner machen mußt. Manchmal ist es eine altmodische Liebe auf den ersten Blick. Manchmal ist es eine Freundschaft, die sich allmählich verändert. Manchmal ist es am Anfang nur das Gefühl: Die Frau fasziniert mich, die will ich kennenlernen. Manche Frauen wußten ihr Leben lang, daß sie Frauen liebten. Andere Frauen, so wie ich, lernten erst unter den neuen Bedingungen durch die Frauenbewegung, Frauen zu lieben. Ich weiß nicht, ob ich es je entdeckt hätte, wenn ich nicht in relativ freien Verhältnissen gelebt hätte: ein eigenes Einkommen, einen eigenen Job, einen toleranten Freundeskreis, oder wenn ich nicht in einer Umgebung gelebt hätte, in der ich Frauen zu schätzen begann, statt, wie früher, auf sie herabzusehen. Und wenn ich nicht durch die Unterstützung von anderen Frauen in meiner Nähe an meinem Selbstbewußtsein und Selbstwertgefühl hätte arbeiten können.

1. Sich für eine Frau entscheiden

Mir ist klargeworden, daß die Entscheidung für Frauen nicht nur bedeutet, einen Frauenkörper anziehend zu finden. Als ich noch davon überzeugt war, daß lesbische Frauen »anders« waren, daß *ich* nie so sein könnte, hatte ich noch männliche Vorstellungen über Homo- und Heterosexualität: Es ging nur darum, mit welcher Art von Objekt du nun zufällig am liebsten freien wolltest. Und weil ich an sich nichts gegen Männerkörper hatte, dachte ich also, daß ich nie Frauen attraktiv finden könnte. Erst als ich anfing, in Frauen interessante Menschen zu sehen, und auch begann, mich selbst etwas zu achten, konnte ich Tabus und die Angst, nicht normal zu sein, überwinden. Und im nachhinein wird nun deutlich, daß ich Männer attraktiv fand, weil ich mich an ihnen hochziehen konnte, weil sie mir Zugang zur Männerwelt verschafften, wo du als Frau keinen Fuß auf den Boden bekamst, z. B. in die Welt der Kunst oder Politik. Seitdem ich mich nicht mehr an anderen hochziehe, sondern mein Leben selbst gestalte, meine eigene Arbeit habe und mir nicht mehr vorstellen kann, lieber das Leben eines anderen führen zu wollen, suche ich nicht mehr nach jemandem, der mir etwas bietet, was ich selbst nicht erreichen kann. Ich suche nicht mehr nach einer Ergänzung. Ich fühle mich zu Gleichen hingezogen, zu Menschen, die mir emotional nahestehen, die verstehen, womit ich mich beschäftige, mit denen ich wichtige Dinge teilen kann. Und das sind überwiegend Frauen. Für mich ist Lesbisch-Sein also mehr als Sex. Es geht nicht um eine bestimmte Art Körper, es geht auch um Selbstachtung, darum, dich selbst zu mögen, zu erkennen, was Frauen einander geben können, wie stark sie zusammen sein können. Es geht um eine andere Art zu leben, um andere menschliche Beziehungen. Das gilt nicht für alle lesbischen Frauen, die sich genau wie Männer des Sexes wegen für Frauen entscheiden. So wie Elula Perrin, die in ihrem Buch (mit dem unpassenden holländischen Titel »Vrouwen die voor Vrouwen kiezen«, übersetzt: »Frauen, die sich für Frauen entscheiden«) »Nur Frauen können Frauen lieben« schreibt, daß sie in horizontaler Lage Frauen bevorzugt, in der vertikalen aber Männer. Was für ein Selbsthaß geht hieraus hervor! Aber ob sie es merkt? Schließlich ist die Mißachtung von Frauen ein normales kulturelles Phänomen, und sicher sind Frauen nicht von selbst frei davon.

»Ich habe noch nie eine Beziehung mit einer Frau gehabt. Früher lief mir schon bei dem Gedanken daran ein Schauer über den Rücken. Ich konnte es mir nicht vorstellen. Aber seitdem ich meinen eigenen Körper besser kennenlerne und anfange, mich selbst mehr zu mögen, merke ich, daß ich manchmal denke: ob es nicht ein phantastisches Gefühl ist, meine Hände um ihre Brüste zu legen, so wie ich es auch bei mir selbst tue. Wie das wohl ist, wenn ich mit ihr in der Sonne liege und meine Hände über all die Rundungen streichen?«

Aus dem Kinsey-Report wird deutlich, daß die meisten Menschen Erfahrungen mit Männern und mit Frauen haben. Es gibt auch Frauen, die sich nach drei Ehen in eine Frau verlieben, nicht weil alle ihre Beziehungen mit Männern »gescheitert« sind, sondern weil das ihrer Entwicklung in dem Augenblick am nächsten kommt.

»Es war für mich sehr schwierig, meine Ehe aufzulösen, als ich merkte, wie sehr ich sie liebte. Ich verletzte meinen Mann sehr, ich hatte nichts gegen ihn. Ich wußte nicht, was ich meinen Kindern antat. Doch hatte ich das Gefühl, daß ich wegmußte. Ich entschied mich nicht für sie, ich entschied mich für mich selbst.«

Lesbisch-Sein wird oft gleichgesetzt mit Männerhaß. Viele lesbische Frauen haben schlechte Erfahrungen mit Männern hinter sich, aber heterosexuelle Frauen genauso. Tatsächlich haben Frauen, die sich als heterosexuell bezeichnen, mehr Grund, Männer zu hassen: lesbische Frauen erwarten wenig von Männern, sind in ihren Bedürfnissen weniger abhängig und machen darum auch weniger unangenehme Erfahrungen. Aber die Entscheidung für eine andere Frau ist eine Entscheidung *für Frauen*, nicht eine *gegen Männer*, auch wenn viele eitle Männer es so erfahren.

Die scharfe Trennung zwischen den zwei Gruppen Frauen, den »normalen« und den »anderen«, dient dazu, Frauen gegeneinander auszuspielen. Solange wir fürchten, als Lesbierin oder als Lesbe beschimpft zu werden, werden wir uns bemühen zu zeigen, wie sehr wir Männer mögen und daß wir »echte« Frauen sind. Wir werden Angst davor haben, daß Frauen uns zu nahe kommen, daß wir Freunschaften mit anderen Frauen ernst nehmen, Intimität zulassen. Wir lassen uns spalten. Wir lassen Männer in dem Wahn, daß wir sie brauchen. Und vielleicht glauben wir das selbst. Insofern ist die lesbische Frauenbewegung für alle Frauen wichtig, auch für Frauen, die sich im Augenblick für eine Beziehung mit einem Mann entscheiden: Wenn wir uns selbst achten, können wir auch in anderen Frauen bedeutsame Menschen sehen, Menschen, mit denen wir eine Beziehung haben können; wir entscheiden uns nur dann für eine Beziehung mit einem Mann, wenn er nett ist, und nicht, weil es für uns eigentlich *üblich* ist, mit einem Mann zusam-

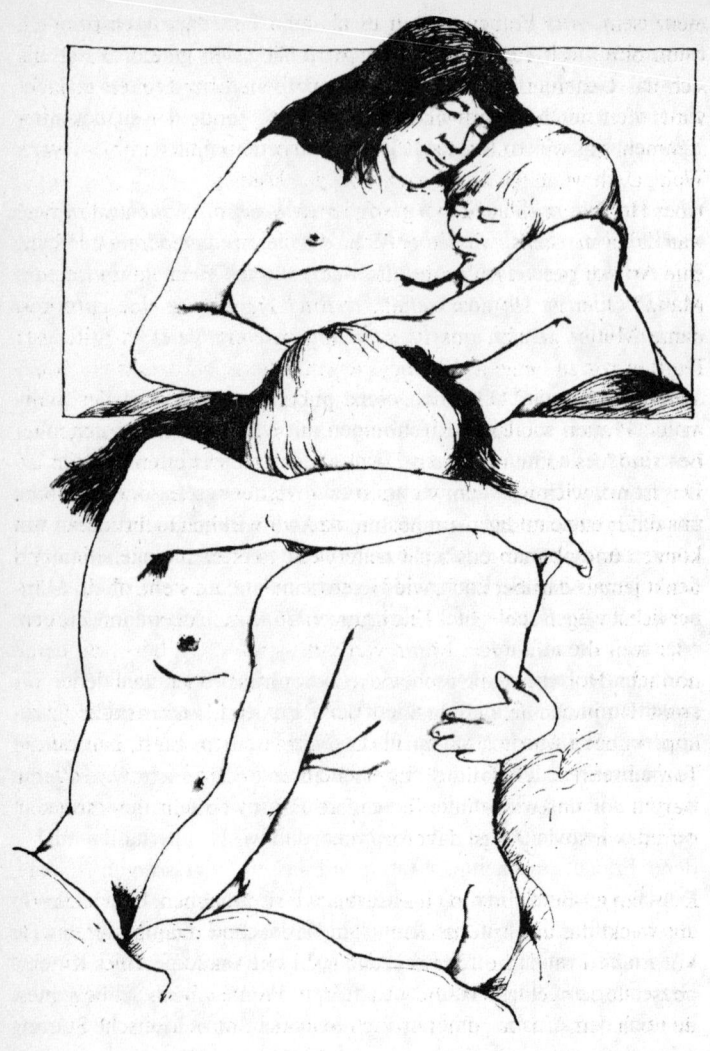

menzusein. *Alle* Frauen sollten es als eine Beleidigung empfinden, wenn ohne weiteres angenommen wird, sie seien heterosexuell, bis sich das Gegenteil herausstellt. Das zeigt, wie über Frauen gedacht wird; offensichtlich sind wir nicht selbständig genug, um selbst zu bestimmen, was wir wollen, und Frauen sind offensichtlich immer zweite Wahl, auch wenn wir einen Mann kriegen können.

Über Homosexualität ist viel geschrieben worden. Die zentrale Frage war dabei meistens, wie sie entsteht. Ist sie ein angeborener Fehler, eine Art »drittes Geschlecht«? Ist eine lesbische Frau ein mißratener Mann? Oder ist Homosexualität erlernt? Haben wir eine zu dominante Mutter gehabt, uns zu sehr mit unserem Vater identifiziert? Durften wir zu lange in Bäumen herumklettern, bevor uns ein Kleid angezogen wurde? Oder ist es eine pubertäre Phase, aus der »normale« Frauen wieder herauskommen, in der wir aber steckengeblieben sind? Es sollte uns einen Dreck kümmern, wie es entstanden ist. Das ist nur wichtig, wenn wir »gesund« werden wollen oder glauben, uns dafür entschuldigen zu müssen, daß wir wirklich nichts daran tun können und ob man uns nicht netterweise tolerieren wolle. Niemand denkt jemals darüber nach, wie Heterosexualität entsteht, ob du Männer liebst wegen schlechter Erfahrungen in deiner Jugend mit Frauen, oder weil du von einem Mann verführt worden bist, bevor du deine normale Homosexualität entwickeln konntest, oder weil jeder dir angst damit machte, daß du breite Schultern und Haare auf der Oberlippe kriegen würdest, wenn du dir einzugestehen wagst, daß du die Turnlehrerin so lieb fandest. Es erscheint mir interessanter, zu fragen, warum wir unsere Gefühle für andere Frauen so sehr unterdrücken, warum wir soviel Angst davor haben.

Es ist ein großer Schritt, dich als lesbisch zu bezeichnen. Bei vielen von uns weckt das am Anfang ziemlichen Widerstand. Daran haften viele Vorurteile, Freudsche Theorien, daß lesbische Frauen in einer Kinderphase steckengeblieben sind. Auch in modernen Büchern begegnest du noch dem Unsinn, daß Lesbisch-Sein auf eine neurotische Störung oder eine zu enge Bindung an deine Mutter zurückzuführen ist. Lesbierinnen sollen angeblich weiterhin nach einer alternativen Mutter suchen. Von Mädchen, die gewisse »Neigungen« zeigen, wird gesagt, daß sie eine bestimmte Phase durchlaufen; noch kann man sie unter Druck setzen, »normal« zu werden. Lesbische Frauen wären eigentlich lieber ein Mann oder hätten schlechte sexuelle Erfahrungen mit Männern gehabt. Wer sich dafür entscheidet, sich als lesbisch zu bezeichnen, muß erst einen Berg von Vorurteilen überwinden, vielleicht gegen eigene Zweifel kämpfen.

»Ich habe in einem Buch gelesen, lesbische Frauen seien nicht erwachsen, weil sie in einer anderen Frau die Mutter suchen. Ich habe dem immer widersprochen. Bis mir bewußt wurde, was eigentlich damit gesagt wird. Natürlich suche ich eine Person, die mich versteht, herzlich ist und lieb zu mir sein kann. Frauen können das besser, darin sind wir geübt. Auch alle Männer suchen selbstverständlich eine Frau, die sie versorgt und lieb zu ihnen ist, aber das wird dann nicht als kindlich bezeichnet. Frauen können sich ›bemuttern‹ auf der Basis von Gleichwertigkeit. Männer können schlecht für jemand anders sorgen. Dennoch wollen sie versorgt werden. Natürlich würden sie protestieren, wenn wir uns weigerten, noch länger Mutter für sie zu sein. Diese Theorien sollen uns auf unserem alten Platz halten.«

»Ich habe eine Zeitlang gedacht, ich bin nicht lesbisch. Ich liebe nur zufällig diese eine Frau. Wenn es sie nicht gäbe, wäre ich sicher nicht so. Doch ich hatte kein gutes Gefühl dabei. Als ob ich nicht wirklich dazugehören wollte. Als einmal in einer Diskussionsgruppe über Homosexualität gesprochen wurde und ich mich dabei sehr aufregte, hörte ich mich auf einmal über ›wir‹ reden statt über ›Homosexuelle‹. Erst zu Hause realisierte ich, welchen Schritt ich gemacht hatte; ich wollte es nicht mehr vor mir selbst verbergen, mich nicht mehr vor den Vorurteilen verstecken. Ich war sehr erleichtert darüber und auch ängstlich.«

Wir sind alle heterosexuell erzogen. Vielleicht gibt es inzwischen Eltern, die nicht mehr automatisch davon ausgehen, ihre Kinder kämen irgendwann mit einer/einem Verlobten nach Hause. Aber wir sind doch alle mit der Idee groß geworden, daß wir früher oder später eine

Beziehung mit einem Mann haben werden. Gefühle für Frauen bagatellisierten oder versteckten wir, aus Angst, nicht »normal« zu sein, nicht mehr dazuzugehören. Und das hat sich nicht nur in unserem Kopf festgesetzt: Es wird Frauen auch schwergemacht, ohne Mann zu leben. Hinzu kommt, daß wir auch fast alle gelernt haben, die eigene Sexualität zu unterdrücken, daß wir Sex von dem Mann »bekommen«, mit dem wir zusammen sind. Wenn es einigermaßen gutging, kamen wir überhaupt nicht auf den Gedanken, Freien mit einer anderen Frau könne auch sehr schön sein, und wenn es schlecht ging, schlossen wir uns den zahlreichen Frauen an, die akzeptierten, daß Sex etwas für Männer ist und Frauen doch nicht viel Spaß daran haben. Wenn wir uns für eine Frau entscheiden, gibt es noch viele Hindernisse. Z. B. wenn du Kinder hast und keinen Job, ist es furchtbar schwierig, überhaupt den Beschluß zu fassen, deinen Mann zu verlassen. Wenn du weißt, daß deine ganze Umgebung dich nicht mehr akzeptieren wird, und du kaum eine Vorstellung von einer anderen Art Leben hast.

Weil du nicht gewohnt bist, selbst deinen Lebensunterhalt zu verdienen, ist die Entscheidung für eine Frau kein leichter Schritt. Die Angst vor so durchgreifenden Veränderungen in deinem Leben, mit so vielen Unsicherheiten, führt dazu, daß Frauen sich nicht immer eingestehen, ihre Bindung an eine bestimmte Frau könne mehr sein als Freundschaft. Da wir gelernt haben, Frauen seien schwach und brauchen Schutz, wird es uns nicht gerade leichtgemacht, eine andere Frau als mögliche Partnerin zu betrachten. Wenn wir außerdem die Kampagne betrachten, in der lesbische Frauen als nicht »normal«, als mißlungene Männer, als unheimliche, aggressive, schnurrbärtige, vierkantige Lesben in Lederjacken abgestempelt werden, verstehen wir, daß nur sehr starke Frauen sich als lesbisch zu bezeichnen wagen oder Frauen, die so verliebt sind, daß sie es nicht mehr abstreiten können.

2. Isolation

Wir müssen uns vor neuen Märchen hüten. Früher war es der Prinz auf dem weißen Pferd . . . und sie lebten noch lange glücklich. Wir haben noch nichts erreicht, wenn wir den Prinzen mit der Prinzessin vertauschen und erwarten, nun werde alles von selbst wunderschön. Es ist eine Sache, der Umwelt gewachsen zu sein, die behauptet, daß du pervers oder bedauernswert oder »so« bist, weil du keinen oder gerade einen besonders strengen Vater hattest, oder die mitleidig zum Schluß kommt, daß du nie einen Mann abkriegen konntest. Gerade durch den Druck von außen sind wir geneigt, unsere Beziehung zu einer anderen Frau zu idealisieren; wir können es nicht ertragen, wenn jemand sie als nicht ganz perfekt betrachtet, und geben nicht so schnell zu, wenn es doch nicht der Traum unseres Lebens zu sein scheint. Wir haben das Gefühl, *wir* scheitern, wenn eine Beziehung scheitert.

»Wir sind sieben Jahre zusammengewesen. Ich glaube, die ersten drei, vier Jahre waren am schönsten. Danach merkte ich doch immer mehr, daß wir nicht so viele Dinge gemeinsam hatten. Wir unternahmen viel zusammen, weil das einfach so üblich war. Unsere Freunde akzeptierten uns als ›Paar‹. Wir wurden auch immer zusammen eingeladen und gingen zusammen, auch wenn eine keine Lust hatte. Wir befanden uns allmählich in einer Art Ehe. Manchmal bekam ich ein beklemmendes Gefühl, aber wir redeten eigentlich nie darüber. Ich glaube, ich hatte viel zuviel Angst, allein zu sein, wieder mein Leben allein aufbauen zu müssen. Und wie in allen Ehen, hatten wir eine gemeinsame Wohnung und alle Bücher und Platten, die wir doppelt hatten, weggegeben. Du hättest nicht sagen können, ob der Hund nun ihr oder mir gehörte. Vielleicht hätten wir es noch jahrelang so ausgehalten. Wir hingen sehr aneinander. Aber sie verliebte sich in eine andere Frau. Wir haben es eine Zeitlang so versucht, aber ich konnte diese Spannungen nicht aushalten und bin ausgezogen. Mit dem Hund. Es war eine sehr schmerzhafte Phase. Eine Zeitlang fühlte ich mich von Gott und aller Welt verlassen. Und dabei das verzweifelte Gefühl, ich finde nie mehr jemand. Lesbische Frauen in meinem Alter gibt es nicht so viele. Damals habe ich aller-

147

*dings gemerkt, wie sehr wir uns isoliert, wie wir uns in unserem Nest
vergraben hatten.«*

Die Neigung, uns aus einer feindlichen Welt zurückzuziehen, ist groß.
Eine Beziehung wird noch wichtiger, weil sie ein Fluchtort ist. Damit
stellen wir die Beziehung unter erheblichen Druck, sie *muß* gutgehen.
Manchmal versuchen wir dann, aus einer Beziehung mehr zu machen,
als möglich ist. In unserer Verliebtheit ziehen wir sofort zusammen
und vergessen dabei, daß wir sehr unterschiedliche Lebensweisen haben. Wir vernachlässigen unsere übrigen Beziehungen, genauso wie es
in einer Ehe von uns erwartet wird.
Wir übernehmen heterosexuelle Normen, betrachten z. B. eine been-
dete Beziehung als gescheitert. Statt zu sagen: Es war sehr schön – für
ein Jahr.

*»Ich habe das Gefühl, wir haben gerade gelernt, wie wir eine Bezie-
hung mit einer Frau eingehen können, aber noch nicht, wie wir sie
abbrechen, ohne uns gegenseitig kaputtzumachen.«*

Wenn du dich für andere Frauen entscheidest, hast du noch nichts erreicht, wenn du die eine Frau suchst. Wir brauchen mehr Frauen,
Freundinnen; Frauen, die uns schätzen, zu denen wir gehören. Gruppen lesbischer Frauen sind aus politischen Gründen notwendig, um
nach außen zu zeigen, daß es uns gibt; so wie bei der ersten fröhlichen
Demonstration lesbischer Frauen. Aber außerdem ist sonst auch die
Belastung für die eine Beziehung viel zu groß, wenn sie alles ist, was du
hast, und die Angst, sie zu verlieren, riesig ist. Wir brauchen andere
lesbische Frauen auch, um mal über Streitigkeiten und Dinge, die wir
nicht gut finden, meckern zu können, ohne gleich mit den mitleidigen
»Na-siehst-du-wohl«-Gesichtern konfrontiert zu werden. Eine gute
Gruppe in deiner Nähe kann dir in schwierigen Zeiten mehr helfen als
ein Therapeut oder ein Sozialhelfer, der dieselben Vorstellungen über
Frauenbeziehungen hat wie jedermann.

3. Freien

Auch Sexualität zwischen Frauen ist nicht immer so unproblematisch, wie wir glauben möchten. Sicher hilft es, daß wir als Lesbierinnen weniger an vorgeschriebenen Normen kleben und im Grunde viel gleichwertiger sind als Mann und Frau.

»Das Gute beim Freien mit einer Frau ist für mich, daß es nicht so einen festgelegten Ablauf gibt. Nicht: dies ist das Vorspiel, nun wird es echt. Jetzt muß ich einen Orgasmus bekommen (was nie gelang), und dann ist es vorbei. Mit meiner Freundin gab es keinen Anfang und kein Ende, wenn wir miteinander freiten. Es ging von selbst vom Reden über in Streicheln und Küssen. Manchmal bekam sie einen Orgasmus, oder ich, aber das war nie das Ende. Es war einfach etwas, was zwischendurch passieren konnte.«

»Erst mit einer Frau habe ich entdeckt, wie erregend einfache Berührungen sind. Die Art, wie sie meinen Rücken streichelte oder die Innenseite meiner Schenkel, ich hatte nie gedacht, daß ich nur vom Streicheln schon so geil werden könnte.«

Eine Voraussetzung, um gut miteinander freien zu können, ist, deinen eigenen Körper und deine eigenen Bedürfnisse zu kennen und sie jemand anders deutlich machen zu können.
Aber nicht alle Frauen finden dasselbe schön.

»Ich kann schon von ganz leichtem Streicheln über meine Klitoris einen Orgasmus bekommen. Wenn ich schon eine Zeitlang erregt bin vom Freien, brauche ich nur noch eine winzige Berührung, und das ist dann beinahe schon zuviel. Bei meiner ersten Freundin war das anders, die bekam nicht so schnell einen Orgasmus. Sie sagte, sie fände einen Orgasmus nicht so wichtig, aber trotzdem fand ich es nicht gut, das war so ein ungleiches Gefühl, ich wollte es mit ihr teilen. Dann sagte sie irgendwann mal verlegen, daß es vielleicht ginge, wenn sie geleckt würde. Ich erschrak erst etwas darüber, ich hatte das noch nie getan. Ich mußte mich erst mal dran gewöhnen.«

149

Es ist auch nicht so, daß wir automatisch alle Tabus unserer Jugend überwunden haben, nur weil wir eine Frau lieben. Wenn du dein ganzes Leben gelernt hast, daß deine Möse eklig ist und riecht, kann es eine ziemliche Überwindung kosten, ohne Scham und ohne Widerwillen frei zu sein in deinen erotischen Erlebnissen.

»Am Anfang hatte ich etwas Angst davor, weil es so naß war. Mit meinen Händen ging das noch. Aber sie da zu küssen . . . Sie hatte damit viel weniger Probleme. Sie hatte schon viel mehr Erfahrung als ich. Sie sagte, daß sie mich gern da küßte, aber am Anfang konnte ich das kaum glauben. Und es dauerte dann auch lange, bis ich einen Orgasmus bekam; ich konnte mich nicht so einfach hingeben, weil ich mir nicht vorstellen konnte, daß es schön für sie war, das zu tun. Nachdem wir zusammen gebadet hatten, habe ich es auch bei ihr versucht. Ich fand es zwar merkwürdig, aber überhaupt nicht unappetitlich. Es roch auch nicht so, wie ich erwartet hatte. Unheimlich sauber eigentlich. Und ich fand es wirklich phantastisch zu erleben, wie sie einen Orgasmus bekam. Später habe ich es auch noch mal mit einer anderen Frau versucht, da fand ich es nicht so schön, aber sie war mir auch nicht so vertraut.«

Freien können wir mit unserem ganzen Körper. Wir können mit unseren Lippen einen Körper erkunden, wir können mit unserer Nase Gerüche entdecken, wir können mit Fingerspitzen Vertiefungen und Falten finden, die wir noch nicht kennen. Wir können zusammen einen Orgasmus machen. Mit Fingern, mit dem Mund. Wir können versuchen, gleichzeitig einen Orgasmus zu bekommen, aber wir können auch auf dem Rücken liegen und uns verwöhnen lassen und anschließend die Rollen tauschen.
Eine Zunge auf deiner Klitoris kann ein phantastisches Gefühl sein, rhythmisches Lecken oder sanftes Lutschen ist manchmal genug, um zwei oder drei Orgasmen zu machen. Du kannst sanft mit einem feuchten Finger über die Klitoris streicheln, oder darum herum, oder zwischen Daumen und Zeigefinger die kleine Falte festhalten, die zur Klitoris führt, und sanft reiben. Jede Frau hat ihren eigenen Rhythmus. Die eine Frau ist so empfindlich, daß die direkte Berührung ihrer

Klitoris kein Lustgefühl, sondern Schmerz verursacht; sie will lieber, daß die Umgebung ihrer Klitoris gestreichelt wird. Bei einer anderen Frau ist nur die ganz direkte Reizung gut. Einige Frauen finden es schön, beim Orgasmus einen Druck in ihrer Vagina zu spüren oder auch dann gerade nicht, sondern vorher. Ein Finger in einer Vagina ist ein Finger, kein Penis. Einige Frauen, die früher befriedigende Beziehungen mit Männern hatten, mögen keine Penetration. Andere Frauen, die nicht daran denken müssen, mit einem Penis zu freien, genießen die Hand ihrer Freundin.

Wir können zusammen duschen, uns einseifen und abtrocknen, nur zum Spaß, oder weil wir es schöner finden, mit frischgewaschenem Körper zu freien.

Es gibt unendlich viele Möglichkeiten. Wir brauchen keinen »Akt« daraus zu machen, wir brauchen es nicht fürs Bett aufzuheben. Wir können freien, um zu freien, mit oder ohne Orgasmus.

Wie freist du mit einer Frau, wenn du eine Frau bist

Denk an dich selbst
und an das, was du gern hast
    und tu das.
Frag sie
was sie möchte
    und tu es für sie.

Erfinde die allerschönste
Liebkosung, die du dir vorstellen kannst
    und gib sie ihr
        überall, langsam.

Sprich ihren Namen
in die Öffnungen
ihres Körpers
    und höre
        auf ihre Antwort.

> Erinnere dich
> an die Wildheit und die Stärke
> all unserer Großmütter
>> die auf Pferden ritten
>> Felder pflügten
>> Kinder gebaren
>> in großem Schmerz
>
> und teile das mit ihr.
>
> Liebe sie im Licht des Tages.
> Schätze was du lernst.

4. Lesbische Mütter

Viele Frauen hatten schon Kinder, bevor sie eine Beziehung mit einer Frau eingingen. Und ab und zu entscheidet sich eine mutige Frau dafür, ein Kind zu bekommen, wenn sie bereits weiß, daß sie lesbisch ist. Lesbische Mütter werden doppelt unterdrückt. Es sind Fälle bekannt, in denen bei der Scheidung dem Mann die Vormundschaft über die Kinder übertragen wurde. In einem Fall wurde gesagt, die Mutter sei nicht fähig, sie gut zu erziehen. Obwohl sie das schon jahrelang getan hatte. Das Wort »lesbisch« fiel nicht, sondern das Wort »labil«, das im nachhinein nur auf die Tatsache deutete, daß die betreffende Frau einige Male bei ihrer Freundin geschlafen hatte, während ihr Mann für die Kinder sorgen mußte.

Wir sind sicher nicht dafür, daß die Kinder automatisch der Mutter zugesprochen werden. Je mehr Männer unter Vaterschaft mehr verstehen als das Ausschütten von Samen und Geld, um so öfter wird es eine gute Lösung sein, wenn

Väter nach der Scheidung die Verantwortung für die Kinder übernehmen. Aber wir müssen uns dagegen wehren, daß Beziehungen zu anderen Frauen oder zum Feminismus mißbraucht werden, um die Unfähigkeit zur Mutterschaft nachzuweisen.

Mutterschaft macht uns doppelt verletzlich. Eine lesbische Feministin
sagte, daß sie sich viel mehr als Mutter unterdrückt fühlte als in ihrem
Lesbisch-Sein oder Frau-Sein. Für dich selbst kannst du entscheiden,
wie weit du gehen willst, wieviel du von dir selbst zeigst, wie viele Aus-
einandersetzungen du angehst und wie viele du meidest. Aber für
deine Kinder diese Entscheidung zu treffen ist schwierig.

»Daß ich geschieden bin, kann meine Tochter akzeptieren. Es gibt
inzwischen mehr Kinder von geschiedenen Eltern in der Klasse als
von Eltern, die noch zusammen sind. Sie hatte noch nie Schwierigkeiten mit unserer Beziehung. Sie fragte immer: ›Kommt sie auch,
fährt sie auch mit in die Ferien?‹ Sie kuschelte sich morgens zu uns
ins Bett, wenn sie wach war. Dann tauchten auf den Mauern die Parolen auf: ›lieber lesbisch‹*. Einige Kinder in ihrer Klasse reagierten
schlecht darauf, und die Lehrerin ließ das durchgehen. Ein unbelieb-
tes Mädchen wurde als lesbisch beschimpft. Als meine Tochter begriff, daß meine Freundin und ich also auch lesbisch waren, bekam
sie Angst. ›Ich bin die einzige mit einer lesbischen Mutter‹, sagte sie.
Leider kenne ich auf der Schule keine lesbischen Mütter. Und die
Lehrkräfte würden es auch nicht so schnell zugeben, wenn sie lesbisch sind, es kann sie ihre Stelle kosten. So behält sie das Gefühl,
die einzige zu sein mit so einer Mutter. Sie muß etwas verteidigen,
wofür sie sich nicht selbst entschieden hat.«

Kinder von lesbischen Müttern haben es nicht immer leicht. Sie leben
in einer Welt, in der sich alles um Frauen und Männer dreht, die Bücher, die sie lesen, der freie Tag, wenn die Lehrerin heiratet. Zu Hause
sehen sie fern, wo sich alles um die Familie, um die heterosexuelle

---

* Die lesbische Bewegung hat in den Niederlanden eine Zeitlang eine Kampagne geführt,
in der überall rosa Parolen auftauchten wie »lieber lesbisch« oder, statt »halt Amsterdam
sauber« –, »halt Amsterdam lesbisch«. Die Kampagne hat sehr viel Staub aufgewirbelt,
und viele Kinder fragten daraufhin ihre Eltern, was das sei.

Liebe dreht. Auch für heterosexuelle feministische Mütter ist es schwierig, ihren Kindern bei der Propaganda für die »normale« Beziehung die Möglichkeit zu bieten, sich mit größerer Freiheit zu entwickkeln. Für lesbische Mütter ist es noch schwieriger, weil alles, was schiefzugehen droht, ihrem Lesbisch-Sein zugeschrieben wird; außerdem wird es auch für die Kinder schwierig sein, die Probleme, die sie außer Haus haben, nicht ihrer Mutter vorzuwerfen.

»Ich hatte das Gefühl, an allem schuld zu sein; daß mein Sohn sich in der Schule nicht konzentrieren konnte, daß meine Tochter eine Zeitlang mit ihrer Freiheit experimentieren wollte und ungehorsam war. Schuld an allem schien die Tatsache zu sein, daß ich keine normale Mutter bin. Ich machte mir zwar bewußt, daß Kinder von ›normalen‹ Müttern genauso häufig dieselben Probleme hatten, aber das wurde dann weniger mißtrauisch betrachtet. Ich habe das Gefühl, ständig beweisen zu müssen, daß ich eine supergute Mutter bin.«

Es gibt Frauen, die lange zweifeln, ob sie ihren Kindern das antun können. Sie versuchen, ihre eigenen Bedürfnisse zu unterdrücken, bis die Kinder groß genug sind. Es ist die Frage, ob das gelingt und ob das hilft. Es ist die Frage, inwieweit du imstande bist, genug Wärme zu geben, wenn du selbst ständig zu kurz kommst. Es ist auch die Frage, wer etwas davon hat, wenn sich alle lesbischen Frauen weiterhin verstecken; so ändert sich nie etwas, und es bleibt für jede lesbische Mutter nach uns und für ihre Kinder noch genauso schwierig. Wir wollen unsere Kinder nicht mit Lügen erziehen. Die Schwierigkeit ist, daß wir erst beweisen müssen, »normale« Mütter zu sein, und es darum lange dauern kann, bevor wir ehrlich zugeben, daß wir vielleicht gar nicht versuchen, unsere Kinder »normal« zu erziehen. Wir wollen nicht, daß unsere Kinder selbstverständlich im normalen Familienleben funktionieren, unsere Söhne selbstverständlich Ernährer werden, unsere Töchter selbstverständlich ihre eigenen Begabungen und ihre Selbständigkeit im Interesse der Familie unterdrücken. Wir möchten, daß unsere Kinder mit mehr Lebensalternativen vor Augen aufwachsen. Dafür ist es wichtig zu zeigen, daß Frauen sich lieben können, ohne sich dafür zu schämen.

Selbstverständlich ist das auch für heterosexuelle Frauen nicht angenehm, aber die aggressiven Witze, die du über dich ergehen lassen müßtest, wenn du in einer solchen Situation erzählst, daß du lesbisch bist, verbessern nicht gerade die Atmosphäre. Aber auch die Männer, die sagen, sie haben nichts gegen Homosexuelle (einige meiner besten Freunde sind homosexuell, nimm Klaus, so ein netter Mann, da hättest du nie gedacht, daß er auch . . .) werden oft aggressiv bei dem Gedanken, daß du sie nicht brauchst, nicht für sie verfügbar bist. Männer mit einem empfindlichen Ego, die ständig weibliche Anerkennung brauchen, um sich als Mann zu fühlen, können es als eine persönliche Beleidigung erfahren, wenn du offen eine Frau bevorzugst; auch wenn du sonst nie auf die Idee gekommen wärst, gemeinsam mit ihm etwas zu tun, und er wahrscheinlich auch nicht. Einige lesbische Frauen haben die Erfahrung gemacht, daß sie merkwürdig häufig Streit mit Männern bekommen und viele Frauen Angst vor ihnen kriegen, nachdem sie offen zugegeben haben, lesbisch zu sein.

Wir können nicht ohne weiteres voneinander verlangen, uns alle in gleicher Weise offen zu bekennen. Aber wir können uns unterstützen, um es mehr Frauen zu ermöglichen. Es ist wichtig, daß wir uns zu erkennen geben, weil wir genug davon haben, nur in unserer Freizeit unser wahres Gesicht zu zeigen. Weil wir es so für andere Frauen leichter machen, nicht länger Versteck zu spielen.

5. Offen leben – »Coming out«

Je mehr Menschen ihrer Umgebung offen zeigen, daß sie homosexuell sind, desto einfacher wird es für die nächsten. Eine Zeitlang dachten einige von uns, wir müßten damit nicht hausieren gehen. Bis wir uns bewußt wurden, wie sehr wir in unserem Alltag ständig von heterosexueller Propaganda umgeben sind, wie wichtig es ist, zu zeigen, daß es uns gibt, um anderen deutlich zu machen, wie selbstverständlich sie etwas »normal« finden. Homosexualität offen zu leben – »coming out«, wie es in Amerika und England heißt –, ist nicht immer leicht. Zweifellos ist es weniger schwierig, wenn du schon selbständig lebst, keine Kinder hast und einen mehr oder weniger freien Beruf.

»Ich fand es schlimm, meiner Mutter zu erzählen, ich hätte eine Beziehung zu einer Frau. Erst sagte ich vorsichtig, daß ich jetzt mit einer Freundin zusammen wohnte, die sehr viel für mich bedeutete. Und ich erzählte auch immer, daß wir zusammen Ferien gemacht hatten. Einmal hatte sie eine Fernsehsendung über lesbische Frauen gesehen und fragte rundheraus, ob ich lesbisch sei. Ich schluckte kurz und sagte dann ja. Da sagte sie, weißt du, ich hatte früher im Gymnasium eine Freundin, bei der ich so ein merkwürdiges Gefühl bekam, wenn ich an sie dachte. Vielleicht war das auch lesbisch. Aber du mußt nicht denken, daß es mir bei deinem Vater nicht gutgeht.«

»Für mich war es nicht schwierig, mich als lesbisch zu bezeichnen. Die ersten Schläge hatte ich schon bekommen, als ich offen als Feministin auftrat. Daß Feministinnen lesbisch sind, dachte man sowieso schon. Das war dasselbe.«

In einigen Berufen ist es schwierig oder fast unmöglich. Solange es noch Leute gibt, die denken, daß du durch Verführung lesbisch werden kannst, werden Lehrerinnen es schwer haben, ihr Lesbisch-Sein offen zuzugeben. In Amerika gibt es Bestrebungen, homosexuellen Menschen das Unterrichten gesetzlich zu verbieten, weil sie kleine Kinder verführen und homosexuell machen könnten. Die Verführungstheorie ist wissenschaftlich längst widerlegt, aber die Vorurteile bestehen weiter. Daß Männer, statistisch gesehen, häufiger Mädchen mißbrauchen und das furchtbare Folgen haben kann, ist nie Grund gewesen, sie nicht in ihrem Beruf zuzulassen. In den Niederlanden ist die Situation sicher weniger schlimm, aber doch sind Fälle von Kündigung bekannt. Viele Frauen werden sich dafür entscheiden, ihren Job nicht zu riskieren, indem sie allzu offen auf einem Schulfest mit ihrer Freundin tanzen.
In anderen Berufen wird von dir ständig erwartet, daß du deine Heterosexualität unter Beweis stellst, indem du wie eine Puppe neben jemandem herläufst, so tust, als fändest du widerliche Komplimente schön, deinen Reflexen nicht folgst und einem Mann keinen Tritt gegen das Schienbein gibst, wenn du eine Hand in deiner Bluse fühlst.

»Der Herrenbesuch mußte um elf Uhr gehen, aber meine Freundin durfte das ganze Wochenende über bleiben«

Interview 2 Ariane Amsberg

– *Hast du jemals mit deiner Mutter über Sex geredet?*

– Ja, sehr ausführlich. Früher nicht, aber als ich erzählte, daß ich mich scheiden lassen wollte, sagte ich ihr auch gleich, daß es eine Frau gab, die ich sehr gern mochte und mit der ich viel unternehmen würde. Ich blieb noch etwas vage darüber, aber die Scheidung war ein harter Schlag für sie. Sie hatte schon soviel Schwierigkeiten mit meiner Ehe gehabt, ich eignete mich überhaupt nicht zur Hausfrau. Er studierte zu Hause, und ich befand mich in einer Berufsausbildung, ich ging um halb neun weg und kam abends etwa um acht Uhr wieder. Also mußte er auch den Haushalt machen, fand ich. Ich machte beispielsweise nie den Abwasch. Wir hatten auch keinen Staubsauger, nur einen Besen, einen Handfeger und eine Schaufel. Das einzige, was ich tat, war, samstags einzukaufen. Meine Mutter machte für uns die Wäsche. So konnte sie noch ein bißchen die Übersicht behalten. Na ja, das war alles sehr schwierig, und als sie sich endlich daran gewöhnt hatte, erzählte ich, daß wir uns scheiden lassen wollten.

– *Wie alt warst du, als du heiratetest?*

– Neunzehn, wir waren einfach gute Freunde. Wir wohnten nicht in derselben Stadt, und meine Eltern hatten nachdrücklich verboten, daß wir beieinander übernachteten. Aber heimlich taten wir es dann doch, und als sie dahinterkamen, rief mein Vater uns zu sich und sagte zu meinem Freund, ja, jetzt mußt du die Verantwortung übernehmen, und ihr müßt nun heiraten.

– *Du warst nicht schwanger?*

– Nein, nur weil ich entjungfert war.

– *Und wolltest du denn heiraten?*

– Ja, wir fanden, das sei ein guter Anlaß. Wir nahmen das echt als

Witz, etwa so: na ja, das tun wir dann einfach. Dann sind wir das Genörgel los! Wir kannten uns schon zwei Jahre.

– *Wie bist du von deinen Eltern aufgeklärt worden?*

– Mit meinem Vater habe ich nie darüber geredet. Meine Mutter machte das sehr modern, so daß wir schon mit vier Jahren wußten, wo die Kinder herkamen, aber über Freien und Lust wußten wir so gut wie nichts. Aus der Schule und von einem älteren Bruder wußte ich nur, daß irgendwas spannend war am Bumsen, es hing ein geheimnisvoller Schleier drum herum, so von uiuiui.

– *Hattest du schon mal deine Möse angeguckt, als du klein warst?*

– Nicht meine eigene, aber zusammen mit Freundinnen machten wir »Muschi gucken«. Ich darf bei dir gucken und du bei mir. Mit einer ganzen Gruppe Kinder habe ich es mal bei uns zu Hause gemacht. Wir durften nicht in meinem Zimmer spielen, weil das gerade saubergemacht worden war, und da haben wir uns zu fünft hinter den Vorhang gestellt, und ich habe so im Stehen meine Möse aufgehalten zum Angucken. Das war so was wie »wer wagt es«? Oh, und bis ich ungefähr acht war, habe ich endlos lange Doktor gespielt. Wenn ich bei Cousinen oder Bekannten übernachtete, lagen wir zusammen im Bett, und dann mußte entschieden werden, wer Doktor und wer Patient war, und dann rief der Patient an: »Ich bin krank, können Sie mich un-ter-su-chen«, das war das Schlüsselwort. Der Doktor guckte kurz nach Armen und Beinen, aber es ging natürlich um Tittchen und Mösen, die ausgiebig untersucht werden mußten. Und ich erinnere mich noch sehr gut daran, daß der Doktor mit einem mitleidigen Gesicht sagte: »Gnädige Frau, ich muß Ihnen etwas wegnehmen«, und dann schnitt er mit der Hand etwas bei den Tittchen oder bei der Möse weg, manchmal mußte die ganze Möse weg, merkwürdig, nicht?

– *Hattest du mal einen Orgasmus?*

– Nein, ich erinnere mich nur an die Spannung und die Erregung, daß du dalagst und das mit dir geschehen ließest. Ich weiß noch, wie mein Bruder und meine Cousine miteinander bumsten, sie lagen dann nackt übereinander, meine Cousine oben, und sagten: »Schön, nicht, findest du das schön, ja, ich finde das schön.« Mehr taten sie nicht. Als ich fünf war, spielte ich manchmal mit einem Mädchen, von dem die Kin-

der sagten: »Mit der mußt du nicht spielen, die macht fiese Sachen.«
Also, das fand ich doch spannend. Ich hatte gerade ein Doktorköffer-
chen bekommen und ging damit zu ihr. Sie zog mich völlig aus und
steckte mich unter eine Decke, das war sehr spannend, vor allem als
ihre Mutter ins Zimmer kam und schnell all meine Sachen unter der
Decke versteckt werden mußten, damit sie es nicht merkte.

– *Hattest du eigentlich das Gefühl, es sei unartig oder schlecht, was
du tatest?*

– Nein, es war sehr spannend, gerade nicht schlimm genug, um es
nicht noch genießen zu können. Aber zu Hause erzählte ich es nicht.
Meine Mutter wußte, daß ich solche Spielchen machte, aber sie igno-
rierte sie auch sehr deutlich. Mein Gefühl darüber ist sehr zwiespältig.
Ich hätte es lieber gehabt, wenn es besprechbar gewesen wäre und ich
über das Spannende und Schöne hätte reden können. Die Moral war
»das ist ganz normal«. Nackt, das war etwas ganz Selbstverständli-
ches, obwohl natürlich niemand das wirklich selbstverständlich fand.
Sie taten nur so. Das Badezimmer war öffentliches Terrain, aber als ich
dreizehn war, kam doch ein Haken an die Tür. Da durfte ich meinen
Vater nicht mehr nackt sehen, meine Mutter zwar noch, aber auch
nicht so gern. Ich wollte gern ins Schlafzimmer meiner Eltern stürmen,
fühlte aber ganz deutlich, daß das nicht erlaubt war.

– *Hast du mal gesehen, wie sie miteinander vögelten?*

– Ja, aber da war ich schon etwas älter, ungefähr fünfzehn. Ich bekam
einen furchtbaren Schock. Ich fand es sehr fies und habe es unheimlich verurteilt, so was tust du nicht. Herrje, das ist eine alte Erinne-
rung . . .

– *Was hast du gesehen?*

– Wir waren zu dritt in den Ferien, ich schlief mit meiner Mutter in
einem französischen Bett, und mein Vater lag in einem anderen Bett.
Es war mitten in der Nacht, ich schlief noch oder wurde für schlafend
gehalten, und sie lagen neben mir unter der Decke, mein Vater oben-
drauf, keuchend. Ich habe mich sofort wieder umgedreht und weiter-
geschlafen. Als ich kleiner war, streichelte mein Vater manchmal die
Brüste meiner Mutter, so unter ihrer Schlafanzugjacke, wenn wir sonntags morgens alle zusammen im großen Bett lagen.

– *Wie reagierte deine Mutter?*

– Ja, die tat dann so, als wäre nichts. Ich könnte mich mit Kindern dabei auch nicht richtig gehenlassen, glaube ich, ich würde mich doch etwas unwohl fühlen.

– *Ich folgere daraus, daß du wahrscheinlich noch nie mit mehr als einer Person gefreit hast.*

– Doch. Wir kuscheln oft mit vielen Frauen zusammen an einem Wochenende, einfach gemütlich zusammenkriechen und knuddeln. Nicht freien, nur wunderbar streicheln. Zu dritt freien und zum Orgasmus kommen, das habe ich einmal während der Ehe getan, zusammen mit noch einem Mädchen. Dann haben die beiden miteinander gevögelt, und ich hielt sie alle beide fest mit dem Gefühl, macht mal, dann brauche ich zum Glück nicht. Ich fand das auch sehr gut, aber später bin ich deshalb doch eifersüchtig geworden, so von verdammt . . .

– *Wie kam dieses Mädchen in eure Ehe?*

– Ein Jahr lang hatten wir eine sehr intensive, abgekapselte Beziehung miteinander, aber danach fanden wir alle beide, daß ich unabhängiger werden müßte, mein Mann brachte sogar die ersten Bücher von den »Dollen Minas« mit. Ich mußte lernen, wie man Überweisungen ausfüllt, ich mußte Dinge allein tun und mehr mit anderen losziehen. Er auch, und wir wollten bei unseren Kontakten mit anderen nicht mehr sagen, nur soweit und beim Freien hört es auf. Wir fanden, das müßte möglich sein, und haben damit experimentiert. Wir hatten beide andere Beziehungen, lebten sehr unabhängig, hatten beide ein eigenes Einkommen und hielten uns an keine einzige offizielle Ehenorm. Deshalb haben wir uns nach vier Jahren scheiden lassen, sind aber danach noch zwei Jahre zusammengeblieben. Es gab noch viele schöne Gemeinsamkeiten, wie Fahrrad fahren, Musik hören, gute Freunde sein. Wir freiten auch noch miteinander.

– *Fandest du das schön?*

– Nein. Ich kann mich sehr gut an den Druck erinnern, »ich muß mich bemühen, es gut zu finden«. Ich habe deshalb sogar noch eine Therapie gemacht.

– *Was war denn nicht gut?*

– Das konkreteste Problem war, daß ich mit ihm zusammen nicht zum Orgasmus kommen konnte.

– *Wie wußtest du, daß du das nicht konntest?*

– Weil ich mir selbst gut einen Orgasmus machen konnte, seit meinem 12. Lebensjahr. Damals machte ich es abends im Bett mit einem Kissen zwischen meinen Beinen, auf dem ich hin und her glitt. Später tat ich es mit der Hand, aber ich konnte meinem Mann absolut nicht deutlich machen, was ich brauchte. Es war immer eine sehr angespannte Situation, wenn ich dann sagte: »Du mußt es sanfter tun«, und dann sagte er: »Ich tue es sanft.« Statt zu sagen: »Ach, hör auf mit dem dummen Getue«, fühlte ich mich unheimlich schuldig daran, daß ich es nicht schön fand, denn das war für ihn so eine schlimme Enttäuschung. Er wurde auch völlig ratlos, daß ich es immer noch nicht konnte. Wir sind dann auch mal bei einem NVSH-Arzt gewesen, einer Frau, und die sagte: »Na, das kann ich dir schon beibringen, du legst deinen Finger auf die Klitoris, und mit einer lockeren Hand mußt du sie ganz vorsichtig bewegen.« Aber das hat auch nicht geholfen.

– *Hast du erwartet, daß du beim Bumsen einen Orgasmus bekommst?*

– Nein, aber Bumsen fand ich sowieso schon nicht schön, das lief auch immer verkehrt. Ich kann zwar sehr feucht werden, aber nicht so eins, zwei, drei, und dann bumsten wir doch, das tat immer weh. Die Art auch, so von »das Ding muß da rein, mal tüchtig drücken«. Es geschah nie aus Gemütlichkeit oder Geborgenheit, sondern immer mit so einem gewissen Druck, na ja, wir werden es noch mal versuchen.

– *Hast du nie versucht, dich selbst zu stimulieren, wenn dein Mann dabei war?*

– Nein, auf die Idee bin ich nie gekommen. Das tat ich allein, und das wußte er auch. Das war prima.

– *Wie oft machtest du das pro Woche?*

– Das weiß ich nicht genau, das wechselte, manchmal wochenlang nicht und dann dreimal am Tag. Das ist jetzt auch so. Früher war Freien mit mir selbst etwas, das ich tat, wenn ich traurig oder allein war, aber jetzt mache ich ein richtiges Fest daraus, ich dusche erst herrlich, zünde Kerzen an, genieße allein ein leckeres Essen, lege eine schöne Platte auf und mache es ganz so, wie ich es gern mag und erregend finde.

– *Onanierst du auf sehr unterschiedliche Art und Weise?*

– Nein. Ich mache es gern mit meiner Hand, und manchmal finde ich es sehr schön, dabei etwas in die Vagina zu stecken, einen Bleistift, ein Stück Gemüse, eine Plastikflasche. Ich finde es auch sehr schön, in der Drogerie rumzulaufen und nach einem guten Format zu suchen.

– *Kannst du dann auch einen Orgasmus bekommen, ohne die Klitoris dabei zu berühren?*

– Nein, ich finde es einfach ein wunderschönes Gefühl. Vor allem das Hinein- und Herausgleiten, das erregt mich unheimlich.

– *Machst du das auch, wenn du mit einer Frau freist?*

– Nein, dann machen wir es nur mit unseren Fingern.

– *Wann hast du zum ersten Mal mit einer Frau gefreit?*

– Nach zwei Jahren Ehe hatte ich meine erste Freundin. Mit ihr habe ich unheimlich schön, so ganz spontan gefreit, mit ihr bekam ich auch einen Orgasmus.

– *War es schwierig für dich, zum ersten Mal einen Frauenkörper zu fühlen?*

– Nein. Überhaupt nicht. Es war ganz einfach. Wir waren schon öfter miteinander losgezogen und spazierengegangen. Ich wußte nicht, daß sie lesbisch war, das hatte sie nicht erzählt. Und dann, irgendwann, gingen wir in ihr Zimmer, sahen einander an, und auf einmal durchfuhr es mich, ich war irrsinnig verliebt, ich sah und fühlte es zugleich, diese schönen großen blauen Augen – und wir fielen einander in die Arme. Dann erinnere ich mich, wie wir uns lange küßten, danach eng aneinandergekuschelt auf dem Bett lagen und wahnsinnig verliebt völlig ineinander versanken. Es war auch sehr sexuell. Beim ersten Mal haben wir unsere Kleider anbehalten, an einem anderen Tag, als wir nackt auf dem Bett lagen, bin ich endlich auf Entdeckungsreise gegangen. Es machte mir Spaß, ich fand es herrlich. Ich weiß noch, wie ich begann, ihre Muschi zu fühlen, und erstaunt war, daß sie so weich, warm und feucht war.

– *Du sagtest, daß du mit ihr einen Orgasmus hattest?*

– Ja. Beim ersten Mal geschah es, als ich ihr Bein zwischen meinen Beinen fühlte. Das nenne ich reiten, das, was ich früher auch mit dem Kissen machte.

– *Hast du deinem Mann erzählt, daß du eine Freundin hattest?*

– Ja, der fand das gut.

– *War er nicht eifersüchtig?*

– Doch. Auf Männer nicht, aber auf sie ja; das fand er unheimlich. Aber die Beziehung endete schon nach anderthalb Monaten; ich konnte offenbar das Lesbische nicht ertragen. Ich konnte zwar eine Frau gernhaben, aber sie lebte doch ganz eindeutig als Lesbierin und nahm mich auch einmal in eine Frauenbar mit. Dorthin kamen Frauen, die ziemlich hart und stereotyp waren, das hat nicht im entferntesten etwas mit Feminismus zu tun. Da saßen dann beispielsweise eine Mann-Frau und eine Frau-Frau, die eine mit einem Jackett und einer Krawatte, die andere mit einem Kleid, wobei die eine die andere so ein bißchen mit Küssen in die Ecke drückte, so dieses entsetzlich bedrückende sexistische Verhalten. Auch meine Freundin wurde da eine ganz andere, sie war nicht mehr meine vertraute lustige Freundin mit Ihren Jeans und ihrer Plastikjacke. Sie hatte sich sehr schick gemacht in einem schwedischen Kostüm mit langem Rock und Schnürstiefeln, sie gebärdete sich auf einmal wie eine Frau von Welt. Das ganze gesellschaftliche Drumherum schreckte mich offensichtlich ziemlich ab. Sobald ich über das Wort lesbisch nachdachte, begann ich mich zu fragen, ob ich mich eigentlich richtig verhielt, ob ich nicht bestimmten Anforderungen genügen müßte. Ich machte einfach, was ich gut fand. Ich kannte die Spielregeln nicht. Später, wenn ich Freundinnen hatte, die nicht feministisch waren, merkte ich, daß diese Spielregeln auch bei Lesbierinnen gelten, ebenso wie bei Heteromenschen. Beispielsweise die Parole vom »Gut-im-Bett-Sein« oder die Regel »Ich-muß-die-andere-zum-Orgasmus-Bringen«, anstatt mit sich selbst zum Orgasmus zu kommen. Jedesmal, wenn ich mit Frauen freite, die das probierten, dachte ich, halt, stop, du kannst probieren, was du willst, aber das mache ich nicht mit. Dann sagte ich: »Nein, hör auf.«
– *Was versuchten sie dann?*
– Mich anzutörnen und zum Orgasmus zu bringen, ohne daß ich mich geborgen oder zufrieden fühlte. Echt leistungsorientiertes Freien, weil das die Norm ist; erst küssen, dann streicheln, und dann muß der Orgasmus kommen, während ich denke: Ja, kümmere dich erst mal darum, daß es gemütlich wird, laß uns lustig sein oder Brötchen essen oder uns einfach aneinanderkuscheln oder sonst was tun, den Körper der anderen entdecken, gucken, wie du aussiehst. Letzte Woche übernachtete ich bei einer Freundin, das war wirklich schön. Wir haben die

ganze Zeit zusammen vor dem Spiegel gestanden und geguckt. Wenn ich stehe, habe ich hier einen Knubbel auf dem Rücken, und wir haben immer wieder geguckt, wie das bei ihr aussieht und wie bei mir, und dann wieder, wer den dicksten Bauch hat. Es ist herrlich, sich Bauch an Bauch gegenüberzustehen. Bei ihr liefen ganz viele Linien von ihrem Hals nach unten, die hatte ich nicht; dafür hatte ich hier wieder ganz viele Linien. Oh, ich finde das irre gemütlich. So warm. Das gibt dir so ein Gefühl von Geborgenheit. Und was ich ganz toll finde, ist, sich morgens nackt aneinanderkuscheln. Weißt du, Schultern und Rücken streicheln, das kannst du immer, aber ich finde es so schön, sich vollkommen aneinanderzuschmiegen. Wunderbar finde ich das. Ich habe in letzter Zeit ein großes Bedürfnis danach, einfach meinen Körper ganz intensiv zu fühlen. Es ist so schön, wenn du dich so geborgen fühlst, daß du warm und mollig den Körper der anderen fühlen kannst.

– *Freist du auch mit diesem Mädchen?*
– Nein, überhaupt nicht. Freien tue ich mit mir selbst, das ist mir nicht so wichtig.
– *Hast du nach deiner ersten Freundin nur noch mit Frauen gefreit?*
– Nein, ich habe damals jahrelang nicht mehr mit Frauen gefreit, nur mit meinem Mann und zwei anderen Männern. Allerdings habe ich mich immer wieder gefragt, ob ich nun lesbisch sei oder nicht. Das wollte ich immer nach dem Orgasmus beurteilen, den ich mit ihr bekam, aber nicht mit den Männern. Ich begegnete auch keiner, die für mich ein Vorbild hätte sein können, ich kannte nur Beispiele aus Büchern, wo es meist furchtbar ist, immer Kummer und Qual. Ich hatte ein ziemlich angenehmes Leben, und das tauschst du dann doch nicht so schnell ein gegen eine solche Ungewißheit. Erst als ich in eine Gesprächsgruppe ging, fand ich Anerkennung und konnte mich weiterentwickeln. Dort wurde das Freien mit Frauen als eine Entdeckung betrachtet, etwas, das du selbst herausfinden kannst, etwas, das Spaß macht. Und in der Zwischenzeit verliebte ich mich immer wieder in Frauen, tat aber nichts. Auf einer Studienwoche mit Frauen war ich eigentlich in jede verliebt, die ganze Woche über, bis zum Donnerstagabend, als mein Blick auf eine ganz stille Frau fiel, die auch wieder große blaue Augen hatte. Da dachte ich, nein, ich bin nicht in jede

verliebt, ich bin in sie verliebt. Es überkam mich so etwas wie: Jetzt oder nie, nun muß etwas geschehen, ich werde etwas tun, wumm. An der Bar stellte ich mich neben sie, mein Arm berührte ihren Arm, das fand ich schon sehr gewagt. Ich dachte, eine bessere Idee habe ich nicht, aber wenn ihr Glas leer ist, sage ich: »Nimm mal ein Pils von mir«, das ist dann ein Anfang. Und ich paßte ständig auf, ob ihr Glas inzwischen leer war; als sie sich dann selbst schon ein Pils bestellte, konnte ich gerade noch sagen: »Mach den Strich mal bei mir.« Sie sah mich an, lachte und sagte »danke«. Seitdem wich ich nicht mehr von ihrer Seite. Ich habe mich einfach immer neben sie gesetzt. Und irgendwann lagen wir in einem Kreis auf dem Boden, um miteinander zu reden, und ich dachte, oh, ich will neben ihr liegen, es ist mir gleich, was passiert, ich tue es einfach, und dann bin ich herumgelaufen und habe mich neben sie gelegt. Ich streichelte ihr Haar, das fand ich sehr schön, und dann begann sie, mich auch zu streicheln. Dann begann ich, sie zu küssen, das fand sie auch sehr schön, und es wurde immer ein bißchen mehr. Doch langsam fand sie es unangenehm in einer so großen Gruppe, also gingen wir auf den Flur, und kaum hatten wir drei Schritte gemacht, da fielen wir einander um den Hals, wir haben uns lange und tief in die Augen gesehen und standen da und küßten und streichelten uns. Allmählich gingen alle ins Bett, sie fanden es alle wunderschön und liefen mit einem Streicheln vorbei: »Schlaft gut . . .« Ich dachte, jetzt muß wieder was passieren, und ich sagte: »Ich möchte bei dir schlafen.« Ich fand, daß ich das richtig machte, einfach zu sagen, was ich wollte. Ja, das wollte sie auch; wir schleppten Matratzen, und sie zog sich aus und ging ins Bett. Das war dann doch ein Schock für mich, so ungefähr, O Gott, nun muß ich es wirklich tun. Aber wir haben wunderschön miteinander gekuschelt, uns gestreichelt, ich weiß nicht mehr, wie orgastisch es war, ein bißchen wahrscheinlich. Wir waren unheimlich verliebt und sehr körperlich miteinander. Beim Freien waren wir ziemlich ungeschickt, aber wir kamen schon zurecht, jedenfalls war es toll und gemütlich.

– *Wie drückst du deine Zuneigung aus?*

– Indem ich sie in meine Arme nehme und sie ansehe und ihr erzähle, was ich empfinde, mit meinen Augen, meinen Händen, meinem Körper. Ein ganz direkter Kontakt. Als ich wieder zu Hause war, dachte ich, na ja, das ist einfach eine Beziehung mehr. Aber schon nach zwei Tagen wurde mir klar, warum ich mit meinem Mann wieder mal nicht glücklich war und etwas ändern wollte. Ich dachte, ja, ich kann noch zehntausend Dinge ändern, aber da fehlt einfach etwas, ich finde es schlichtweg nicht schön. Dann habe ich irrsinnig schnell eine Reihe von Beschlüssen gefaßt, und innerhalb von drei Wochen bin ich in ein eigenes Zimmer umgezogen. Das war vor vier Jahren, damals war ich fünfundzwanzig. Es erscheint mir, als ob die vier Jahre mein ganzes Leben waren. Meine Beziehung mit ihr dauerte ein Jahr. Nach zwei Monaten hat sie zum ersten Mal Schluß gemacht, weil es sie zu sehr beengte, daß ich so furchtbar wild und verrückt nach ihr war. Aber da brach ich total zusammen und heulte drei Tage lang. Ich dachte: Das kann nicht sein, ich bin zu ihr gegangen, und dann waren wir noch ein Jahr zusammen, mit Hochs und Tiefs. Sie wollte mehr für sich allein sein.

– *Konntet ihr gut miteinander freien?*

– Ja, ich war in der Beziehung, was freien angeht, ausgesprochen zufrieden, es war herrlich. Sie hatte zwar Angst davor, zu experimentieren, also ging es immer auf die gleiche Art, wir lagen nebeneinander, halb auf der Seite, und dann streichelte sie mit ihrer Hand meine Klitoris und ich gleichzeitig mit meiner Hand ihre.

– *Und so bekamt ihr einen Orgasmus?*

– Ich ja, aber sie nicht. Sie konnte überhaupt nicht zum Orgasmus kommen, auch nicht mit sich selbst.

– *Fandest du das schade?*

– Nein, höchstens schade für sie, weil es offenbar ein Problem für sie war. Sie schämte sich deshalb, aber andererseits sagten wir uns dann auch: »Laß uns tun, was schön ist.« Sie hatte zwar viele Hemmungen, denn ich wollte dann doch mal gerne gucken und lecken, aber das wollte sie nicht. Als mit ihr Schluß war, war ich zum ersten Mal in meinem Leben wirklich ganz allein, ohne feste Beziehung. Ich hatte es damals wahnsinnig schwer, aber nachdem ich endlich alle Ängste überwunden hatte, habe ich das Alleinsein unheimlich genossen. Ich ging allein aus, machte mich schön und ging . . . Ich probierte alles aus, keine wüsten Sachen, aber mit so einem Gefühl »hier bin ich«, und ich bin schön, ich bin in Ordnung, ich darf wollen, was ich will, und wenn ich heute abend jemand Nettes und Interessantes treffe, dann sage ich das auch rundweg. Wenn ich eine nette Frau sah, ging ich zu ihr und sagte: »He, ich möchte mit dir reden.« Und wenn es ganz außergewöhnlich war, sagte ich auch: »Ich möchte gern mit dir schlafen . . .«

– Bedeutet das dann nur schlafen, oder ist das auch sexuell?

– Ich halte überhaupt nichts von solchen Regeln, wie z. B. »Wenn du miteinander schläfst, mußt du auch freien«. Ich versuche ganz bewußt, meinen Gefühlen zu folgen und dann abzuwarten, was geschieht. Damit habe ich sehr schöne Erfahrungen gemacht. Manchmal wurde ich wirklich sehr schmusig und erregt, ein andermal kuschelten wir uns warm aneinander, streichelten uns und schliefen wohlig ein. Am nächsten Morgen frühstückten wir dann wieder sehr gemütlich und behaglich.

– Wurdest du manchmal abgewiesen?

– Nicht so oft. Ich glaube, ich kann gut einschätzen, wann ich eine Chance habe.

– Wenn du mit einer Frau freist, was tust du dann zuerst, gucken oder berühren?

– Nein, ich bin nie so guckfreudig gewesen, allmählich aber werde ich es auch. Das habe ich von einer anderen Freundin gelernt, die tut das sehr bewußt. Sie sagt dann: »Hör mal, ich muß erst eben gucken, laß mal sehen!« Und dann betrachtet sie ausgiebig meine Möse.

– Wie findest du das?

– Ich bin da doch noch etwas schüchtern und finde, »Na ja, hmm, das mußt du doch etwas schöner oder subtiler sagen«, aber sie geht einfach so drauflos und experimentiert ein bißchen, wie sich das alles bei mir verhält. Sie guckte hinter den Vorhang, wie wir das nannten, und das war etwas sehr Besonderes. Es war sehr schön, sie legte ihre Finger hinter das Häutchen auf der Klitoris und bewegte es ein klein bißchen, ich kam zum Orgasmus wie eine Eisenbahn. Sie hat mir über eine Schwelle hinweggeholfen, denn jetzt habe ich das auch: ja, klar, gucken, neugierig, wie sieht das jetzt genau aus. Einfach schön, da eben rumschnüffeln.

– Erregt dich das, wenn jemand bei dir guckt?

– Nein. Wenn ich selbst gucke, ist das auch nur Neugierde, und oft finde ich es nicht einmal so schön.

– Findest du deine eigene Möse schön?

– Tja, schön ... ganz in Ordnung, aber ein bißchen komisch, ein bißchen schlampig, all diese Falten. Zeichnungen von Mösen finde ich schön, aber echte Mösen, nein, die finde ich nicht so schnell schön. Zwar angenehm. Angenehm zu fühlen und zu riechen und dran zu lutschen. Beim ersten Mal fand ich, daß es nicht so gut schmeckte, etwas salzig, als ich darüber hinweg war, hatte ich auch Spaß daran, was ich damit auslösen konnte. Meine letzte Freundin fand das unheimlich schön, sie konnte sich dem vollkommen hingeben und bekam dann einen wunderbaren und langen Orgasmus. Sie konnte ihren Orgasmus auch sehr gut regeln und zurückhalten. Ich kann es meistens nicht hinauszögern, bei mir geht das sehr nett und gemütlich, ich werde erregt, komme dann ziemlich schnell zum Höhepunkt und zum Orgasmus, das ist schön, jedesmal wieder anders, und dann seufze ich, hehe, und dann ist es auch vorbei, und ich will dann da auch nicht mehr berührt werden. Ziemlich einfach, aber nicht so, als ob sich mein ganzer Körper öffnet.

– Wie lange hat eure Beziehung gedauert?

– Gut zwei Jahre, es ist gerade Schluß, und ich bin sehr traurig darüber.

– Fand sie es schön, dich zu lecken?

– Ja, aber ich fand es am Anfang ein bißchen unangenehm. Ich fand irgendwie, das ist mein Gebiet, da mußt du nicht einfach dran lekken ... Du mußt dich öffnen, nicht? Und auch hingeben. Das kann ich jetzt immer besser.

– Habt ihr erst ausführlich gebadet? Oder hattest du dich gerade gewaschen, bevor du es erlauben konntest?

– Sie fand es überhaupt nicht wichtig, ob ich gewaschen war oder nicht, aber ich fand es bei ihr doch wichtig. Wenn ich dann sagte, hm, du riechst nicht so gut, wasch dich doch mal eben, dann sagte sie: »Na, dann mach es mal nicht«, oder sie hüpfte schnell weg, um sich zu waschen.

– Wie habt ihr unterschiedliche Bedürfnisse gelöst?

– Sie freite dann mit sich selbst, und ich hielt sie ein bißchen fest. Sie hatte oft Lust, mit sich selbst zu freien, dann wollte sie nicht mit mir, sondern mit sich selbst. Oder sie tat es allein. Und wenn ich Lust hatte, begann ich mit ihr zu flirten, das machte ich sehr gern, mich an sie kuscheln, Küßchen geben, angenehme Stellen streicheln, wir konnten einander dabei sehr einfach mitziehen.

– *Ist es mal geschehen, daß sie einen Orgasmus bekam und dann nicht mehr mit dir weiterfreite, damit du auch einen Orgasmus bekamst?*

– Mit ihr bestimmt nicht, sonst hätte ich gesagt: »Jetzt ich, jetzt ich!« Wir konnten einander alles sagen, um alles bitten. Nein, wir hatten eher Schwierigkeiten mit einem Gleichheitssyndrom. Es geschah fast nie, daß wir nicht alle beide drankamen, aufgrund so einer Norm: »Alle beide müssen einen Orgasmus bekommen.«

– *Ja, das ist eher eine Last als Lust. Guckst du sie gern an, wenn ihr miteinander freit?*

– Gucken ist für mich sehr wichtig, ich finde das sehr schön. Wenn ich streichle, guck ich, wo ich streichle, und wenn ich küsse, guck ich, wo ich küsse. Am Anfang traute ich mich nicht, ihre Möse genau anzugucken. Sie hatte eine sehr große Klitoris und sehr feste äußere Schamlippen, wo der Rest dann etwas hervorquillt, und das fand ich frech. Ich hatte auch Angst, daß die Möse mir überlegen war, vielleicht verschwand ich darin. Ich hatte immer das Gefühl, daß sie geiler wurde als ich. Zumindest habe ich so eine Vorstellung von mir selbst, daß ich nicht geil genug bin, ich werde erst geil, wenn die andere erregt ist, beispielsweise durch Geräusche und Keuchen an meinem Ohr, und wenn ich sie atmen höre. Ich phantasiere auch immer von Geilheit, so geil sein, daß du überhaupt nicht mehr aufhören kannst, geil zu sein und einen Orgasmus zu bekommen und wieder geil zu sein und wieder zum Orgasmus zu kommen . . .

– *Phantasierst du darüber mit Frauen?*

– Ja, aber in letzter Zeit phantasiere ich mal wieder von Männern. Das tue ich gerade, weil Schluß ist zwischen uns, und wenn ich mit mir selbst freie, denke ich natürlich sofort wieder an meine Freundin und fange gleich wieder an zu heulen, und wenn ich von Männern phantasiere, geht es besser.

– *Ihr habt nicht zusammen gewohnt?*

– Nein, aber wir schliefen sicher vier, fünf Nächte zusammen, und auch die Wochenenden verbrachten wir gemeinsam. Ich habe mich in sie verliebt, während ich schon eine andere Freundin hatte. Da hatte ich zwei Beziehungen, aber die andere Freundin konnte das nicht aushalten und machte Schluß. Dann bin ich nach Femø gefahren und hatte da eine Freundin ...

– *Noch eine andere?*

– Ja, eine Ferienliebe. Vier Tage lang bin ich sehr intensiv mit ihr zusammengewesen, wir haben am Strand geschlafen, geredet, getanzt, gefreit, ich fand das einfach schön. Ja, das hat meine Freundin sehr verletzt und ihr sehr weh getan. Aber ich hatte nicht so drüber nachgedacht. Als ich sah, wie schwierig und unangenehm es für sie war, haben wir verabredet, daß wir keine Beziehungen mit anderen haben würden. Das haben wir 1½ Jahre lang durchgehalten, obwohl ich einmal die Verabredung gebrochen und mit einem anderen Mädchen gefreit habe.

– *Warst du in das Mädchen verliebt?*

– Nein. In die war ich nicht verliebt. Wir sind immer noch gute Freundinnen und freien auch miteinander.

– *Hast du das damals deiner Freundin erzählt?*

– Ja, ich muß sagen, aus einer Art Ehrlichkeit. Ich konnte es nicht verschweigen.

– *Wenn es nicht wichtig für dich ist und du weißt, daß deine Freundin es nicht will und Schwierigkeiten damit hat, warum tust du es dann?*

– Ja, warum freist du mit jemand – weil du mit jemand ausgehst und dich ein bißchen ineinander verliebst. Ganz einfach.

– *Warum lachst du?*

– Ich finde es eigentlich doch verrückt, alles ist erlaubt, du darfst Freundinnen haben, sehr gute Freundinnen, du darfst kuscheln, zusammen schlafen, aber beim Freien wird es schwierig. Du ziehst die Grenze bei der Erotik. Ich auch, ich kann es auch nicht ertragen, wenn eine Freundin von mir mit jemand anders freit. Ich finde es dann auch sofort gemein.

– *Wenn du weißt, daß du es selbst auch nicht ertragen kannst, warum meinst du dann doch, daß es möglich sein müßte?*

– Da haben sich meine Vorstellungen auch geändert in der letzten Zeit, durch all den Schmerz. Ich würde meine eigenen Wünsche nach Freiheit ohne weiteres aufgeben und wünschen, daß sie es auch täte, wenn ich jetzt noch eine Beziehung mit ihr hätte.

– Wie hat sie auf den einmaligen Seitensprung reagiert?

– Erst war sie böse und traurig, aber es hat sie sehr beruhigt, daß ich in das Mädchen nicht verliebt war, und wir haben unsere Verabredung erneuert. Aber das brachte mich wieder mit dem anderen Mädchen in Konflikt, die akzeptierte das nicht. Die findet das Unsinn, das Getue mit all den individuellen Beziehungen. Sie nimmt sich selbst als Ausgangspunkt. Sie hat drei lockere Beziehungen nebeneinander, die ganz gleichwertig sind, und außerdem freit sie noch, mit wem sie will. Sie kann das, und wenn ich wieder vor der Entscheidung stehen werde, will ich es auch so probieren; wenn ich die Trauer ein bißchen überwunden habe. Ich habe viel zuviel Angst bekommen vor Schmerz, und doch möchte ich eigentlich eine liebe Person finden, mit der ich mich völlig verkriechen kann. Aber was meiner Meinung nach sicher verkehrt läuft, ist, eine sehr intensive und aufeinander gerichtete Beziehung nach einiger Zeit aufbrechen zu wollen. Denn nach einer gewissen Zeit wollte ich doch die Freiheit und sagte: »Ich warte nicht, bis du es auch ertragen kannst, ich will es jetzt.« Ich fühlte mich eingeengt, ich kam nicht recht zum Zuge.

– Was bekamst du nicht von ihr?

– Festlichkeit. Einen Abend lang nur einander genießen, streicheln, gegenseitig die Körper angucken, froh sein miteinander, solche Festlichkeit. Wenn sie nur kurz streichelte, wurde sie unheimlich geil, wir konnten dann mit sehr viel Spaß miteinander freien, aber danach wurde dann nicht mehr gestreichelt.

– Erwartest du, daß du alles, was du brauchst, bei einem Menschen finden kannst?

– Ja, insgeheim natürlich schon, obwohl ich weiß, daß es nicht möglich ist. Sie zeigte wirklich, daß sie mich sehr gern hatte, guck, sie hat dieses Schränkchen für mich gezimmert, mein Bett, diesen Tisch hat sie für mich gemacht, aber ich möchte auch gern die Festlichkeit. Nur mit einem Schränkchen kann ich nichts anfangen. Ich habe auch versucht zu nehmen, was ich bekam, und nicht immer zu denken, das andere muß ich auch noch haben. Aber ich wollte mir keine Grenzen auferlegen, und meine Freundin stimmte mir auch zu und sagte: »Es ist nicht gut, wenn du es immer wegen der anderen läßt, du mußt mit dir selbst darüber eins werden, ob du es tust oder nicht.« Allerdings verliebte sie sich dann innerhalb kürzester Zeit mehrere Male. Erst habe ich es noch mehr oder weniger stimuliert, so von: guck mal, wie prima, die tut einfach, was sie will. Aber später bin ich unheimlich eifersüchtig geworden, vor allem, weil die beiden sehr verliebt waren und irrsinnig geil zusammen freiten.

– *Woher wußtest du das?*

– Das erzählte sie.

– *O je, wolltest du es hören?*

– Ja und nein. Einerseits wollte ich alles bis ins Detail wissen und andererseits natürlich nicht.

– *Ich kenne das, ich will es auch wissen, aber wenn ich es dann höre, gehe ich echt kaputt. Außerdem kann ich mich von den Bildern nicht mehr lösen, die sehe ich dann immer vor mir, wie in einem Film. Du auch?*

– Ja. Ich habe damals beim Freien eine Art Konkurrenzkampf angefangen, ungefähr so: Ich werde es dir schon zeigen, ich kann es genauso.

– *Gabst du dir mehr Mühe als vorher und wobei?*

– Ich freite vor allem häufiger. Aber es war überhaupt nicht schön, eher, sieh mal, das ist eins-null, das ist zwei-null. Ich fragte sie auch immer: »Hast du das auch mit ihr getan, ist das bei ihr schöner als bei mir, ist sie geiler als ich . . .?

– *Ich werde immer sehr schlecht, wenn ich eifersüchtig bin.*

– Ich auch. Dann werde ich furchtbar böse. Und ängstlich, wahnsinnig ängstlich. Ich hatte auch Angst, daß sie alles, was ich zuwenig bekam, der anderen gab. Ich habe meiner ganzen Wut freien Lauf gelassen, und in meiner Phantasie will ich dann die wildesten Dinge tun: hingehen und sie auseinanderziehen oder sie ausschimpfen oder ihre Köpfe gegeneinanderschlagen oder gegen die Wand oder mich dazwischenlegen, »hau ab, du«, oder mit der anderen freien.

– *Ja, das ist bekannt, deine Freundin eifersüchtig machen. Kanntest du die andere Frau?*

– Ich habe einmal mit ihr gesprochen, und meine Freundin stand Todesängste aus, weil sie fürchtete, daß ich der Frau allerlei Dinge erzählen würde, für die sie sich schämte, aber daran dachte ich nicht, warum sollte ich?

- *Oh, aus Rache.*
- O ja. Ja, das wäre möglich. Aber dafür bin ich viel zu höflich.
- *Ich wage es auch nicht, aber ich phantasiere doch darüber, daß ich mich schrecklich rächen werde. Ich wünsche meiner Partnerin und der anderen sehr viel Schlechtes, Unglück, Elend, Streit, Krankheit und Tod.*
- Ja, das habe ich auch getan. Sie sollen an sich selbst ersticken.
- *Und was tust du in Wirklichkeit? Machst du furchtbare Szenen?*
- Ja. Unheimlich schimpfen und auf den Tisch schlagen, »verdammt noch mal, dreckige Sau«, es kommt mir dann wirklich hoch.
- *Wie reagierte sie auf die Wutausbrüche?*
- Sie konnte sich sehr gut vorstellen, was ich fühlte, und sagte: »Spuck mal alles aus, ich hoffe, daß du es überwindest und wir dann zusammen weiter können.« Sie tröstete mich auch.
- *Eine Beziehung mit einer Frau ist für dich bis jetzt nicht einfacher gewesen als die Beziehung mit deinem Mann?*
- Nein. Ich habe bei ihm auch immer um Zärtlichkeit gekämpft. Ich glaube, daß Beziehungen mit Frauen noch viel schmerzhafter sind als mit Männern, jedenfalls für mich, weil alles so nahe ist und so gut erkennbar. Aber das Freien mit Frauen war viel vergnüglicher. Ich habe bei ihr keine Probleme mit dem merkwürdigen Pflichtgefühl, und ich fühle mich weniger gehemmt und gezwungen.
- *Was vermißt du am meisten, jetzt, nachdem es vorbei ist?*
- Das vertraute Gefühl, jemand neben mir zu haben, einen Menschen, der da ist, für den du sorgst, auf den du zulebst, den du nach der Arbeit anrufst, dem du gute Nacht sagst oder guten Morgen und mit dem du die Weihnachtstage verbringst. Ich konnte es wirklich nicht länger ertragen, daß sie jemand anders hatte, es blieb immer weniger übrig für mich. Schließlich schlief sie nur noch zweimal bei mir. Wenn sie sah, daß ich heulte und Kummer hatte, löste sie sich völlig auf und sagte, daß sie mich unheimlich gern mochte, mich lieb fand und mich nie gehen lassen würde, weil ich viel zu wichtig für sie war, aber am nächsten Tag zog sie alles wieder zurück. Sie liebte mich nur aus einem Schuldgefühl heraus, und da bin ich natürlich total durchgedreht. Ich sah, daß nichts mehr stimmte, und habe dann ganz schnell auf mich selbst gehört, bis ich sagen konnte, nein, das geht nicht mehr, hiermit

muß Schluß sein. Wir hätten nur dann noch weiter zusammenbleiben können, wenn sie mir vollkommene Sicherheit gegeben und mit der anderen Frau Schluß gemacht hätte, aber das wollte sie nicht. Sie wollte keine Zugeständnisse machen, aber sie wollte mich auch nicht verlieren. Ich sollte es versuchen und nehmen, was es noch gab, das sei noch sehr viel, meinte sie, sie wollte immer eine gute Freundin bleiben.

– *Ist der Schmerz über das Ende eurer Beziehung für dich besser zu ertragen als der, wenn ihr weitergemacht hättet?*

– Ich kann es nicht vergleichen, aber ich weiß, daß weitermachen sehr schlecht für mich gewesen wäre. Was ich gern möchte, ist doch so etwas wie liebhaben . . . ja, ohne zu besitzen.

– *Nicht liebhaben aus Bedürfnis, sondern aus Selbstkenntnis, daß du weißt, wer du bist und was deine Schwächen sind, so daß du dein Selbstwertgefühl behalten kannst, unabhängig davon, was jemand anders von dir denkt oder für dich empfindet. Das möchte ich gern erreichen, aber da bin ich noch lange nicht. Besitz ist das nicht, natürlich bist du abhängig voneinander, wenn du offen bist, dich verletzbar zeigst – du kannst nicht liebhaben, ohne auch mit Schmerzen zu rechnen.*

– Und ich denke, daß ich heimlich herauszufinden versuche, ob da nicht doch Möglichkeiten sind!

– *Habt ihr jemals daran gedacht, Kinder zu bekommen?*

– Ja, mit ihr habe ich schon darüber phantasiert, daß wir alle beide ein Kind hätten. Zusammen schwanger zu sein, schien mir einzigartig, so die Bäuche gegeneinander . . . Ich bin mir sehr bewußt, daß du dafür eine Reihe angenehmer Bedingungen schaffen mußt, sonst mußt du damit nicht anfangen.

– *Wie gedachtest du, schwanger zu werden, durch künstliche Befruchtung, oder indem du mit einem Mann schläfst?*

– Ja, ich denke immer daran, selbst zu befruchten. Einen netten Mann, den du kennst, bitten, seinen Samen zu geben, und den dann zusammen mit meiner Freundin hineinlöffeln. Ich beurteile Männer manchmal daraufhin.

– *Denkst du, daß ein Mann das tun würde? Dann läuft ein Kind von ihm auf der Welt herum.*

– Keine Ahnung. Wenn du weißt, was du willst, und ihn ganz ehrlich fragst, warum nicht? Am schönsten erscheint mir ein Mann, der sich noch manchmal um das Kind kümmern möchte, ohne daß du es gemeinsam erziehst, aber so eine Art netter Onkel, zu dem das Kind am Wochenende manchmal hingeht.

– *Wie haben deine Eltern eigentlich auf deine Beziehungen mit Frauen reagiert?*

– Das hat sich allmählich entwickelt. Die Gespräche liefen alle über meine Mutter, und die besprach es dann wieder mit meinem Vater. Sie fragte mich alles mögliche, beispielsweise ob Frauen miteinander auch befriedigenden sexuellen Kontakt haben könnten, und dann erklärte ich ihr, warum das sehr gut ging, daß du dir selbst Orgasmen machen kannst, also auch miteinander Orgasmen machen kannst, denn Freien ist nicht nur Bumsen. Aber ich glaube, für sie war es immer nur Bumsen gewesen, sie hat nie etwas davon gehabt. Ich habe ihr erklärt, daß du ein Recht hast auf deine eigene Sexualität. Bei Frauen wird meist nicht gesehen, daß sie eine eigene Sexualität haben, die wird uns erst in Verbindung mit einem Mann zugestanden, also wenn gebumst werden kann. Eine Frau allein oder zwei Frauen miteinander, was sollen die wohl machen? So denken Menschen doch immer. Und damit wird bestritten, daß ich als Individuum eine eigene Sexualität habe, also auch Sexualität zwischen Frauen. In dem Haus, in dem ich mein erstes Zimmer gemietet hatte, war es die Regel, daß Herrenbesuch nach elf Uhr weg sein mußte, aber meine Freundin durfte das ganze Wochenende über bleiben. Das ist eine wahnsinnige Unterschätzung, und davon haben wir dankbar Gebrauch gemacht, aber es ist die reinste Form deiner Unterdrückung: totale Mißachtung. Es besteht einfach nicht. Wenn ich nicht laut sage, »ich bin lesbisch« oder »ich liebe Frauen«, dann werde ich nicht so gesehen, sondern automatisch als »normale« Heterosexuelle betrachtet, es wird davon ausgegangen, daß ich etwas mit einem Mann habe. Wenn ich mit einer Frau Hand in Hand auf der Straße laufe, wird uns nachgerufen, geile Luder! oder dreckige Lesben!

– *Tun Frauen das auch?*

– Nein, Frauen rufen nichts hinterher, aber Halbstarke und auch erwachsene Männer. Menschen sehen sich nach dir um, ich werde angestarrt, als ob ich von einem anderen Planeten käme. Dadurch be-

175

kommst du das Gefühl, daß du anders bist, und das bist du auch in dieser Gesellschaft. Ich bin viel vogelfreier, und darum will ich, daß der Unterschied beachtet wird und ich Unterstützung bekomme für den Schmerz. Ich gehe selten Hand in Hand, um unangenehme Situationen zu vermeiden, denn ich kenne Frauen, die zusammengeschlagen wurden oder ein blaues Auge davontrugen. Ich habe ständig die Angst, wo kann ich ich selbst sein ... Ich gehe nicht weiter, als ich mir zutrauen kann, aber ich arbeite hart daran, an allen Plätzen meines Lebens, also in meiner Familie, bei meinen Nachbarn, in meiner Straße, bei meiner Arbeit, zumindest ich selbst sein zu können, und das ist ein ganz schöner Brocken. Meine Mutter befindet sich in einer Phase des Akzeptierens. Sie hat sogar bei sich selbst nachgeforscht, ob sie das Gefühl für Frauen wiedererkannte, und neulich fragte sie mich, ob es Frauen gäbe, die lesbisch seien und es von sich selbst nicht wüßten. Ich sagte, daß das sehr gut möglich sei, weil du so wenig Gelegenheit hast, es bei dir selbst zu entdecken, weil du um dich herum auch keine Vorbilder siehst und darum oft nicht darauf kommst. Erst jetzt, wo sie mich als Vorbild hat, hat sie untersucht, wie es bei ihr ist. Das Verrückte ist, daß ich sie nun darüber aufkläre, wie Freien sich anfühlt, alles das, was ich von ihr nicht bekommen habe. Sie hat dadurch auch zum größten Teil ihr Schuldgefühl überwunden, denn ich sagte: »Was? Schuldgefühl gegenüber Pa, weil du es nie schön fandest? Verdammt, Gott sei's geklagt, daß du dein Leben lang keinen Spaß gehabt hast! Dafür ist es doch schließlich da!« Ja, so hatte sie das noch nie betrachtet. Ich sehe uns noch, wie wir im Flur stehen. Da hat sie mir ihre eigene Geschichte erzählt und weshalb sie glaubte, nie Spaß daran gehabt zu haben. Mit dreizehn war sie vom Direktor der Schule vergewaltigt worden, mehrere Male. Sie wagte das nie zu erzählen, weil sie sich schuldig fühlte, damals schon. Es ist wirklich grausam. Für sie war Freien seitdem eine traurige Handlung. O Gott, ich kenne so gut das Geräusch, wie meine Mutter auf ihren Pantoffeln ins Badezimmer schlurfte. Sie hatten dann gefreit, und sie ging sich waschen im Badezimmer. Ja, das Geräusch von den Pantoffeln über den Flur, dann das Laufen der Wasserhähne und dann wieder schlurf-schlurf zurück, ein traurigeres Geräusch kenne ich nicht.

IX. Zwischen Männern und Frauen: Bisexualität

Wir halten es meist für selbstverständlich, daß wir heterosexuell sind. Welch eine Überraschung, wenn du entdeckst, daß du auch homosexuell sein kannst. Einige von uns stellen mit Verwirrung fest, daß sie sich sowohl zu Frauen als auch zu Männern hingezogen fühlen. Wahrscheinlich werden wir bisexuell geboren und geraten erst später in ein festes Verhaltensmuster. Bei einigen von uns entwickelt sich niemals ein festes Verhaltensmuster. Es hängt dann von den Umständen und der Person ab, zu der wir uns hingezogen fühlen, und nicht von dem Geschlecht der Person.

»Als ich nach vielen Freunden ein sexuelles Verhältnis mit einer Frau hatte, dachte ich, so, ich bin also lesbisch. Das fand ich gut, ich war schon in der Frauenbewegung, ich merkte auch, wie ich mich langsam mehr zu Frauen hinbewegte, ich fand es einen logischen Schritt, daß meine sexuellen Gefühle folgten. Außerdem ist es auch schöner, wenn du in Beziehungen mit Frauen soviel Energie steckst, dann nicht auf einmal aus der Wärme weggehen und Sex mit jemand von der anderen Sorte betreiben zu müssen. Aber vielleicht gerade weil ich mich mit Männern nicht mehr so beschäftigte, hatte ich mit einem Mann aus einer politischen Gruppe, in der ich auch war, eine ganz entspannte Beziehung. Seine Auffassungen stimmten mit vielen feministischen Auffassungen überein, die für mich wichtig waren. Wir konnten auch ganz einfach über Beziehungen und so sprechen, und dann merkte ich, als wir einander auf einem Fest begegneten, daß ich in ihn verliebt war. Das war eine Überraschung, denn in meinem Kopf hatte sich festgesetzt, du bist entweder lesbisch oder hetero. Ich fand es verwirrend, aber auch sehr bereichernd: eine Zukunftsperspektive, daß für mich Möglichkeiten bestehen sowohl mit den ganz netten Frauen, die sich entwickeln, als auch mit den paar sehr netten Männern, die sich mit ihrer Veränderung beschäftigen.«

»Ich habe schon fünfzehn Jahre lang eine ganz ruhige Beziehung mit einem Mann. Wir haben drei Kinder zusammen. In den letzten Jahren hatte ich auch eine ganz besondere Freundschaft mit einer Frau. Als sie einmal wegen einer schwierigen Beziehung Probleme hatte, sahen wir uns öfter. Sie blieb auch über Nacht. Ich habe bei ihr geschlafen. Wir freiten. Es war sehr zärtlich, sehr wertvoll für mich. Das Erstaunliche ist, daß der Mann, mit dem ich zusammenlebe, sich nicht bedroht fühlte; das sagt wohl etwas über die Stärke unserer Beziehung. Die Frau und ich sahen einander weiterhin, aber es wurde schwieriger. Sie stand allein, und ich hatte einen Mann und drei Kinder, mit denen ich es gut hatte. Aber das war nicht das Schwierigste – es waren die verschiedenen Bedürfnisse. Schließlich haben wir die Beziehung abgebrochen. Für mich war das sehr schmerzlich, und wir konnten einander für mehrere Monate nicht sehen. Sie hat mit Frauen weitergemacht. Ich bin darüber sehr froh. Es ist ungefähr so, als ob sie etwas von mir fortsetzt. Ich weiß nun, daß ich sowohl eine Frau als auch einen Mann lieben kann. Aber die Beziehung mit einem Mann ist wertvoll für mich, ich habe keinen Grund, sie abzubrechen.«

Manchmal ist es für dich selbst schwierig festzustellen: Ich bin bisexuell. Nicht immer hast du eine Beziehung mit einem Mann und einer Frau zu gleicher Zeit. Zu dem Zeitpunkt, wenn du sehr verliebt bist, neigen wir ziemlich schnell dazu zu glauben, daß das deine endgültige Bestimmung ist. Oft wußtest du nicht einmal, daß es möglich wäre.

Als bisexuelle Frau hast du es nicht immer einfach. Manchmal ist es verwirrend, es ist undeutlich, und so quasi per Definition weißt du nicht, wo du hingehörst. Von der heterosexuellen Welt wird es als absonderlich betrachtet. Warum brauchst du eine Frau, wenn du auch mit einem Mann kannst? Einige Männer finden die Idee herrlich und erregend, aber oft in einer nicht besonders guten Weise. Manchmal steckt der Gedanke dahinter, daß du für ihn weiterhin verfügbar bist; eine Beziehung mit einer anderen Frau ist für ihn keine echte Konkurrenz. Und sich an Bildern von freienden Frauen aufzugeilen gehört zu den typischen Phantasien sexistischer Männer – solange sie nur die Vorstellung haben, daß sie sich noch dazwischenlegen können. Diese Art von Einverständnis ist meistens nicht das, worauf wir warten. Und viele bisexuelle Frauen halten nichts davon, eine Genehmigung zu bekommen, nur weil sie nicht endgültig in das andere »Lager« übergelaufen sind und das männliche Ego dabei intakt lassen. Viele bisexuelle Frauen nennen sich deshalb lesbisch. Andererseits sind lesbische Frauengruppen mißtrauisch gegenüber Frauen, die ihre Bindungen mit Männern »noch« nicht aufgegeben haben. Für das Mißtrauen gibt es Gründe genug. Viele lesbische Frauen haben mit Frauen, die sich nicht entscheiden wollten, sehr leidvolle Erfahrungen gemacht.

»Sie war verheiratet, die Frau, die sich in mich verliebte. Am Anfang traute ich mich nicht, denn ich habe schon entsprechend unangenehme Erfahrungen hinter mir mit verheirateten Frauen, die es schön fanden, mit mir zu flirten und mal was auszuprobieren, ohne ein Risiko einzugehen. Ich fühlte mich langsam ganz schön ausgenutzt. Aber sie war sehr ernsthaft und verstand auch, wie schwierig es für mich war. Anderthalb Jahre lang war es ein Tauziehen, hin und her, ihr Mann auf der einen und ich auf der anderen Seite. Anfangs schien es nicht so schwierig zu sein, er fühlte sich nicht so bedroht. Ich glaube, daß er es niemals ernst nahm. Einen Freund hätte er schlimmer gefunden. Aber als sie nicht nur ab und zu eine Nacht bei mir blieb, sondern auch mit mir in die Ferien fahren wollte, wurde er sehr aggressiv, drohte abzuhauen. Ich hielt das für eine ausgezeichnete Lösung, aber sie fand es sehr schlimm. Schließlich habe ich die Beziehung abgebrochen, weil ich die nächtlichen Szenen nicht mehr

verkraften konnte, der Mann, der mitten in der Nacht anrief oder hier heulend vor der Tür stand. Ich weiß noch immer nicht, ob sie wegen ihrer Ehe bei ihm geblieben ist, weil sie den Schritt nicht wagte oder weil ihr wirklich etwas an dem Mann lag.«

Es ist möglich, daß sich einige Frauen hinter dem Etikett »bisexuell« verstecken, um sich nicht lesbisch nennen zu müssen, weil sie Angst haben, damit endgültig die alte heilige Welt zu verlassen. Du gibst schließlich auch ein ganzes Stück Anerkennung auf. Aber es ist auch möglich, Bisexualität als eine positive Wahl anzusehen, als einen Vorschuß auf eine Zukunft, in der wir vielleicht nicht mehr wählen müssen, weil die Wahl für das eine oder andere nicht mehr so weitreichende Folgen haben wird.

»Ab und zu habe ich wohl das Gefühl, zwischen zwei Stühlen zu sitzen. Ich nenne mich lesbisch, weil ich Frauen liebe. Aber es gibt Frauen in lesbischen Gruppen, die finden, daß ich das nicht darf, weil ich manchmal auch eine Beziehung mit einem Mann habe. Aber wenn ich nicht sage, daß ich lesbisch bin, erscheint es so, als wolle ich mich verstecken, als ob ich die anderen Frauen im Stich lasse. Denn ich finde es auch nicht ehrlich, das eine oder andere abzustreiten. Wenn ich mich entscheide, streite ich einen Teil von mir selbst ab. Vielleicht ist es zu idealistisch zu glauben, es sei möglich, sich für Frauen zu entscheiden und doch nicht zu leugnen, was ich mit einigen Männern habe. Ich sage lieber nichts mehr.«

X. Frauen und Männer

Männer gehen mit Sexualität anders um als Frauen. Das läßt sich leicht feststellen, wenn du siehst, wie in der Werbung Männer mit Bildern zum Kauf verführt werden, die ihnen Sex versprechen, und Frauen mit Bildern vom wahren Glück und ewiger Romantik. Du siehst es in Büchern und Zeitschriften, die die Leute lesen: in Zeitschriften, die für Männer bestimmt sind, viel Haut, natürlich von Frauen. In Zeitschriften, die für Frauen bestimmt sind, viel über Beziehungen, Gefühle und Liebe. Die Erfahrungswelten von Männern und Frauen liegen weit voneinander entfernt. Das würde vielleicht nicht solche Probleme mit sich bringen, wenn wir nicht gleichzeitig in einer Gesellschaft lebten, in der die Beziehung zwischen Mann und Frau als die wichtigste zwischenmenschliche Beziehung gilt. Von uns wird erwartet, daß wir den größten Teil unseres Lebens mit einem Mann verbringen und diese Beziehung so wichtig finden, daß wir dafür unsere Freundinnen, Mütter, Kolleginnen aufgeben. Und meist erwarten wir selbst, daß alle unsere Bedürfnisse, vor allem auch die sexuellen, in dieser einen Beziehung erfüllt werden. Auch wenn wir uns dessen nicht bewußt sind, werden wir mit der Vorstellung erzogen, daß Männer und Frauen verschieden sind, sich aber auf wunderbare Weise ergänzen – wenn wir nur den richtigen Partner finden. Und wenn es dann in Wirklichkeit schwierig wird, suchen wir hier zuerst nach der Ursache: Es war doch nicht der Richtige, es hätte ein anderer sein müssen. Oder wir suchen die Schuld bei uns selbst.

Wenn Frauen anfangen, ehrlich miteinander zu reden, kommt viel auf den Tisch, was deutlich macht, daß Mißverständnisse und Schwierigkeiten zwischen Frauen und Männern nicht nur eine zufällige Privatangelegenheit und nicht nur auf die falsche Partnerwahl zurückzuführen sind. Es gibt viele Gemeinsamkeiten in den Erfahrungen, die Frauen mit Männern machen, was zeigt, daß es dabei um bestimmte Verhaltensmuster geht.

*»Wenn Hannes abends spät von einer Sitzung nach Hause kommt,
läßt er sich ins Bett fallen, trinkt zwei Bier hintereinander, sprudelt
alles heraus, was passiert ist, ist unheimlich fröhlich und will dann
freien. Ich habe oft das Gefühl, daß er mich kaum wahrnimmt, daß
es völlig unwichtig ist, wie es mir geht, daß er genausogut mit einer
anderen Frau bumsen könnte.«*

*»Mein Freund sagt, es mache ihm nichts aus, wenn ich mal keine
Lust habe zu freien, doch er läßt mich auf jede mögliche Weise merken, wie sehr er sich vernachlässigt fühlt. Streitet um nichts, sitzt
mißgelaunt hinter seiner Zeitung, läßt all seinen Kram rumliegen.
Ich merke, daß ich dann Schuldgefühle habe, mich besonders nett zu
sein bemühe, etwas Leckeres koche oder ihm etwas zu trinken ein-
schenke. Nur wirkt das schon wieder wie eine Einladung, also freien
wir am nächsten Abend dann doch.«*

*»Wenn wir Streit miteinander haben, kann ich nicht mit ihm ins Bett
gehen. Ich muß das Gefühl haben, daß ein Kontakt besteht, bevor
ich sexuell etwas empfinden kann. Aber bei ihm ist das genau andersherum. Er will gerade dann mit mir schlafen, um es wiedergutzumachen. Wir kommen damit nicht weiter. Ich sage, bevor ich mit ihm
schlafen möchte, will ich mich erst aussprechen. Er sagt, reden hilft
nicht, und er fühle sich mir sehr viel näher, wenn wir zusammen
schlafen.«*

*»Eigentlich ist es so, daß du mit den meisten Männern nur eine sexu-
elle Beziehung haben kannst. Zwischen Sex und nichts gibt es
nichts.«*

*»Ab und zu hat er eine Freundin. Er sagt, das ändere nichts an unse-
rer Beziehung. Und ich könne doch auch mal mit einem Freund ...
Dazu habe ich aber keine Lust, ich halte nichts von mal eben so ...
Und außerdem bezweifle ich, daß er es wirklich so leicht akzeptieren
würde. Ich glaube, er sagt es nur, weil er keine Angst hat, ich täte es
wirklich. Aber jetzt nur mit jemandem zu bumsen, um das zu beweisen ...«*

Natürlich gibt es auch Unterschiede zwischen Männern – wie eben auch zwischen Frauen –, trotzdem hat Sexualität bei Männern durchweg einen anderen Stellenwert in ihrem Leben als bei Frauen. Für Frauen ist Sexualität öfter ein Schritt zu dem Ziel: gut mit jemand umzugehen, eine Art zu kommunizieren. Für Männer ist sie viel öfter ein Ziel an sich. Wenn du dir das sehr übertrieben als Karikatur vorstellst, scheint es so, als ob Frauen sich für Männer interessieren und darum für Sex, und Männer sich für Sex interessieren und darum für Frauen. Meist wird so getan, als sei das eine natürliche Eigenschaft von Frauen und Männern, und oft wird noch die Tierwelt als »Beweis« dafür angeführt, daß Männchen nun einmal jagen und die Beute erobern wollen, und Weibchen Mütter sind und mehr versorgende Aufgaben erfüllen. Aber es gibt auch in der Tierwelt genügend Variationen, und eins ist in jedem Fall deutlich: In der Tierwelt ist es äußerst ungewöhnlich, daß Weibchen sich gegen ihren Willen paaren. Vergewaltigung ist ein typisch menschliches Phänomen.

1. Das Problem der Heterosexualität

Vom Augenblick der Geburt an wird Frauen ein anderes Zukunftsbild vermittelt als Männern. Von uns wird erwartet, daß wir Mütter werden und unsere Lebensbestimmung in einer Ehe finden, daß wir unseren Ehrgeiz, uns im Beruf weiterzuentwickeln, ohne weiteres zurückstellen für den Prinzen auf dem weißen Pferd. Auch von Männern wird erwartet, daß sie heiraten und Kinder machen, gerade deshalb jedoch in ihrem Beruf hart arbeiten müssen, damit sie Frau und Kinder ernähren können. Schon von klein auf werden bei uns Eigenschaften gefördert, die in dieses Zukunftsbild passen: Jungen werden ermutigt, tüchtig zu sein, denn sie müssen später um die besten Stellen auf dem Arbeitsmarkt kämpfen. Mädchen werden angehalten, eigene Wünsche und Bedürfnisse zurückzustellen, denn sie müssen später für andere sorgen. Zum Zeitpunkt unseres Erwachsenseins sind die Rollen festgelegt; wir erfahren sie nicht mehr als anerzogen, sondern als Charaktereigenschaften. Es braucht uns nicht mehr gesagt zu werden, daß wir als Frau nicht ehrgeizig sein dürfen, wir fühlen uns von selbst schuldig, wenn wir unsere Arbeit wichtiger finden als eine Beziehung. Wir fühlen uns unweiblich, wenn wir aggressiv werden. Frauen werden dazu erzogen zu versorgen, Männer werden dazu erzogen, den Lebensunterhalt zu verdienen. Das hat Einfluß, auch wenn wir nicht heiraten und keine Kinder kriegen. Auch in »lockeren« Beziehungen ist meist zu merken, daß du als Frau die größte Verantwortung für die Gefühlsseite trägst, daß du eher darunter leidest, wenn es nicht so gut geht, und eher die Initiative ergreifst, etwas daran zu ändern.

»Wenn er was Blödes gemacht hat, bin ich diejenige, die zu ihm gehen muß, und dafür sorgt, daß wir darüber reden. Aber wenn er sich über etwas ärgert, bin ich auch diejenige, die auf ihn zugeht, ihn aus seiner Ecke lockt, um darüber zu reden. Manchmal braucht er Stunden, bevor er zugibt, daß etwas los ist, und wenn ich das nicht mache, kann er tagelang wortlos mit versteinertem Gesicht durch die Wohnung laufen. Ich halte das nicht aus, ich kann dann nicht schlafen. Er scheinbar ja, er kann sich viel einfacher davon losmachen. Dadurch scheint es so, als ginge es fast immer um meine Probleme.«

Aufgrund unserer Konditionierung ist es schwierig für uns, die Verhaltensmuster zu ändern. Aber auch gesellschaftlich sind sie fest verankert. Frauen stehen vor Entscheidungen, die die Möglichkeiten in ihrem Leben festlegen. Wir können uns dafür entscheiden, unsere Energie in eine Beziehung zu stecken, in Partner, Kinder. Was in unserer Gesellschaft zugleich bedeutet, daß wir Hausfrauen werden; daß wir nicht nur mit der emotionalen Seite einer Beziehung beschäftigt sind, sondern gleichzeitig unserem Liebsten auch die Socken waschen und den Löwenanteil bei der Erziehung möglicher gemeinsamer Kinder übernehmen. Du kannst dich als Frau auch dafür entscheiden, deine Energie in den Aufbau einer Berufslaufbahn zu stecken, eine Ausbildung machen und versuchen, den Vorurteilen gegen »Karrierefrauen« zum Trotz eine unabhängige Existenz aufzubauen. Dann mußt du dich durchboxen in einer Gesellschaft, die Frauen viele Berufe verwehrt oder erwartet, daß du auch in deinem Beruf Hausfrau wirst. Wer von uns als Kind wie unser Bruder davon träumte, Pilot zu werden, hat das meist schon vor der Pubertät in den realistischeren Wunsch umgesetzt, Stewardeß zu werden.

Als Frau mit Beruf hast du im Gegensatz zu den meisten Männern keine Frau hinter dir, die dich versorgt, und Kinder zu haben ist fast unmöglich. Wie viele andere Frauen heute kannst du versuchen, die zwei Welten miteinander zu verbinden, Job und Familie. In der Praxis bedeutet das doppelte Belastung und Schuldgefühle auf beiden Seiten. Manchmal gelingt es, die Aufgaben so zu verteilen, daß dein Mann oder Freund einen Teil der Verantwortung für den Haushalt übernimmt. Die besten Chancen dafür haben jene, die halbtags arbeiten können und noch dazu mit dem Gehalt auskommen; und das sind wenige. Obendrein muß es ein Mann sein, der Lust dazu hat; denn obwohl viele Männer verkünden, sie begriffen nicht, warum Frauen sich darüber aufregen, wenn sie keine Lust zur Hausarbeit haben, kostet es oft die gleiche Mühe, Männer zur Hausarbeit zu bewegen, wie sie rasch selbst zu tun. Die erste Aktionsgruppe von Männern für das Recht, Haus-»frau« sein zu dürfen, muß noch gegründet werden, so gern wollen sie offenbar nicht. Sogar »progressive« Gewerkschaftsführer, die sich über »die Arbeit« ereifern, finden es nicht merkwürdig, die Hausarbeit den Frauen zu überlassen. Männer, die verstehen, was es heißt, allein die Verantwortung für Kinder und Haushalt zu tragen, sind fast ausschließlich dazu gezwungen worden, z. B. weil ihre Frauen eine Zeitlang krank waren oder die Ehe geschieden wurde.

»Wir sind in der elitären Situation, beide halbtags zu arbeiten und doch noch gut mit dem Geld auszukommen. Wir haben auch mit

Kindern gewartet, bis wir gut eingearbeitet waren, weil es schwierig ist, eine Arbeit ganz von vorn aufzubauen, wenn du schon Kinder hast. Wir machen beide gleichviel im Haushalt und mit den Kindern, zumindest versuchen wir es. Aber wirklich einfach ist das noch immer nicht. Ich fühle mich prima bei meiner Arbeit. Er merkt jetzt, daß ihn seine alten Kollegen, die ganztags arbeiten und eine Frau zu Hause haben, die ihnen den Haushalt macht, überrunden. Damit hat er doch Schwierigkeiten, auch wenn er da eigentlich nicht mitmachen will. Ich bin außerdem oft mit Freundinnen unterwegs, habe eine Menge Aktivitäten außer Haus und er viel weniger. Manchmal ist die Atmosphäre sehr gespannt. Selbstverständlich ergreife ich dann die Initiative und rede darüber. Dann stellt sich heraus, daß er das Gefühl hat, ich schiebe ihm die meiste Verantwortung für die Kinder zu, gehe einfach weg, ohne Rücksicht auf ihn zu nehmen. Aber wenn wir dem dann tatsächlich nachgehen, wieviel Zeit er mit den Kindern verbringt und wieviel ich, tun wir gleichviel. Gerade wenn ich das Gefühl habe, daß es gleich verteilt ist, glaubt er, es werde von ihm zuviel verlangt. In letzter Zeit ist er ziemlich oft mit einer jüngeren Arbeitskollegin unterwegs. Im Prinzip haben wir beide unsere eigenen Freunde. Aber jetzt werde ich doch unsicher. Ich bekomme das Gefühl, daß sie viel attraktiver ist. Mit ihr braucht er sich nicht darüber zu streiten, wer die Kinder zum Kindergarten bringt und wer schuld ist, daß die Katzen nichts zu fressen hatten. Sie findet ihn phantastisch und bewundert ihn in seiner Arbeit. Manchmal beginne ich zu zweifeln, ob er wirklich lieber mich als Kumpel will, auf gleicher Ebene, oder nicht doch lieber so ein altmodisches junges Mädchen, das ihm das Gefühl gibt, ein toller Typ zu sein.«

Männer haben es auch nicht einfach. Während es Frauen schwerfällt, dafür verantwortlich zu sein, daß jeder in ihrer Nähe gesund, zufrieden und ausgeglichen ist, ohne sich dabei selbst völlig zu vergessen, ist es für Männer eine schwere Verantwortung, genügend Geld nach Hause zu bringen, um gut davon leben zu können. Der Leistungsdruck ist für Männer sehr groß. Viele Arbeiten sind keineswegs angenehm, und es ist die Frage, wie viele Männer weiterhin ihre Arbeit verrichten würden, wenn nicht das Geld notwendig wäre, und ob sie genauso hart arbeiten würden, wenn es nicht sein müßte. Männer und Frauen werden in bestimmte Verhaltensweisen gezwängt. Allerdings hat die Position des Mannes eine Reihe gesellschaftlicher Vorteile, die die meisten Männer nicht gern aufgeben möchten, und wenn sie ihr Rollenklischee durchbrechen, haben Männer mehr zu verlieren als Frauen. Die Tatsache, daß Männer Geld verdienen oder jedenfalls mehr verdienen, gibt ihnen ein inneres Gleichgewicht. Außerdem haben Männer Frauen, an denen sie ihre Spannungen abreagieren können.

Was sag'ich heut' bloss.
Migräne?
Pariser sind alle?
Pille vergessen?
gerade die fruchtbaren Tage?
Pilze, Tripper?
Eierstockentzündung?
es geht nicht wegen der Kinder?
vom Fahrrad gefallen und Oberschenkel verstaucht?
Müde?

Daß auch Sexualität von Männern und Frauen unterschiedlich erfahren wird, weil sie eine andere Lebensweise haben, liegt ziemlich auf der Hand. Es ist die Aufgabe von Frauen, ihren Mann zu versorgen. Dies trifft nicht nur bei verheirateten Frauen zu, sondern in mehreren Abwandlungen genauso bei alleinstehenden selbständigen Frauen. Die Versorgung umfaßt nicht nur materielle Dinge wie Essen, ein gemütliches Heim und saubere Kleidung, sondern auch die emotionale Fürsorge. Hausfrauen sind oft gleichzeitig Sozialarbeiterinnen. Wir empfinden das nicht als Arbeit, wir denken nur: Er macht sich wegen irgend etwas Sorgen, es geht ihm nicht gut. Wir fühlen uns dann verantwortlich und versuchen etwas zu tun. Im Prinzip sollte diese Verantwortung andersherum genauso gelten, aber das ist nur selten der Fall. Wir sind darin geübt, bevor er sagt, daß er sich nicht gut fühlt, schon zu merken, daß er nicht gerade fröhlich aussieht. Und wir fühlen uns aufgrund unserer Konditionierung viel schneller schuldig. Wir fühlen uns meist mehr für seine Bedürfnisse verantwortlich als umgekehrt.

Eins dieser Bedürfnisse ist Sex. Das steht nicht mit vielen Worten im Ehevertrag, aber wir wissen es alle. Ohne Sex ist eine Ehe keine »echte« Ehe, und eine lockere Beziehung »nur« eine Freundschaft. Früher gingen Männer davon aus, ein Recht auf Sex zu haben, und Frauen glaubten, er gehöre zu ihren Pflichten. So schlimm ist es nicht mehr überall, obwohl offenbar auch noch jetzt die Hälfte der verheirateten Frauen in den Niederlanden wenig Spaß am Sex hat und doch normal findet, daß gebumst wird. Immer noch ist es für Männer normal, daß sie Sex als Belohnung für gutes Verhalten empfinden, eine Art sich zu entspannen, als Freizeitbeschäftigung. Während es für viele Frauen auf einer Ebene liegt mit ihrer sonstigen Versorgungsarbeit, die sie für die Erhaltung einer Beziehung verrichten: etwas Leckeres kochen, Verständnis aufbringen für seine Müdigkeit und bumsen, weil *er* so ein Bedürfnis danach hat.

Sex ist nicht nur ein technisches oder romantisches Ereignis zwischen den Laken, weit weg vom übrigen Teil unserer Beziehungen. Alles hängt damit zusammen, wie der Rest unseres Lebens aussieht. Darum unterscheiden sich nicht nur Frauen und Männer darin, wie sie Sexualität erleben, sondern auch Menschen in unterschiedlichen gesellschaftlichen Positionen, also in unterschiedlichen Schichten der Bevölkerung. In allen Schichten der Bevölkerung schneiden Frauen, was Spaß an der Sexualität angeht, schlechter ab als Männer. Aber Menschen mit geringer Ausbildung, Frauen und Männer, schlechter als die mit höherer Ausbildung. Bisher gab es dafür kaum eine Erklärung, außer der vagen Idee, daß weiter »entwickelte« Menschen vielleicht besser aufgeklärt waren. Ich denke, es hat weniger mit Aufklärung zu tun als mit der spezifischen gesellschaftlichen Position. Bei Frau-Mann-Beziehungen wird quer durch alle Klassen hindurch erwartet, daß er dominiert und sie für seine Bedürfnisse verantwortlich ist. Von daher ist dann auch verständlich, daß Männer um so mehr an ihren Frauen abzureagieren haben oder jedenfalls einen Ausgleich erwarten, je schlechter sie sich außer Haus fühlen. Männer mit besserer Ausbildung und mehr Möglichkeiten auf dem Arbeitsmarkt haben mehr Grund zur Zufriedenheit. Gerade Männer, die sich außer Haus am unzufriedensten fühlen und am wenigsten Anerkennung erhalten, haben in ihrem Verhältnis zu Frauen am meisten das Bedürfnis, sich als

»echte Männer« zu zeigen. Und ein »echter« Mann ist in dieser Gesellschaft jemand, der keine Frauenarbeit macht, nicht »sentimental« wird und auf sexuellem Gebiet etwas zu leisten versteht. Und das ist genau die Sorte Männer, mit denen Frauen am wenigsten Spaß haben. Weil unsere Sexualität in einer Beziehung mit einem Mann erst zu ihrem Recht kommt, wenn wir einander als gleichwertig ansehen können, wenn wir genausoviel Wärme und Verständnis bekommen, wie wir geben. Und weil das typisch männliche sexuelle Verhalten: bumsen wegen des Höhepunkts, für uns äußerst unbefriedigend ist.

natürlich ist
unsere weibliche
Natur
unnatürlich!!
JIPPIEE

»Als er arbeitslos wurde, fanden wir das zuerst nicht so schlimm. ›Endlich Zeit für all die Dinge, zu denen wir sonst nie kommen‹, sagte er. Aber ich merkte doch, daß er Probleme damit hatte und es als Blamage empfand. Er erfand beispielsweise immer Ausreden, um die Kinder nicht von der Schule abzuholen. Als ich das ansprach, stellte sich heraus, daß er es furchtbar fand, zwischen den Frauen auf die Kinder zu warten. ›Die einzigen Männer, die da stehen, sind arbeitslos‹, sagte er, ›ich will nicht dazugehören.‹ Ich merkte auch, daß er entsetzlich unruhig wurde und ständig bumsen wollte. Als ob er beweisen wollte, daß er noch was konnte.«

Solange Männer das Elend, dem sie in der Welt begegnen, an Frauen abreagieren und solange Sex ein Ersatz dafür wird, Leistungen zu erbringen, geht es mit den sexuellen Beziehungen zwischen Frauen und Männern nicht gerade gut. Und solange Männer Frauen brauchen, um ihre Männlichkeit aufzupolieren, werden sie selbstverständlich vor allem Beziehungen mit den Frauen attraktiv finden, bei denen ihre Dominanz garantiert ist. Es ist gegenwärtig nicht mehr in Mode, laut zu sagen, daß du am liebsten eine abhängige Frau möchtest, aber immer noch ist es so, daß Männer meist Frauen gefallen, die jünger, kleiner und »untergeordneter« sind; auch im Porno werden die Objekte immer jünger. Während inzwischen immer weniger Frauen etwas von dem altmodischen sturen Männerbild halten und Männer suchen, die nicht auf sie hinabsehen und sie nicht für ein Mannweib halten, wenn sie sich nicht unterdrücken lassen. Der »Markt« für Männer, die nur mit Frauen »unter« ihnen bumsen können, wird immer kleiner, je weniger Frauen Lust haben, unten zu liegen. Das macht viele Männer aggressiv, u. a. gegen »die Feministinnen«, die »normale« Frauen »aufhetzen«. Und eine Zunahme der Vergewaltigungen könnte sehr wohl damit zusammenhängen.

Aber auch Männer, die nicht von sich glauben, sich besonders durch die Unterwürfigkeit von Frauen angezogen zu fühlen, verhalten sich oft so, daß sie mit intelligenten Frauen gern reden, aber doch etwas Angst vor ihnen haben und lieber mit Frauen freien, die zu ihnen emporschauen. Wir können Anerkennung erzwingen, aber wir können nie fordern, daß uns jemand nett findet. Und so machen sich viele Frauen »kleiner«, damit ein für sie interessanter Mann sie nett findet; so äußern sie beispielsweise nicht so schnell ihre Meinung, sondern erkundigen sich sehr interessiert nach seiner Ansicht; sie versuchen, gerade so intelligent zu erscheinen, daß er ein gutes Publikum an ihnen hat, aber nicht mehr; beim Türöffnen oder Einsteigen ins Auto täuschen sie eine Hilflosigkeit vor, die sie nicht haben, wenn sie allein sind. Das funktioniert vielleicht eine Zeitlang, denn viele Männer fallen darauf herein, aber es rächt sich von selbst. Schließlich finden viele Frauen es bestimmt nicht angenehm, krampfhaft dümmer zu erscheinen und weiterhin »seine kleine Frau« zu spielen.

Es gibt Männer, die allmählich versuchen, genauso wie Frauen, ihre alten Verhaltensweisen abzulegen und Frauen als Menschen zu sehen. Aber sexuelle Verhaltensmuster sind lange eingeübt und nicht so einfach zu verändern. Sicher nicht, wenn die gesamte gesellschaftliche

Struktur um uns herum ständig bestätigt, daß Männer eigentlich die Bosse sind – und Pantoffelhelden, wenn Lust und Machtgefühl nicht mehr dasselbe für sie ist.

Frauen, die nicht mehr akzeptieren, daß sie nur attraktiv gefunden werden, wenn sie sich selbst kleiner machen, können vorläufig den überwiegenden Teil der Männer von ihrer Wunschliste streichen. Um so wichtiger also, daß wir uns in unseren erotischen Bedürfnissen von dem Prinzen auf dem weißen Pferd unabhängiger machen.

XI. Vergewaltigung – und was sie mit »normalem« Sex zu tun hat

Fast alle Frauen kommen in ihrem Leben irgendwann einmal mit Vergewaltigung oder Mißhandlung in Berührung. Eine von 200 Frauen wird jährlich vergewaltigt oder muß sich gegen den Versuch der Vergewaltigung wehren. Das ist dann nur die Form von sexueller Gewalt, die als Vergewaltigung bezeichnet wird. Erzwungener Sex besteht in noch ganz anderen Formen, die nicht unter die gebräuchliche Definition von Vergewaltigung fallen.

.. und abends habe ich dann noch einen Hammer in der Hosentasche

Mißhandlung ist auch viel verbreiteter, als wir glauben möchten. Überall wo ein Frauenhaus eröffnet wird, füllt es sich in kürzester Zeit mit Frauen und Kindern. Wenn wir bedenken, wie schwierig es für Frauen ist wegzulaufen, wird klar, daß es sich dabei nur um die Spitze eines Eisberges handelt. Auch in Erste-Hilfe-Stationen ist bekannt, daß die Frauen, die sich dort eine geplatzte Lippe nähen oder eine gebrochene Rippe behandeln lassen, nicht alle die Treppe heruntergefallen sind; doch das wird kaum bekanntgemacht. Frauen, die »einfach« ein blaues Auge bekommen, verstecken sich lieber zu Hause, statt zum Arzt zu gehen. Wir haben alle etwas damit zu tun. Und wenn wir nur nachts unsere Nachbarin schreien hören und nicht wissen, was wir tun sollen, oder uns abends auf der Straße unterschiedlich verhalten, je nachdem ob wir allein oder mit einem Mann zusammen sind.

Allgemein wird angenommen, daß Vergewaltiger abnormale Männer, gestörte Männer sind; weiterhin, daß Frauen, die vergewaltigt werden, es selbst provoziert oder sogar Spaß daran haben. Mißhandlung in der Ehe wird leicht abgetan als etwas, woran die Frau selbst schuld ist, vielleicht hat sie ihn so gepiesackt, daß er seine Selbstbeherrschung verlor. Diese Auffassungen führen dazu, Vergewaltigung und Mißhandlung als Privatprobleme von anderen zu sehen – bis wir selbst mal dran sind. Wir bekommen Schuldgefühle, weil wir so naiv gewesen sind, uns in eine Situation zu begeben, in der wir vergewaltigt werden konnten, oder wir haben das Gefühl zu scheitern, weil wir nicht imstande gewesen sind, unsere Beziehung so zu führen, daß er nicht den Wunsch bekommen hätte, alles kurz und klein zu schlagen; wir schämen uns deshalb und reden nicht so leicht darüber. Wenn wir einen Autounfall haben, können wir das jedem erzählen, auch wenn wir unvorsichtig gewesen sind und nicht gut aufgepaßt haben, aber wenn wir vergewaltigt worden sind, ist das nicht so einfach.

Es ist wichtig, daß wir unsere Erfahrungen weitergeben, uns weigern, uns länger dafür zu schämen, daß wir angegriffen und erniedrigt werden. Es ist auch notwendig, unsere Erfahrungen zu verarbeiten und zu analysieren, weil sich dann Vergewaltigung als gar nicht etwas so Besonderes und Außergewöhnliches herausstellt. Es gibt zahlreiche Zwischenformen von Vergewaltigung, vom Anmeckern und der Mitteilung, daß du nicht so prüde sein sollst, bis hin zum Messer an der Kehle, mit dem du gezwungen wirst. Vergewaltigung ist ganz einfach die äußerste Fortsetzung ganz gängiger Aufassungen über Sexualität und Machtverhältnisse zwischen Frauen und Männern. Genauso wie Mißhandlung einfach die äußerste Fortsetzung ist von Beziehungen, in denen Frauen machtlos gemacht worden sind, weil ihnen die Chancen genommen wurden, selbständig zu leben, in denen Männer es als selbstverständlich betrachten, daß sie mit ihrem Lohn das Verfügungsrecht über den Körper ihrer Frau gekauft haben.

1. Die Tatsachen

– Vergewaltiger sind selten »abnormal«. Untersuchungen bei Vergewaltigern zeigten, daß sie nicht mehr gestört sind als »normale« Männer. Nur bei einer kleinen Gruppe von Vergewaltigern, die wiederholt fremde Frauen anfallen, ergab sich, daß sie im Durchschnitt aggressiver sind als andere Männer und die Aggressionen lange verdrängen.

– Vergewaltiger sind nicht immer die widerlichen Typen, die aus dem Gebüsch kommen. In der Hälfte der Fälle handelt es sich um Bekannte, alte Freunde, Nachbarn, Ehemänner oder Väter. Eine Vergewaltigung findet auch nicht immer im Freien statt, viele Vergewaltigungen passieren zu Hause oder in einer Umgebung, in der du dich vertraut und sicher fühltest.

– Vergewaltiger sind nicht in erster Linie Männer, die sexuell frustriert sind. Die meisten Vergewaltiger hätten sehr gut ihre sexuellen Bedürfnisse auch anderswo befriedigen können. Es gehört zu unserem weiblichen Verhalten, Mitleid mit den Männern zu haben, die nicht zum Zuge kommen können, Verständnis für besonders unterdrückte Männer zu haben. Bis wir selbst an der Reihe sind. Wäre sexuelle Frustration eine Ursache von Vergewaltigung, dann wären Frauen Vergewaltiger, nicht Männer.

Vergewaltigung ist eher ein Bedürfnis nach Rache, danach, jemanden zu erniedrigen, Aggressionen abzureagieren, als nach Sex. So wird Unterdrückung weitergegeben: Wenn ein Mann es schwer hat, kann er sein »Männlichkeits«-gefühl erhalten, indem er seine Frau in der Küche herumstößt und schlägt oder eine arglose Frau, die nicht mißtrauisch genug ist, erniedrigt und ihr sexuelle Handlungen abverlangt.

– Vergewaltigung findet nicht statt, weil ein Mann plötzlich von unbezwingbaren Trieben übermannt wird. Viele Vergewaltigungen sind vorher geplant, so in dem Stil, »das Weibsstück, da muß ich mal drauf«, oder »ich nehme mir die erstbeste Frau, der ich begegne«. Außerdem sind Vergewaltigungen oft Situationen, in denen ein Mann eine »Falle« stellt, anbietet, dich heimzufahren, sich selbst zu einer Tasse Kaffee einlädt und davon ausgeht, daß eine Frau darum gebeten hat, wenn sie arglos darauf eingeht.

– Frauen verlangen *nicht* danach, vergewaltigt zu werden. Es ist nicht so, daß eine Frau, die wirklich nicht will, einen Vergewaltiger abwehren kann. Manchmal ist eine Frau starr vor Schreck, manchmal ist sie überrascht, weil es jemand ist, dem sie vertraute, manchmal wird mit Waffen gedroht. Ab und zu gelingt es einer Frau, einer Vergewaltigung zu entkommen, indem sie schreit und kämpft, aber das Risiko beim Schreien und Kämpfen liegt auch immer in der Gefahr, umgebracht zu werden, und deshalb wehren sich viele Frauen sich nicht.

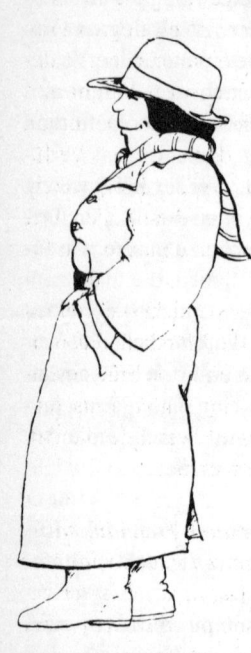

– Frauen, die vergewaltigt werden, haben nicht dazu »aufgefordert«, weil sie zu provozierend gingen oder weil sie flirteten. Das spielt kaum eine Rolle, auch nicht, wie du aussiehst. Sechzigjährige Frauen, die sich davor sicher glaubten und allein den Hund ausführten, konnte es genauso passieren wie Frauen, die mit einer Mütze bis tief über die Ohren und in einer unförmigen Jacke einen Spaziergang durch die Dünen machten. In deinem eigenen Bett kann es geschehen. Die Chance ist höchstens etwas geringer, wenn du nie ohne Mann auf die Straße gehst, nicht im Wald oder in den Dünen spazierengehst, drei Schlösser in der Tür hast und nie aufmachst, wenn dein Mann nicht daheim ist, dich nie heimfahren läßt oder mit einem Mann mitgehst, auch wenn es ein Freund oder Kollege ist, und eigentlich auch nicht mit einem Mann zusammenwohnst, denn auch der könnte es tun. Jede Frau zu beschuldigen, eine Vergewaltigung provoziert zu haben, ist genauso idiotisch, wie jeden Mann, der mit einer Brieftasche auf die Straße geht, zu beschuldigen, er sei darauf aus, einen Schlag über den Schädel zu kriegen und beraubt zu werden. Und es ist ebenso absurd, von Frauen zu erwarten, daß sie sich ständig einschließen, um nicht vergewaltigt zu werden. Täter werden eingeschlossen, nicht Opfer.

– Vergewaltigung ist *kein* Sex. Das wird oft gedacht. Also warum regen Frauen sich darüber auf? Es gibt Männer, die sagen: »Ich wollte, ich würde mal so richtig schön vergewaltigt.« Wenige Männer haben überhaupt eine Vorstellung davon, wie erniedrigend es ist, wenn jemand gegen deinen Willen deinen Körper gebraucht, als ob es ein Ding ist. So lange, bis es um *ihre* Frau oder ihre Tochter geht, aber dann spielt der verletzte Männerstolz oft eine größere Rolle als das Mitgefühl. Sein Besitz wird berührt, er scheitert, weil er »seine« Frau nicht beschützen konnte. Die Vorstellung, Vergewaltigung sei Sex, führt auch dazu, daß die sexuelle Erfahrung der vergewaltigten Frau unter die Lupe genommen wird. Eine verheiratete Frau zu vergewaltigen, ist schlimmer als ein Mädchen, das zur Untermiete wohnt und mehrere Freunde hat. Die Prostituierte kann schon fast per Definition nicht vergewaltigt werden. Dabei wird verkannt, daß es um das Verfügungsrecht über unseren eigenen Körper geht, um die Möglichkeit, selbst zu bestimmen, mit wem und wann wir etwas erleben wollen. Das gilt für ein unerfahrenes vierzehnjähriges Mädchen genauso wie für eine Hure mit zehn Kunden pro Tag.

Frauen befinden sich oft in einer Position, in der sie nicht die Freiheit haben, wegzugehen oder nein zu sagen. Durch die Märchen, daß Vergewaltiger immer gefährliche Psychopathen sind und eine Frau eigentlich ja doch Lust dazu hat, haben viele Männer eine schöne Entschuldigung. Viele Männer wären aufrichtig überrascht, wenn du die Art, wie sie Sex abverlangen, als Vergewaltigung bezeichnest.

»Als sich herausstellte, daß mein Mann eine andere Freundin hatte, habe ich mich in großem Schmerz von ihm getrennt. Ich wünschte mir in dem Augenblick etwas Unterstützung. Die fand ich unter anderem bei einem Freund, der oft kam. Ich sehnte mich sehr nach Wärme, aber überhaupt nicht nach Sex. Er schien das zu verstehen und sagte: ›Du trauerst eigentlich noch.‹ Dann sagte er: ›Aber das heißt doch nicht, du dürftest dir selbst kein Glück gönnen?‹ Ich fiel auch noch darauf herein, bis ich merkte, daß er unter Glück verstand, daß wir bumsen müßten. Erst hinterher wurde mir klar, von wessen Glück er redete, nämlich von seinem. Daß er in dieser Situation doch nicht auf meine Bedürfnisse eingehen konnte, hat die Freundschaft sehr vergiftet.«

Durch die Mißverständnisse über Vergewaltigung erkennen wir selbst nicht mehr die Situation, in der von sexueller Gewalt die Rede ist. Wenn du unter Vergewaltigung jede Form von erzwungener Sexualität verstehst, kommt Vergewaltigung sehr oft vor: wenn Mädchen von Vätern oder Stiefvätern mißbraucht werden; wenn eine Frau vom eigenen Mann gezwungen wird, auch wenn das nach dem Gesetz nicht Vergewaltigung heißt, weil der Gesetzgeber offenbar davon ausgeht, mit der Unterzeichnung eines Ehevertrages das Verfügungsrecht über deinen Körper deinem Mann übertragen zu haben; wenn du in deinem Job gezwungen wirst, mit deinem Chef ins Bett zu gehen, und du nachgibst aus Angst, deine Arbeit zu verlieren; wenn ein Freund dich überwältigt und du nachgibst und nicht schreist, weil dir sonst deine Vermieterin das Zimmer kündigt.

2. Machtverhältnisse

Solange wir Vergewaltigung als einen Vorgang definieren, bei dem wir von einem Psychopathen in die Büsche gezerrt werden, brauchen wir uns auch nicht zu fragen, was Männer dazu treibt, Frauen zu vergewaltigen. Die meisten Frauen finden es unbegreiflich, daß jemand Spaß hat an Sex mit jemandem, der keine Lust dazu hat. Ich kenne keine Frauen, die sich vorstellen können, das schön zu finden; mir erscheint es ausgesprochen reizlos. Also folgern wir daraus, Männer sind »anders«, eine Art Marsbewohner mit merkwürdigen Triebanfällen, die sie nicht beherrschen können.

Doch wenn wir die gesellschaftliche Arbeitsteilung zwischen Frauen und Männern betrachten und die Rolle, die die Sexualität darin spielt, wird vieles deutlicher. Männer gehen davon aus, daß sie das Recht auf Sex haben. Wenn sie verheiratet sind, haben sie sogar dafür »bezahlt«. Sex, das sind Frauen. Wenn du es nicht geschenkt kriegst, nimmst du es dir. Eine Kultur unter Männern, die »Männlichkeit« gleichsetzt mit Frauen erobern und vernaschen können, vereinfacht dies noch. Reklame und Porno bestätigen dieses Bild ständig. Frauen werden als Dinge abgebildet, als käufliche Ware. Als Belohnung, als Freizeitbeschäftigung, wie Autos und Getränke. Es ist also nicht so sonderbar, daß einige Männer denken, wenn du dir Sex, eine Frau, kaufen kannst, kannst du sie auch einfach nehmen. Hinzu kommt noch etwas anderes. Unterdrückte Gruppen haben die Neigung, ihre Unterdrückung an Gruppen »unter« ihnen abzureagieren. Alle kennen die Geschichte vom Chef, der den Mann tadelt, der dann seine Frau anschreit, die ihrem Kind eins hinter die Ohren gibt, das dann die Katze kneift.

In unserer Gesellschaft ist es normal, daß Männer ständig ihre Männlichkeit unter Beweis stellen müssen. Für Männer mit einem guten Job, der ihnen Anerkennung in ihrer Umgebung sichert, spielt das vielleicht eine geringere Rolle. Aber es gibt nicht so viele Arbeitsplätze, auf denen die Männer sich nicht beweisen müssen: meistens basiert die Arbeit auf gegenseitiger Konkurrenz, darauf, daß Chefs befehlen und Untergeordnete gehorchen. Das verletzt jedes menschliche Selbstwertgefühl, nur empfinden Männer es häufig als Verletzung ihres »Mann«-Seins. Aber es gibt auch Männer, die ihre Männlichkeit ständig beweisen müssen, die sich durch die kleinsten Dinge in ihrem männlichen Ego gekränkt fühlen: eine Frau, die eine Verabredung nicht einhält, die mehr verdient als er oder auf sein Verbot, arbeiten zu gehen, nicht hört; Kollegen, die ihn verspotten; vielleicht wurde er auch in seiner Jugend schon damit geärgert, daß er klein und mager war oder noch eine Piepstimme hatte, als andere Jungen schon im Stimmbruch waren. Für viele Männer hängt ihr Status als »echter« Mann unmittelbar mit ihrer sexuellen Leistung zusammen.

Bei Inzest geht es beispielsweise kaum um Sex, sondern vor allem um Macht. Väter, die regelmäßig ihre Töchter mißbrauchen, sind meist autoritäre Männer, die davon ausgehen, daß sie der Herr im Hause sind. Tatsächlich übertreiben sie alles, was wir gelernt haben normal zu finden: daß ein Mann Oberhaupt einer Familie ist, der Geld nach Hause bringt und dafür versorgt wird. Zu dieser Versorgung gehört Sex. Ebenso selbstverständlich wie davon ausgegangen wird, daß die Töchter den Haushalt machen, wenn die Mutter nicht kann, ist für diese Väter, daß sie auch ihre sexuellen Bedürfnisse an ihnen abreagieren können, wenn ihre Frau krank ist oder in ihren Augen nicht mehr attraktiv. Mädchen, die von ihren Vätern vergewaltigt werden, befinden sich in einer noch ohnmächtigeren Position als verheiratete Frauen. Sie stehen unter der Vormundschaft ihrer Eltern und können nicht ohne Zustimmung weg. Oft sind sie sehr isoliert. Gerade autoritäre Männer verbieten den Frauen »ihrer« Familie häufig, Kontakte außer Haus zu knüpfen. Und außerdem: Fast niemand glaubt es ihnen, wenn sie den Mut aufbringen, doch irgendwo zu erzählen, daß sie von ihrem Vater mißbraucht werden. Ein Viertel aller amerikanischen Frauen wird vor ihrem achtzehnten Lebensjahr sexuell mißbraucht, meist von Bekannten. Vergewaltigung ist also nichts Besonderes und steht in engem Zusammenhang mit der herrschenden Machtverteilung zwischen Frauen und Männern. Aussage eines Vergewaltigers: »Ihre Reaktionen gaben mir ein Gefühl der Befriedigung, als ich sie zwang, nackt über die Straße zu laufen und sexuelle Handlungen zu begehen, die sie so sehr erniedrigten, daß sie völlig außer sich geriet. Darum ging es mir. Die Vergewaltigung war nicht so wichtig. Ich brauchte auch sehr lange dazu, hatte Mühe, eine Erektion zu behalten und einen Orgasmus zu bekommen. (. . .) Ich wollte, daß sie sich selbst auszog, ich wollte, daß sie sich schämte und mißbraucht fühlte. Ich packte sie am Hals und schüttelte sie. Ich fühlte mich mächtig und konnte nicht aufhören damit. Ich sagte zu ihr so etwas wie: ›Hör zu, alte Zicke, du ziehst dich jetzt aus, oder ich bringe dich um. Was denkst du, wer du bist.‹ Ich fühlte mich stark und imstande sie umzubringen.« (Aus: »Understanding sexual attacks« von West, Roy und Nichols.) Wir können verstehen, warum Männer in dieser Gesellschaft sich ständig beweisen müssen, daß sie Männer sind, und daß das, je machtloser sie sich fühlen, mit Gewalt verbunden ist. Aber es gibt keinen einzigen Grund dafür zu akzeptieren, daß diese Aggressionen an uns ausgelassen werden.

3. Was Vergewaltigung für uns bedeutet

Vergewaltigung hat zahlreiche Folgen für uns. Eine solche Erfahrung ist für Frauen nur schwer zu verarbeiten. Dadurch können sie lange Zeit vor allem, was mit Sex oder Männern zu tun hat, einen Ekel empfinden.

»Ich saß mit einer Freundin in einer Espressobar. Da setzte sich ein

Mann neben uns und erzählte, er käme aus Mozambique, arbeitete in irgendeiner Befreiungsbewegung. Weil ich mit einer Freundin zusammen war, fand ich es ganz selbstverständlich, sich mit ihm zu unterhalten. Wäre ich allein gewesen, hätte ich mich schneller davongemacht. Ich habe mich sehr gut mit dem Mann unterhalten, darüber, warum er in den Niederlanden sei, über die Diskriminierung der Schwarzen hier und so weiter. Ich hatte hernach wirklich ein gutes Gefühl. Als er fragte, ob ich am nächsten Tag bei ihm vorbeikommen würde, mit meiner Freundin, dachte ich zuerst, warum eigentlich nicht. Sie sagte dann, daß sie nicht könne, und daraufhin meinte er: ›Dann komm doch allein.‹ Ganz kurz schoß mir durch den Kopf: Das mußt du nicht machen. Aber ich fand das kindisch und mißtrauisch von mir, gerade nach einem Gespräch über Diskriminierung. Ich fühlte mich verpflichtet, ihm zu zeigen, daß ich keine Angst vor ihm hatte. Das Merkwürdige ist, daß ich es bei einem weißen Mann wahrscheinlich nicht getan hätte, aber weil ich nicht auch diskriminieren wollte, ging ich doch. Sofort als ich kam, schloß er die Tür ab und griff mich. Es war sofort klar, wie dumm ich gewesen war. Ich dachte, nachher schließt er mich hier tagelang ein oder tut noch Schlimmeres, weil ich ihn wiedererkennen und anzeigen kann, weil ich weiß, wo er wohnt. Ich habe ihn also gewähren lassen. Er glaubte, ich hätte es schön gefunden. Er bedrängte mich, noch mal wiederzukommen. Wahrscheinlich ging er davon aus, daß ich, weil ich allein gekommen war, schon vorher wußte, was passieren würde. Ich habe ihn nicht angezeigt. Ich dachte, ich habe nicht die geringste Chance; niemand glaubt mir, daß ich nicht wollte. Wochenlang ging es mir dreckig, und ich habe hysterisch geheult. Auch weil ich mich durch das, was er mit mir gemacht hatte, so verraten fühlte, während ich ihm gezeigt hatte, daß ich ihm vertraute. Noch immer wird mir schlecht, wenn ich einen schwarzen Mann sehe. Ich finde das sehr schlimm, ich kann doch nicht alle Schwarzen dafür verantwortlich machen, aber es ist einfach ein Reflex, ich kann's nicht ändern. Inzwischen verstehe ich, daß ich aus Naivität nicht darüber nachgedacht hatte, daß er aus einer anderen Kultur kam. Da gehen Frauen vielleicht nicht als Freunde zu einem Mann. Er muß geglaubt haben, ich wollte etwas anderes. Jedenfalls war das ein harter Lernprozeß.«

Vergewaltigung hat Folgen für alle Frauen. Es bedeutet für uns, daß wir uns in dieser Welt unsicher fühlen.

»Ich gehe die Straße entlang – um Mitternacht. Ich höre Schritte hinter mir. Ich merke, daß sonst niemand auf der Straße ist. Ich laufe schneller. Ich muß an mehreren dunklen Hauseingängen vorbei. Meine Kehle wird trocken, mein Herz klopft, ich suche in meiner Jackentasche meinen Schlüsselbund. Ich gucke nach erleuchteten Fenstern. Als ich um die Ecke gehe und die Schritte nicht mehr höre, kann ich wieder atmen, laufe langsamer und lasse den Schlüsselbund wieder los.«

Ein ganz alltägliches Erlebnis, so normal, daß wir uns dessen kaum bewußt sind. Wenn wir Meßapparate dafür hätten, könnten wir bei uns feststellen, daß wir abends allein auf der Straße immer physische Angst erleben, sobald wir Schritte hinter uns hören oder von weitem eine Gruppe Männer auf uns zukommen sehen. Das bedeutet: Wir fühlen uns als unerwünschte Gäste in unserer eigenen Welt, gehen nicht mehr allein am Strand spazieren oder fahren allein in Ferien oder laufen abends ein Stück. Viele Frauen sind sich nicht bewußt, wie normal sie es inzwischen finden, in einer feindlichen Welt zu leben, weil sie selbstverständlich alle gefährlichen Situationen meiden: Wir gehen nicht ohne einen Mann ins Kino, nicht allein im Dunkeln spazieren. Um so schockierender ist es dann, wenn du im eigenen Bett, von einem Bekannten, vergewaltigt wirst. Sexuelle Angriffe bringen dich vor allem deshalb so aus der Fassung, weil sie dir das Gefühl geben, nirgends mehr sicher zu sein, niemandem vertrauen zu können. Es bedeutet für uns also auch, daß wir viel mißtrauischer werden, als wir eigentlich möchten. Bist du nicht mißtrauisch genug und glaubst einem Mann aufs Wort, wenn er anbietet, dich heimzufahren, oder wenn er auf eine Tasse Kaffee mit zu dir kommen will, hast du es »verlangt«, wenn es dich erwischt. Wenn du deinem Mißtrauen konsequent folgst, nie einen Mann mitnimmst, dich nie im Auto heimfahren läßt, einen Freund, der abends vorbeikommt, vor der Tür stehen läßt, dann bist du in ihren und wahrscheinlich auch in deinen Augen eine neurotische Zicke.

Diese Zwiespältigkeit führt dazu, daß wir es nie richtig machen und uns fast immer schuldig fühlen, egal was passiert. Eine normale Reaktion nach einer Vergewaltigung ist eine furchtbare Verwirrung und Abscheu vor uns selbst.

Solange die Machtverhältnisse zwischen Frauen und Männern sich nicht ändern, wird es Vergewaltigungen geben und werden Frauen gegen ihren Willen zum Sex gezwungen werden. Die Verhältnisse selbst müssen sich also ändern.

Es dürfte nicht passieren, daß eine Frau sich mißhandeln läßt, weil sie keine Möglichkeit hat fortzugehen. Oder daß eine Frau gegen ihren Willen bumst, weil ihr Mann sich sonst scheiden ließe und sie mit drei Kindern von Sozialhilfe leben müßte. Aber wir können nicht darauf warten, bis wir die Machtverhältnisse geändert haben. Wir müssen uns in der Zwischenzeit selbst gegen Vergewaltigung wehren: Zunächst indem wir unsere Erfahrungen an die Öffentlichkeit bringen und nicht akzeptieren, daß Vergewaltigung als Privatproblem, als Ausnahme abgetan wird. Die jetzt entstehenden Aktionsgruppen gegen sexuelle Gewalt und der wachsende Mut von Frauen, die öffentlich zu berichten wagen, daß sie vergewaltigt wurden, unterstützen andere Frauen. So wird Vergewaltigung als gesellschaftliches Problem gekennzeichnet. Dies hat in den Niederlanden bereits dazu geführt, daß vergewaltigte Frauen von Polizei und Justiz allmählich besser behandelt werden als noch vor ein paar Jahren. Kürzlich wurde bei einem Prozeß gegen eine Gruppe Hell's Angels, die zusammen ein Mädchen vergewaltigt und mißhandelt hatten, zum ersten Mal vom Selbstbestimmungsrecht der Frauen gesprochen, statt von der Verletzung der guten Sitten. Leider wurde der Erfolg kurz darauf wieder zunichte gemacht, als die Täter in der Berufung freigesprochen wurden. Und es ist die Frage, was passiert wäre, hätte ein netter Herr im Anzug auf der Anklagebank gesessen, statt dieser Jungen, die sowieso jeder verabscheut. Kurz darauf wurde ein Mann freigesprochen, der drei schwachsinnige Mädchen vergewaltigt hatte. Die Mädchen hatten keinen Widerstand geleistet, wurde gesagt, und außerdem war die Frau des Mannes krank . . .

Allmählich wird auch akzeptiert, daß es keine Rolle spielt, ob eine Frau schon sexuelle Erfahrungen hatte oder sich in eine »gefährliche« Situation begibt.

Frauen müssen das Recht haben, über ihren eigenen Körper zu bestimmen, unter allen Umständen. Männer, die das nicht verstehen, betrachten sich und andere offenbar als eine Tierart, die nicht imstande ist, für ihr eigenes Verhalten verantwortlich zu sein, als wäre es auch normal, sich quer durch die Ladenscheibe auf die belegten Brötchen zu werfen, wenn du Hunger hast.

Für uns selbst ist es wichtig, daß wir mehr Selbstsicherheit gewinnen, unserer Eingebung folgen, wenn wir das Gefühl haben, ein Mann meine nicht eine Tasse Kaffee, wenn er eine Tasse Kaffee sagt, und uns nicht länger als Zicke bezeichnen lassen. Wenn du sicher auf den Füßen stehst, wörtlich und bildlich, läufst du weniger Gefahr, angegriffen zu werden.

Was du machen kannst, wenn du vergewaltigt worden bist, ist schwer zu sagen. Früher stritt die Polizei eine Vergewaltigung sogar noch ab, wenn du nicht blutend, mit blauen Flecken und zerrissener Kleidung die Anzeige erstattetest. Inzwischen ist auch der holländischen Polizei bekannt, daß sich viele Frauen in einer Situation, in der sie sich völlig machtlos fühlen, dafür entscheiden, sich nicht körperlich zu wehren, um Schlimmeres zu verhindern. Viele Frauen sind mit einem Schrekken davongekommen, weil sie sofort lauthals schrien und zurückschlugen. »Hilfe« rufen bringt nicht viel; wenn eine Frau von einem Mann belästigt wird, betrachten viele Leute das als Privatangelegenheit. »Feuer« rufen dagegen wirkt noch manchmal. Gleich ein kräftiger Tritt in die Hoden kann ihn auch für eine längere Zeit ausschalten, doch die Erfahrung lehrt, daß die meisten Frauen Angst davor haben, wenn es wirklich darauf ankommt.

Es ist also immer ein Abwägen in der jeweiligen Situation. Manchmal, wenn du siehst, daß du nicht so leicht wegkommen kannst, hilft es auch, zunächst so zu tun, als hättest du Lust, und dann abzuhauen, sobald seine Wachsamkeit nachläßt. Offenbar glauben manche Männer ihren eigenen Mythen so sehr, daß sie wirklich denken, du findest es schön, vergewaltigt zu werden, und sind ehrlich erstaunt darüber, wenn eine Frau sie bei der Polizei angezeigt hat.

Ob du Anzeige erstattest oder nicht, ist eine schwierige Entscheidung. Viermal dieselbe Geschichte erzählen zu müssen kann für dich fast noch mal eine Vergewaltigung bedeuten. Aber für andere Frauen kann es sehr wichtig sein, daß die Polizei mehr Daten bekommt, um jemanden festnehmen zu können, und daß deutlich wird, wie viele Vergewaltigungen passieren.

XII. Porno – und die Folgen davon für uns

1. Sex als Kriegführung

»Unschuldiger« Porno wird immer seltener. Einfach nackt ist schon zu normal. Der Trend geht jetzt immer mehr zu einer Mischung von Gewalt und Sex. Bilder von Gruppenvergewaltigungen, Mißhandlungen, Fesselungen, Folterung als sexuelle Variante; Filme, in denen so getan wird, als bekämen Frauen bei einer Vergewaltigung einen Orgasmus, oder in denen Sex mit jungen Mädchen als etwas Fröhliches gezeigt wird, werden immer alltäglicher. (Siehe »Pretty Baby«, eine Art romantische Mystifikation des Lebens von Prostituierten.)

Wer ein beliebiges Pornoheft aufschlägt, second-hand für ein paar Groschen aus dem Laden um die Ecke, sieht sofort, wie eng Sex und Gewalt miteinander verflochten sind:

»Er wollte sie am Kopf fassen, so daß er seinen Kanonenlauf ganz tief drinnen in ihrer wirbelnden Zunge begraben konnte. Seine Ramme pumpte wie eine Maschine. Bei jedem Stoß schob sich sein Schlagbaum tiefer in ihre Spelunke. ›O Gott! Das tut weh‹, heulte sie. Aber ihre Worte waren nutzlos. Er dachte nur an ihre Möse und seinen bohrenden Speer. Er zog ihn schnell zurück und schob ihn dann wieder rein, für den zweiten Schuß. Sein Schwanz feuerte eine Flut von Spermen ab.«

»Leo wollte schreien. Er wollte nach vorn schießen, drauflosstürmen, ihren sich windenden Körper auf den Boden werfen und mit seinem gnadenlosen Speer durchbohren.«

»›Aauu! Hmmm!‹ heulte sie, als Manfreds Schwanz in ihre Muschi drang. Sein Schwanz war wie ein Speer, der sich nach der warmen Geborgenheit von heißem Fleisch sehnte.«

»Leos Hand glitt wieder unter Lindas Kleid, und sein Finger drang wie eine Kugel bis tief in ihren Hintern. Sein Gesicht war eine Grimasse, seine Hände ballten sich zu Fäusten, und er bestürmte ihr Becken mit schweren wütenden Stößen.«

»Stefan benutzte seine langen Socken, um sie festzubinden. Sie war ihm jetzt völlig ausgeliefert. ›O ja . . . So will ich es haben. Hilflos wie ein Stier, der gebrandmarkt werden soll. Aauu!‹«

Es ist kein Zufall, daß die Worte, mit denen Sexualität beschrieben wird, vor allem aus dem Bereich der Kriegführung kommen: schießen, bestürmen, durchbohren. Ein Frauenkörper als feindliches Gebiet, das besiegt werden muß. Nicht umsonst liegt Porno direkt neben Kriegsromanen, produziert für dasselbe Männerpublikum.

Porno war lange verboten, weil er für unsittlich gehalten wurde. Also wurde er für viel Geld unter dem Ladentisch gehandelt. Die Verbraucher wußten, daß sie etwas öffentlich nicht Akzeptiertes taten. Zur Zeit wird Pornographie immer selbstverständlicher. Was früher noch für viel Geld heimlich verkauft wurde, befindet sich jetzt als Köder in gängigen Wochenzeitschriften. Im allgemeinen geht man davon aus, daß Porno ein unschuldiger Zeitvertreib für Männer ist. Die sich öffentlich gegen Porno aussprechen, sind oft dieselben Leute, die alles, was mit Sexualität zusammenhängt, schmutzig finden und auch das Selbstbestimmungsrecht von Frauen über ihren eigenen Körper, Abtreibung und Verhütungsmittel ablehnen. Warum werden Frauen, die offen zeigen, daß sie sich durch Porno beleidigt fühlen, so schnell als prüde bezeichnet? Offenbar darfst du dich durch Bilder von Herrschaft nur dann verletzt fühlen, wenn du zugleich beweist, daß du auf das männliche Geschlecht in all seinen Varianten versessen bist. Wenn Frauen sich gegen Pornographie wehren, kommt von »progressiven« Männern auf einmal das Argument der freien Meinungsäußerung. Doch ich glaube nicht, daß dieselben Männer das Argument gebrauchen würden, wenn es um antisemitische Literatur ginge oder wenn es be-

208

sondere Läden gäbe, wo Liebhaber Filme und Bücher kaufen könnten, in denen Neger systematisch ausgepeitscht oder Tiere gequält würden. Schwarze Menschen als dumme Sklaven abzubilden gilt inzwischen als unanständig, das ist Rassismus. Aber Frauen sind Freiwild. Wer Frauen als dumme Stücke Fleisch abbildet, mit einer Möse und ein paar Titten drüber, ist ein gesunder Mann, der Sex liebt.

Porno bietet gesunden Männern Zerstreuung, wird behauptet, und wenn sie ihre Sexblätter und -filme nicht als Ventil hätten, würden sie möglicherweise wirklich gefährlich werden. In Untersuchungen über deren Schädlichkeit konnte bisher nicht bewiesen werden, daß Pornographie direkt sexuelle Gewalt verursacht. Das stimmt annähernd mit dem überein, was wir über Vergewaltigungen wissen. Aggressionen gegenüber Frauen werden nicht durch Frauen verursacht. Nicht jeder, der Kriegsfotos sieht, entwickelt das Bedürfnis zu schießen. Aggression wird durch verschiedene Arten von Frustration verursacht.

Sicher aber trägt Porno dazu bei, daß die Aggression ausgerechnet an Frauen abreagiert wird – getarnt als Sex. Porno verursacht keine Aggression, aber gibt ein Opfer an als Ziel: eine Frau.

2. Frauen als Konsumartikel

Porno zeigt Frauen als Dinge, als Gebrauchsgegenstände. Willenlos und verfügbar. Pornographie suggeriert, daß Frauen jede Art von Sex schön finden, daß Schmerz und Lust für uns dasselbe ist, daß es uns egal ist, mit wem wir bumsen. Außerdem gibt Porno Männern das Gefühl, Sex sei ohne weiteres zu haben, sie besäßen das Recht, einen Frauenkörper zu benutzen. Und damit schürt er vorhandene Aggressionen. Denn solche Frauen wie die auf der Titelseite der Quick sind in Wirklichkeit natürlich äußerst selten. Wenige Frauen haben einen Körper wie Pin-up-Girls. Und wenn der Arbeitsmarkt für Frauen nicht so miserabel und Nacktfotos nicht offensichtlich ein leichter Geldverdienst wären, würden sich nicht viele Frauen dafür finden lassen. Es ist auch klar, daß die Frauen, die gebraucht werden, um Leuten schlechte Produkte anzudrehen, von Produzenten nicht sehr geachtet sind. Dieselben Männer, die Pornographie nicht so schlimm finden, sind auch die Männer, die mit ihrer Verachtung für Frauen, die sich dafür gebrauchen lassen, nicht hinterm Berg halten.

Ein junges, williges, sexy Mädchen wird zum Statussymbol, wie ein schnelles Auto, aber die jungen, willigen, sexy Mädchen scheinen in Wirklichkeit schwieriger zu bekommen zu sein als so ein Schlitten. So liegt es auf der Hand: Wenn Frauen den Männern ständig als leckere Dinge vor die Nase gehalten werden, ist es nur ein Schritt weiter, so ein Ding zu ergreifen, wenn du es nicht umsonst oder billig bekommst.

Die permanente Projektion von Bildern, auf denen Frauen als Gebrauchsgegenstände gezeigt werden, hat auch Folgen für uns. Selbst wenn wir versuchen, wie die meisten Frauen, uns den »hundert Beleidigungen pro Tag« zu verschließen, dringen sie zu uns durch. Wenn in der Wochenzeitschrift neben einem Nacktfoto so etwas steht wie: »Neben diesem Schätzchen ist es zu Hause nur ein Notbehelf«, wird deutlich, daß wir in dem Augenblick zweite Wahl sind, mit unseren normalen Körpern und anderen Dingen im Kopf, als ständig verfügbar zu sein. Zunächst werden wir verunsichert, wenn wir ständig mit Bildern von »Weiblichkeit« konfrontiert werden, denen wir doch nicht genügen können, selbst wenn wir es wollten. Erst später werden wir böse. Es wird Zeit, daß wir noch böser werden.

Solange Männer noch denken, daß sie Frauen lieben, weil sie Frauen als Gebrauchsgegenstände lieben, und hierin nicht ihren eigenen Frauenhaß erkennen, solange sie Sex und Sexismus nicht unterscheiden können, werden diese Männer für uns äußerst unattraktive und unerotische Partner sein.

XIII. Das Recht auf keinen Sex

1. Die Angst, bumsen zu müssen

Sex ist die Grundlage für die meisten Beziehungen zwischen Frauen und Männern, und oft bleibt wenig übrig, wenn die sexuelle Beziehung endet. Viele Frauen bumsen, obwohl sie keine Lust haben, weil das die einzige Möglichkeit ist, eine Beziehung aufrechtzuerhalten. Weil es so üblich ist. Weil es die einzige Methode ist, sich das Interesse der Männer zu erhalten. Weil du nicht so 'ne Zicke sein willst. Weil er sonst zu einer anderen geht. Weil du nicht weißt, wie du sonst mit -inem Mann eine gemütliche Stimmung schaffen kannst. Weil es die einzige Möglichkeit ist, emotional zu ihm durchzudringen. Weil du ihn verletzt, wenn du nein sagst. Weil er sonst stundenlang nörgelt. Weil du nicht weißt, wie eine liebevolle Beziehung mit einem Mann sonst aussehen könnte. Weil es sich von selbst ergibt, wenn man gemütlich miteinander ausgeht oder du dich zärtlich an jemanden kuschelst.

Es sollte nicht vorkommen, daß wir freien, wenn wir keine Lust dazu haben, niemals. Trotzdem ist es sehr schwierig, nein zu sagen. Für Frauen gibt es in verschiedenen Situationen verschiedene Gründe dafür, aber vielleicht hilft es, einige häufig vorkommende Gründe näher zu betrachten.

– Es wird als unnormal empfunden, keine Lust am Sex oder sehr unregelmäßige Bedürfnisse zu haben: einmal viel Lust und dann wieder wochenlang keine. Tatsächlich scheinen viele Frauen überhaupt keinen oder wenig Spaß an Gewohnheitssex zu haben, so daß nicht gesagt werden kann, es sei normal, dreimal in der Woche zu wollen, wie der nationale Durchschnitt es vorschreibt. Männer haben manchmal auch keine

Lust, wenn ihre Frauen gerne wollen. Aber daraus wird im allgemeinen viel weniger ein Problem gemacht. Ein guter Grund, den Männer immer anführen, wenn sie keine Lust haben, ist der, daß sie dann auch nicht »können«. Eine Frau »kann« immer, das heißt, ein Mann kann mit ihr bumsen, ohne daß sie auch nur ein Fünkchen Vergnügen daran hat. Das Verschleiernde daran ist, daß ein Mann seine Frau selbstverständlich sehr gut befriedigen kann, ohne einen steifen Penis zu haben. Wir wissen inzwischen, daß ein Penis nicht immer die beste und bestimmt nicht die einzige Quelle der Lust für eine Frau ist. Und doch glaube ich, daß viele Männer darüber sehr entrüstet wären, wenn von ihnen erwartet würde, ihre Frau zu befriedigen, ohne selbst eine Erektion zu haben, also ohne selbst einen Orgasmus zu bekommen. Doch das gerade erfahren täglich Millionen von Frauen. *Der Mythos vom Penis als dem einzigen lusterweckenden Organ macht es Männern einfach, es normal zu finden zu bumsen, wenn er Lust hat, und nicht zu freien, wenn er keine Lust hat, weil sein Penis dann eben nicht will.* Ich glaube nicht, daß viele Frauen es schön fänden, mit einem Mann zu freien, der keine Lust hat. Aber wenn die Verhältnisse einmal umgedreht werden, wird doch deutlich, was für eine merkwürdige Situation das eigentlich ist.

– Frauen haben leicht das Gefühl, zu versagen oder keine echte Frau zu sein, wenn sie keine Lust haben. Niemand wird es als Problem empfinden, wenn es dir keinen Spaß macht, dreimal in der Woche ins Kino zu gehen oder dreimal in der Woche vom Dreimeterbrett zu springen. Wenn du aber keine Lust hast, regelmäßig zu bumsen, ist das »anormal« und ein »Problem«. Es ist natürlich nur ein Problem, weil es von dir erwartet wird. Zu einem Mann lieb zu sein, ist schließlich deine Aufgabe als Frau. Wenn dein Mann nicht zufrieden ist, bist du also eine *schlechte* Frau. Wenn du aus dem Liebsein zu anderen dein Selbstwertgefühl beziehst, kann dieses erheblich erschüttert werden, wenn du glaubst, auf sexuellem Gebiet nicht genügend zu geben. Eins der Märchen über die Sexualität von Männern ist, wir seien dafür verantwortlich, daß er eine Erektion bekommt. Weil wir mit unserem warmen Körper im Bett neben ihm liegen, weil er deine Brüste gesehen hat, oder nur, weil du eine Frau in seiner Nähe bist. Männer wollen uns weismachen, daß sie leiden, wenn sie nicht mit dir bumsen kön-

213

nen. Solange wir glauben, daß sexuelle Bedürfnisse nicht von innen kommen, sondern von uns ausgelöst werden, und darüber hinaus noch glauben, wir seien die einzigen, die in einer solchen Situation das »Problem« lösen können, fühlen wir uns häufig schuldig oder als lieblose Wesen, wenn wir ihn mit seinem »Problem« sitzenlassen.

»Ich sagte zu meinem Freund, daß ich keine Lust mehr hätte zu bumsen und auch nicht wüßte, wann ich wohl wieder Lust bekommen würde. Ich versuchte, mich und ihn zu beruhigen, indem ich sagte, daß es wohl wiederkommen würde. Er fragte mich, ob ich nicht doch zum Schlafen bleiben wolle, einfach wegen der Gemütlichkeit, und das wollte ich auch, denn ich mochte ihn damals noch sehr und fand es schön, mit ihm zu essen und zu klönen. Aber jedesmal war es wieder genauso schwierig. Dann seufzte er und wälzte sich im Bett und stocherte mit dem Ding gegen meinen Rücken. Ich wagte kaum mehr, ihn zu berühren, und kuschelte mich auch nicht mehr an ihn, denn dann lag er sofort wieder mit so einem hinderlichen Stock da und fragte, ob ich denn wirklich keine Lust hätte. Ich konnte dabei nicht schlafen und lag ganz am äußersten Bettrand. Dann habe ich damit auch aufgehört. Er sagte zwar, daß er es nicht schlimm fände, und ob ich nicht doch zum Schlafen bleiben wolle, aber er ließ mich immer merken, daß er es doch schlimm fand. Und ich wurde furchtbar verspannt davon, daß er es doch immer wieder probieren wollte, statt es nun einmal mir zu überlassen.«

– Wir haben oft Angst davor, jemand zu verlieren, und das trägt auch nicht gerade dazu bei, uns hinsichtlich unserer sexuellen Bedürfnisse etwas selbständiger zu verhalten. Wenn der Sex wegfällt, geht oft auch die ganze Beziehung kaputt. In einer Beziehung, in der du nur emotional voneinander abhängig bist, ist das schon schwierig genug. In einer Beziehung, in der du auch ökonomisch voneinander abhängig bist, ist das oft verhängnisvoll. Jede Frau weiß, daß es als normal gilt, eine Ehe aufzulösen, wenn ein Mann seine Portion Sex nicht bekommt. Jede vierte Ehe endet in Scheidung. Und weit mehr geschiedene Frauen müssen von Sozialhilfe leben als von Alimenten. Scheidung ist heute ziemlich normal, doch darum nicht weniger angsterregend. Viele Frauen werden sich nicht fortwährend der Drohung, allein zurechtkommen zu müssen, bewußt sein – diese Bedrohung verstärkt sich noch, wenn sie ihren Beruf aufgegeben haben, um gute Hausfrauen und Mütter zu sein. Viele Frauen verdrängen die Angst lieber, doch inzwischen beeinflußt sie unser Verhalten. Wir haben Angst, eine schlechte Ehefrau zu sein. Und für eine gute Ehefrau gehört es sich, das Freien mit ihrem Mann schön zu finden.

2. Bumszwang und Machtspiele

Wir erkennen nicht immer, wie wir unter Druck gesetzt werden. Nicht alle Männer sind so platt, einfach zu sagen, daß sie ein Recht darauf haben. Aber nur wenige Männer fühlen sich nicht doch insgeheim schlecht behandelt. Carmen Kerr (in: Frauen und Sex, herausgegeben bei Bert Bakker) nennt eine Reihe solcher Argumente, die Männer benutzen können, um uns »rumzukriegen«:

– »Wenn du nicht mit mir schläfst, liebst du mich nicht.« Das ist eine angsteinjagende Bemerkung. Denn damit wird zugleich gesagt, du seiest ein hartes, kaltes Weib, und er könne sich wohl mal einen liebevolleren Menschen suchen. Das Mißverständnis besteht natürlich darin, daß Liebe nicht immer wieder mit Sex bewiesen werden muß, und ein Mann gibt eine merkwürdige Definition von Liebe, wenn er jemand gegen ihren Willen zwingen will.

– »Du bist eine altmodische Zimperliese.« Das hört sich schlimm an in den Jahren nach der »sexuellen Revolution«. Es ist gut, wenn wir uns klarmachen, daß sexuelle Emanzipation ebensogut die Freiheit, nicht zu bumsen, wie Freiheit zu bumsen bedeutet. Und zu dieser Freiheit gehört auch, selbst zu bestimmen, wo und wann. Bemerkungen wie: du hättest mit deiner Sexualität Schwierigkeiten, sind selten freundlich oder unterstützend gemeint, sondern als eine Herausforderung an dich, zu beweisen, wie sehr du dich »befreit« hast. Auch das Wort »frustriert« ist ein nettes Schimpfwort, das vor allem im Zusammenhang mit feministischen Frauen gern gebraucht wird. Daß es sehr frustrierend ist, unter Druck gesetzt zu werden, und daß du durch unerwünschtes Bumsen mehr Frustrationen bekommst als verlierst, wird negiert. Es ist gut, sich klarzumachen, daß andere nicht beurteilen kön-

nen, was wir brauchen. Und wenn wir »frustiert« sind, dann erst recht
nicht.

– »Warum nicht, warum denn nicht, erklär doch mal, warum nicht?«
Nervtötend. Irgendwann – und das ist auch beabsichtigt – gibst du auf,
gibst nach, weil du schlafen willst und von dem Genörgel genug hast.
Daß du keine Lust hast, gilt nie als Begründung. Während doch der
einzige Grund zu freien der ist, *daß* du Lust hast.

– »Aber ich habe doch so viel für dich getan.« Beispielsweise dich in
ein Restaurant eingeladen. Es gibt noch immer Männer, die glauben,
dich mit einem Essen und einigen Getränken gekauft zu haben.
Manchmal wird das nicht so gesagt – wird jedoch aus seiner Haltung
deutlich. Sex ist keine Belohnung für erwiesene Dienste, und wenn er
nicht mit dir ins Restaurant geht, um mit dir zu essen, sondern um zu
bumsen, dann kann er es vorher sagen, so daß du noch bestimmen
kannst, ob du dazu Lust hast. Subtiler und moderner ist der nette
Mann, der sich zu Hause viel Mühe gibt, seinen Anteil an der Hausarbeit zu tun, und dafür seine Belohnung empfangen will. Aber für das,
was normal ist, sollten wir uns nicht bedanken müssen; und bestimmt
nicht mit Sex.

– »Du hattest keine Lust, da bin ich mal zu . . . gegangen.« Ein deutli-
ches Machtspiel. Und beleidigend für dich und sie. Als ob ihr einfach
auswechselbar seid. Als ob es nichts ausmacht, mit wem er bumst,
wenn es nur eine Möse hat.

– »Eigentlich willst du ja.« Und dann an dir weiter herumfummeln,
bis du ratlos wirst vom Reizen. Und vielleicht nachgibst, so daß er sagen kann: »Siehst du, du fandest es doch schön, ich merke es dir an.«
Beleidigend, weil er davon ausgeht, daß er besser weiß als du selbst,
was du willst. Und es ist schwierig, böse zu werden, weil seine Ver-
ständnislosigkeit hinter dem »Verlangen« nach dir verborgen bleibt.
Oft fühlst du, daß seine Aggressionen dicht unter der Oberfläche liegen, und hast Angst vor Ausbrüchen. Auch dann: ein Machtspiel.

Nicht zu bumsen, wenn du dazu keine Lust hast, ist also nicht gerade
einfach. Es widerspricht unserem Gefühl, daß wir lieb zu ihm sein und
daß wir lieb gefunden werden wollen. Du bekommst Angst, nicht normal zu sein oder jemand zu verlieren. Es ist gut, uns dieser Ängste be-

wußt zu werden, um zu sehen, wie real sie sind. Geht er wirklich zu jemand anders? Und ist es dann noch der Mühe wert, ihn davon abzuhalten?

Gleichzeitig ist klar, daß Männer auch einige Denkarbeit zu leisten haben. Es wäre auch für Männer kein Luxus, mal darüber nachzudenken, woraus ihre sexuellen Bedürfnisse eigentlich genau bestehen.

Außerdem würde es viel lustiger werden, wenn Männer realisierten, daß nicht immer gebumst werden muß, sobald sie eine Erektion oder das Bedürfnis nach einem Orgasmus haben. Um zum Höhepunkt zu kommen, brauchst du im Prinzip niemand. Die Lösung liegt buchstäblich auf der Hand. Wenn es für selbstverständlich gehalten wird, daß du dich immer mit einem Frauenkörper befriedigst, auch wenn die jeweilige Frau dazu keine Lust hat, dann bist du fähig, eine Frau als Gebrauchsgegenstand zu betrachten. *Die Männer, die es für unmännlich und kindlich halten, mit sich selbst zu freien, außer wenn sie keine Frau »zur Hand« haben, sollten sich klarmachen, daß sie genau das tun, wenn sie mit einer Frau freien, die keine Lust hat. Sie masturbieren, nur dann zufällig in einer Möse.*

Männer haben wahrscheinlich genauso wie Frauen das Bedürfnis nach Wärme, Verständnis und Zärtlichkeit. Viele Männer haben gelernt, Zärtlichkeit kindlich zu finden und sich selbst nicht zuzugestehen. Bei den meisten Jungen werden liebevolle Emotionen als »mädchenhaft« unterdrückt. Die einzigen Emotionen, die als männlich gelten, sind Aggression und sexueller Drang. Möglicherweise würden viele Männer weniger Drang zum Bumsen verspüren, wenn sie andere Bedürfnisse stärker zuließen.

Nein sagen zu können ist für uns die Voraussetzung, um ja sagen zu können. Unfreiwilliger Sex ist immer ärgerlich, auch wenn das Unfreiwillige versteckt bleibt. Wir können uns vorstellen, wie ärgerlich es für Männer ist, wenn sie das Gefühl haben, daß Frauen sich hinter Kopfschmerzen und Müdigkeit verstecken, oder wenn sie merken, daß Frauen so tun, als fänden sie Bumsen schön, obwohl es nicht wahr ist. Aber um nicht flunkern zu müssen, mußt du nein sagen können. Und du mußt in einer Situation sein, in der Neinsagen nicht noch bedrohlicher ist als zu tun, als ob.

Fest steht, daß wir in der Sexualität nicht freier sein können als in den übrigen Bereichen unseres Lebens. Wir müssen uns in unserem Verhalten freier fühlen können, weniger Angst davor haben, als nicht nett oder unfraulich zu gelten. Selbsterfahrungsgruppen können dabei helfen, wie auch radikale Therapie oder Selbstbehauptungstraining. Doch ist auch klar, daß wir nicht wirklich frei sind, wenn wir im Prinzip nicht auf eigenen Füßen stehen können. Auch wenn du dich nicht scheiden lassen willst, bewirkt die Fähigkeit, dein eigenes Brot verdienen zu können, daß du selbständiger wirst und mehr für dich selbst aufkommen kannst. Um uns jemals in unserer Sexualität wirklich frei fühlen und wirklich gleichwertige Beziehungen mit Männern haben zu können, müssen wir uns auch in anderen Bereichen unseres Lebens selbständig fühlen.

»Mit diesem Freund habe ich gleich ganz anders angefangen«

Interview 3 Ariane Amsberg

– Du bist jetzt neunundzwanzig Jahre alt. Wie hat sich deine Sexualität und die Art, wie du sie erlebst, verändert, seit du mit Sex angefangen hast?

– Völlig. Erstens bekomme ich jetzt einen Orgasmus, was früher nicht der Fall war. Bei meinem ersten Mann spielte ich immer Filmstar mit furchtbar tiefen Seufzern und schrillen Schreien, dann sah ich Bilder aus dem Film vor mir und machte sie nach, wie du deine Schultern nach hinten hängen läßt, wie du deine Hand sanft auf das Kissen legst, wie du bei jeder Berührung vibrierst. Ich war überhaupt nicht damit beschäftigt, was ich fühlte oder nicht, ich folgte nur dem, was mit ihm passierte, ob er lauter oder leiser keuchte, und so sorgte ich dafür, daß es keinen Augenblick Langeweile gab. Ich hörte dann auch immer, daß ich sehr gut im Bett war. Lächerlich . . . Jetzt mache ich das alles nicht mehr, jetzt . . .

– . . . jetzt bist du nicht mehr gut im Bett.

– Ja doch, ja, jetzt bin ich echt. Das Filmstargetue hat sieben Jahre gedauert, das machte ich mit meinem ersten Mann. Mit ihm war ich drei Jahre verheiratet, aber ich kannte ihn davor auch schon vier Jahre. Er war der erste Mann, mit dem ich schlief. Meine zweite wichtige Beziehung, mit dem Mann, mit dem ich jetzt schon sechs Jahre zusammenlebe, habe ich gleich ganz anders angefangen, sehr unsicher, sehr schüchtern. Ich war unheimlich nervös und wurde klitschnaß vom Schweiß, denn bei ihm versuchte ich, mich auf mich selbst zu konzentrieren. Bei ihm fühlte ich fast dasselbe, als wenn ich mich selbst befriedigte, aber gerade davor hatte ich Angst, denn ich dachte: Wenn ich einen Orgasmus bekomme und er ist dabei, weiß ich nicht, was ich tun muß.

– Wann hast du deinen ersten Orgasmus mit dir selbst gehabt?

– Schon als kleines Kind. Meistens, indem ich mich an einem Stuhl oder einem Tisch rieb. Auf einem Foto sitze ich sogar auf einer Stuhlkante, und ich weiß noch genau, daß ich es damals tat, ich war ungefähr sechs, sieben. Wirklich bewußt machte ich es erst mit zwölf, da wußte ich, daß es Sex war und mit Männern und Ehe und so zu tun hatte.

– *Wußtest du, daß es ein Orgasmus war?*

– Nein, ich wußte nicht, daß es so hieß. Als ich vierzehn war und zum ersten Mal meine Menstruation hatte, begannen meine Eltern davon zu reden, wie du Kinder kriegst; aber ich fand das so peinlich, daß ich schnell sagte, ich wüßte schon alles darüber. Vom Orgasmus und von schönen Gefühlen haben sie nie etwas erzählt.

– *Was fandest du so peinlich daran?*

– Ich fand die Vorstellung, daß Menschen da drin rumfummeln, schmutzig, sie durften nicht solche Gelüste haben.

– *Bist du religiös erzogen?*

– Ja, katholisch.

– *Hast du, genauso wie ich, gebeichtet, daß du onanierst?*

– Nein; intuitiv hatte ich das Gefühl, daß es sie nichts anging, ich erzählte doch auch nicht, wie oft ich scheißen mußte. Als ich zehn war, zogen wir um; weil die Schule dort nicht katholisch war, mußte ich einmal in der Woche zum Katechismusunterricht zum Pfarrer. Wir waren fünf Kinder, und abwechselnd nahm er uns auf den Schoß. Das war dann gemütlich, so von »setz dich mal richtig gequem auf meinen Schoß, Mädchen«. Er tastete meine Brüste ab, ob sie schon wuchsen, und sagte: »So, du wirst schon eine richtige Frau«, und dann schob er seine Hand zwischen meine Beine, um mich etwas an sich heranzuziehen, aber er ließ sie dann da liegen. Ich fand das unangenehm und wollte, daß er seine Hand da wegnahm, aber er war der größte VATER – noch mehr Vater als mein eigener Vater, also traute ich mich nicht, ihm das zu sagen. Nachdem er das drei Wochen lang gemacht hatte, wollte ich nicht mehr zu dem Mann. Ich habe es zu Hause erzählt, und mein Vater sagte dem Pfarrer, daß ich nicht mehr käme.

– *Hast du als Kind noch mehr unangenehme Erfahrungen gemacht?*

– Ja, als ich sieben oder acht war, kam samstagnachmittags ein Mann in die Straße, der Bonbons verteilte; weil wir natürlich wußten, daß wir von fremden Männern keine Süßigkeiten annehmen durften, vergruben wir Kinder sie im Sand. Aber in der dritten Woche ging ein Kind ihm nach und wußte dann zu erzählen, daß er die Tüte Bonbons kurz vorher beim Bäcker gegenüber gekauft und auch hinterher kein Gift hineingetan hatte, also konnten wir sie essen. Meistens saßen wir mit dem Mann bei den Garagen und redeten, er baute offensichtlich einen sozialen Kontakt zu uns auf. Die meisten Kinder langweilte das nach einer gewissen Zeit, aber mich nicht, ich blieb noch mit zwei oder drei anderen. Dann fing er an, mit uns über Sex zu reden, ob wir etwas mit unserem Körper machten, ob wir wüßten, wie ein Mann aussah, und ob wir ihn sehen wollten. Daraufhin liefen die anderen Kinder weg und riefen: »Nee, das finden wir unheimlich!« Aber er holte ihn doch aus seiner Hose, und ich sah etwas Fleischiges im schlaffen Zustand. Er sagte: »Guck, das ist er, findest du ihn schön?« – »Ja, ja, tu ihn jetzt mal wieder weg.« Und der Mann war zufrieden und steckte ihn wieder weg. Er sagte, daß er mich nett fand; nächste Woche würde er wiederkommen, und dann dürfte ich ihn vielleicht wieder kurz sehen. »Hast du dann auch wieder Süßigkeiten bei dir?« – »Ja, natürlich.« Ich ließ ihn noch dreimal kommen, aber ich fand, daß es langweilig wurde, ich hatte jetzt genug davon. Außerdem fing er an zu fragen, ob ich das Ding nicht mal kurz festhalten wollte, aber ich sagte: »Nee, das fasse ich nicht an.« Er fragte, ob ich noch ein Stück mit ihm mitginge, aber ich sagte nein. Ich wollte hierbleiben, da konnte ich noch meinen Freund herbeirufen. Dennoch fand ich, daß wir den Mann doch nicht so einfach stehenlassen konnten, wenn er uns zuwinkte; ich hatte Mitleid mit ihm und ging dann wieder mal allein zu ihm hin, er *tat* uns doch nichts.

– *Wie alt war er ungefähr?*

– Ungefähr dreißig, glaube ich. Dann erzählte er mir, daß er aus seinem Bett ein Trampolin gemacht hätte – ich weiß die Geschichte noch genau –, er nahm alles runter, zog sich aus, machte die Gardinen auf und sprang dann auf seinem Bett, frei wie ein Vogel, und die Leute von gegenüber mußten schrecklich darüber lachen. Er fragte, ob ich nächste Woche mit auf sein Zimmer ginge, wir würden dann nackt wunderschön miteinander Trampolin springen, dann wären wir zwei Vögel. Ich wagte da schon nicht mehr nein zu sagen und antwortete: »Ja, vielleicht mache ich das.« Er hatte so etwas Harmloses: »Du gehst dann einfach mit, das ist überhaupt nicht schlimm, da passiert überhaupt nichts, wir springen dann wunderschön Trampolin, und das ist prima...« Das ging mit einer Entschiedenheit, gegen die ich als Kind nicht ankam, und ich kriegte es mit der Angst. Angst, daß er nicht mehr auf mein »Nein« hörte und meine Stimme nicht mehr zählte. Es gibt auch ein Verbot, nein zu Erwachsenen zu sagen, du sagst zu großen Menschen nicht stundenlang oder tagelang nein. Da habe ich es zu Hause erzählt. Meine Eltern erschraken fast zu Tode, sofort wurde telefoniert, und kurz darauf kam ein Polizist in Zivil, dem ich alles genau erzählen mußte; wann ich den Mann gesehen hatte, was er anhatte, wann er wiederkommen wollte. Ich erinnere mich noch, daß ich das sehr unangenehm fand. Nächste Woche Samstag sollte ich wieder auf ihn warten, und wenn er ihn dann zeigte, sollte ich ganz laut »JAAA« schreien, dann würden zwei Männer von der gegenüberliegenden Straßenseite ihn festnehmen. Und das geschah dann auch. Die Menschen rannten auf uns zu – und das ist das Schlimmste, ich sehe es noch vor mir –, der Mann wurde zwischen ihnen über die Straße zu einem Auto geschleift, er sah sich noch um, streckte seine Faust nach mir aus und rief: »Wie gemein! Wie gemein!« Er heulte. Das war scheußlich. Wenn ich daran denke, kann ich noch ärgerlich darüber werden! Sie hätten mich dafür nicht gebrauchen dürfen, dafür war ich einfach noch zu klein.

– *Was findest du so schlimm an diesem Vorfall?*

– Daß der Mann seine Faust nach mir austreckte, es war meine Schuld, ich habe ihn verraten. Dieses Bild bleibt in meinem Kopf. Dabei wollte ich nur einfach, daß der Mann nicht mehr wiederkam, er durfte nicht mehr mit mir reden, ich wollte ihn einfach nie mehr sehen, aber sie nahmen es mit ihrem Erwachsenen-Getue in die Hand.

– *Machtet ihr als Kinder Sexspiele miteinander?*

– Ja, ich habe Groschen bezahlt, um Pimmel zu sehen, ich hatte keine Brüder, und mit Freundinnen habe ich auf der Wiese gelegen, und wir haben uns geküßt, das fand ich unheimlich spannend. Als ich dreizehn war, spielte ich mit einer Freundin »Junge-und-Mädchen«, »er« holte mich dann ab, und wir küßten uns dann auch. Danach hatte ich Freunde, sicher so um die fünfzig Stück, alles Küsser. Mit fünfzehn eroberte ich meinen ersten Mann auf einem Fest; wir schlossen so eine Art Vertrag, daß er erst ein halbes Jahr mein Freund sein sollte, bevor er mit mir ins Bett durfte. Als das halbe Jahr vorbei war, bedauerte ich, nicht ein Jahr abgesprochen zu haben. Beim ersten Mal war es kein Freien oder so etwas Ähnliches, sondern mehr eine Operation. Seine Mutter hatte die Hausschlüssel von ihrer Freundin, diese Schlüssel hatte er geklaut. Später machten wir es in Autos, in der Halle eines Apartmenthauses, in einem Zählerschrank zwischen Spinnweben, immer stehend, oder im Bett meines Vaters, wenn der weg war. Ich dachte, daß ich von dem Penis, wenn er ihn hin und her schob, von selbst einen Orgasmus kriegen würde, genauso, als wenn ich selbst mit meinen Fingern zwischen den Lippen rieb, aber es passierte nichts. Ich dachte auch, ich sei frigide, das hatte ich in »Liebe ohne Angst« (»Liefde zonder vrees«) gelesen. Wenn Mädchen zu oft onanieren, würde das Gefühl aus der Vagina verschwinden, und sie bekämen nie mehr mit einem Mann einen Orgasmus.

– *Und das glaubtest du?*

– Ja, sofort. Das war ein Aufklärungsbuch, und was da drin stand, war wahr. Also dachte ich: siehst du, das hast du davon. Und wenn er nach dem Freien kurz zur Toilette ging, um zu pinkeln, machte ich mir rasend schnell selbst einen Orgasmus, und wenn er dann zurückkam, sagte ich: »Schön, diese Vögelei, nicht?« Ich wußte nicht einmal, daß es eine Klitoris gab! Das habe ich erst von meinem jetzigen Freund gehört. Der sagte: »Weißt du nicht, daß da ein ganz kleines Knöpfchen sitzt, eigentlich das ›Pimmelchen‹ der Frau, aber eben ganz klein?« Wir haben zusammen das Häutchen weggeschoben, und so habe ich zum ersten Mal den lila Knopf gesehen! Da war ich 23.

– *Woher wußte er das eigentlich?*

– Aus Literatur. Und später ausführlicher aus einer Vorlesung von einem Professor, der nach seiner Meinung unheimlich frauenfreundlich war. Der zeigte auch Filme von onanierenden Frauen und Männern.

– *Dein Freund erwartete auch nicht, daß du durch den Penis zum Orgasmus kommst?*

– Nein, nein. Er wußte, wie wichtig für Frauen die Klitoris ist, um einen Orgasmus zu bekommen. Bei ihm dachte ich auch: Ich sage sofort, wie ich es am liebsten haben will. Er fragte mich auch, was ich schön fand beim Freien.

– *Hast du das deinem Exmann nie gesagt?*

– Erst eine Woche bevor ich heiratete. Ich schlief damals schon mehr als drei Jahre mit ihm, hatte aber noch nie einen Orgasmus mit ihm erlebt. Er fummelte mit seinem Finger etwas in der Vagina herum oder rieb die ganze Möse, das fand ich schön, aber er blieb nie an der einen Stelle. Und die ganze Zeit spielte ich Orgasmen, und ich fand, daß ich ihm das vor unserer Heirat endlich sagen mußte. Als er sich also nach dem Freien wieder einmal gewohnheitsmäßig informierte, ob ich einen Orgasmus hatte, sagte ich: »Nein, ich muß dir eigentlich sagen, daß ich nie einen Orgasmus hatte.« Lange Zeit war es totenstill. Aber dann wollte er sofort wissen, wie er es richtig machen sollte; er rieb wild an meiner Klitoris, aber so ging es natürlich überhaupt nicht. Aus mehreren Gründen wollte ich eigentlich nicht heiraten, aber wir hatten inzwischen ein Kind von 2½ Jahren, ich war alleinstehendes Elternteil, wie es heute heißt. In der Ehe versuchte er es einmal von fünfen mit dem Finger, aber er machte das auf so unangenehme Weise, so etwa »Du mußt ja auch was haben, aber eigentlich gehört es nicht dazu«, so daß ich mich wie eine körperlich Behinderte fühlte. Er wollte Ergebnisse hören, informierte sich, ob es nun besser war, und tat es nicht, weil es ihm selbst Spaß machte. Er war ziemlich grob und rauh mit dem Finger; ich selbst berühre es nur sehr vorsichtig oder drücke sanft. Ein paar Mal ist es mir gelungen, einen Orgasmus zu bekommen, aber das war dann ein schmerzhafter Orgasmus, ein Höhepunkt, der sofort wieder wegsackt. Es kostete soviel Mühe und war so unangenehm, daß ich auch wieder zu simulieren begann, um meine Ruhe zu haben. Ich begann wieder mit den Tricks aus dem Film, keuchen, meinen Körper immer heftiger bewegen und stöhnen, das stand auch in Küchenmädchenromanen. Ich stöhnte viel mehr, wenn ich simulierte, als wenn ich wirklich einen Orgasmus bekam, dann vergaß ich den Trick, aber er hat es nie gemerkt. Er wußte natürlich, daß ich keinen Orgasmus mehr hatte, wenn wir bumsten, aber ich sagte dann zu ihm: »Es ist nicht so schlimm, ich brauche nichts.« Ich tat es oft selbst. Nachmittags oder abends, bevor ich einschlief, denn er arbeitete abends. Ich beschuldigte ihn auch nicht, weil ich kein schönes Sexualleben hatte, dafür sorgte ich selbst. Nachts ging er dann noch mal über mich hinweg, hielt mich überall fest, küßte mich überall und rollte dann wieder runter.

– *Wie oft machte er das?*

– So fünfmal in der Woche.

– *Wie empfandest du das?*

– Ja, eigentlich war es ein Ego-Kick, es war ein Zeichen dafür, daß ich erregend war, ich dachte damals, er mag meinen Körper so gern, daß er immer wieder auf meinem Körper zum Orgasmus kommen muß, ich bin sicher sehr schön. Ich fühle mich überhaupt nicht schön.

– *Nein? Du hast doch einen wunderbaren Körper!*

– Ich fühle mich überhaupt nicht wohl mit meinem Körper, meine Beine sind zu dünn, ich habe Schwangerschaftsstreifen auf meinen Hüften und auf meinem Hintern, ich habe einen etwas zu runden Kinderbauch vom Naschen und zu schlaffe Brüste.

– *Hast du dein Kind gestillt?*

– Ja, ein halbes Jahr. Ich habe zwei Brustinfektionen gehabt; meine Brüste saßen wie blaue Kanonenkugeln unter meinem Kinn und sind dadurch sehr ausgedehnt. Davor hatte ich sehr schöne Brüste, wirklich, ich war sehr stolz darauf. Ja, was stimmt noch alles nicht . . . mein Gesicht, meine vorstehenden Zähne und meine abstehenden Ohren.

– *Wie findet dein Freund deinen Körper?*

– Prima, wunderbar, uneingeschränkt schön, aber das überzeugt mich nicht, ich müßte es selbst so empfinden. Aber ich werde besser; meine Hände und Füße finde ich schon schön, ich habe an den äußersten Enden begonnen. Und ein wirklicher Sieg ist, daß ich meinen merkwürdigen, fischigen Körpergeruch jetzt sogar schätzen kann. Darum bin ich voller Zuversicht, daß ich irgendwann mal alles schön finden werde. Ich bin auf dem Wege dazu.

– *Welches Verhütungsmittel verwendest du?*

– Die Pille. Davor nichts, da hieß es immer aufpassen, dadurch habe ich auch das Kind bekommen, aber danach habe ich die Pille geschluckt. Und das tue ich jetzt noch. Ein halbes Jahr lange habe ich eine Spirale gehabt, aber da wurde die Menstruation furchtbar schmerzhaft und blutig, es strömte nur so. Hinzu kam, daß es entsetzlich weh tat, wenn ich einen Orgasmus hatte. Meine Gebärmutter bewegt sich nämlich mit kurz vor dem Orgasmus, und dadurch bekam ich solche Krämpfe, daß ich schließlich nicht mehr wagte, einen Orgasmus zu bekommen.

– *Warum nimmst du die Pille und nicht ein Pessar oder ein Kondom?*

– Weil ich unheimliche Angst davon habe, wieder ein Kind zu bekommen, und mit der Pille fühle ich mich am sichersten. Die ungewollte Schwangerschaft hat mein Leben verändert. Ich wollte überhaupt keine Kinder haben, um Gottes willen nicht, die lästigen, schreienden Dinger, die Aufmerksamkeit erfordern, und dann sitzt du damit da als Frau ... Ich hatte ganz andere Pläne für mein Leben als das, was jetzt daraus geworden ist, es hat alles umgeschmissen.

– *Gab es keine Abtreibungsmöglichkeit?*

– Nein. Ich habe es selbst versucht, aber das ist mir nicht gelungen. Ich habe angefangen, Chinintabletten zu schlucken, zusammen mit Aspirin, ich trank das mit Cola, denn da ist auch Chinin drin. Danach habe ich Alkohol getrunken, mir wurde schlecht davon, aber ich dachte, daß mein Blut dann gut fließen würde; das hatten mein Freund und ich uns alles zusammen ausgedacht. Er war achtzehn und ich sechzehn. Ich nahm kalte und warme Wechselbäder, aus dem kochend heißen Bad stieg ich mit knallrotem Hintern in eine große Waschschüssel mit eiskaltem Wasser und dann wieder zurück. Ich bin von hohen Kleiderschränken gesprungen, bis meine Knöchel mir davon weh taten, ich habe auf sehr holprigen Wegen hinten auf Motorrädern gesessen, aber es passierte nichts. Dann ging er mit der spitzen Seite eines Pinsels in meine Vagina und versuchte, in den Gebärmuttermund zu stechen; wir hatten gehört, daß es sich dadurch löst. Manchmal stach er gegen die Innenwände, und das tat unheimlich weh. Er hat das ein paar Tage getan, wir waren völlig verzweifelt. Dann sind wir zu Freunden seiner Eltern gegangen, die wußten eine Adresse in Rotterdam, wo wir für 50 Mark Tabletten bekommen würden. Die mußte ich dreimal täglich mit einem Wasserglas voll Cognac schlucken. Ich wurde todkrank davon.

– *Woher hattet ihr die 50 Mark?*

– Die hatte er zum Teil seiner Mutter aus dem Portemonnaie geklaut, zum Teil bei einem Freund geliehen. Und nach den ersten zehn Tabletten hatte ich plötzlich eine Monatsbinde voll mit Blut. Ich war froh, aber danach hörte die Blutung wieder auf. Ich war inzwischen drei Monate schwanger. Für die zweite Ladung Tabletten sollten wir 75 Mark bezahlen, aber die bekamen wir nicht mehr, weil der Mann, der die Pillen besorgte, inzwischen gestorben war. Da wußten wir nicht mehr, was wir tun sollten. Ich wurde schon richtig dick, und mir war jeden Morgen speiübel. Wir Kinder wohnten bei unserem Vater, meine Mutter war von ihm geschieden; als sie uns an einem Samstagnachmittag besuchte, sagte sie zu mir: »Weißt du, was du bist, du bist schwanger. Erzähle das mal deinem Vater.« Das habe ich gemacht, und dann bekam ich große Angst, daß es wegen all dieser Experimente ein mißgebildetes Kind sein würde.

– *Was sagte dein Vater dazu, daß du schwanger warst?*

– Nicht die geringste Äußerung eines Gefühls, ich wurde sofort zur Erwachsenen katapuliert, ich war gerade siebzehn. Auch finanziell mußte ich für alles aufkommen. Er fand, daß er keinen Pfennig mehr für mich zu bezahlen brauchte, das sollte der Junge machen. Der war gerade mit der Schule fertig und hatte seinen ersten Job.

– *Wußte dein Vater schon vorher, daß du einen Freund hattest?*

– Ja. Er wußte auch, daß ich mit ihm schlief, aber es hat mich nie gefragt, ob ich Schwangerschaft zu verhindern wisse. Er dachte sicher, ich sei selbst dahintergekommen. So wurde ich die Haushälterin der Familie. Ich verdiente 150 Mark im Monat und – wie mein Vater dann sagte – Essen und Unterkunft.

– *Durftest du nicht mehr zur Schule?*

– Nein, da war ich inzwischen schon geflogen, weil ich schwanger war. Na ja, wir sollten also heiraten; mein Freund mußte die Zustimmung seines Vaters haben, weil er unter 21 war, aber es passierte nichts. Er suchte auch kein Zimmer, und als ich im siebten Monat war, sagte er eines Nachmittags zu mir: »Ich hau ab und heirate dich auch nicht, ich liebe dich nicht mehr.« – »Na ja, dann werde ich dich mal laufenlassen«, sagte ich damals. Ich habe heulend meinen Vater angerufen und gesagt: »Er ist weg und kommt nie mehr zurück, jetzt bin ich allein.«

– *Du bekamst das Kind allein?*

– Ja, das war furchtbar. Ich ging zur Hebamme meiner Mutter, eine große Person, mit einem Motorrad und so einem ledernen Helm mit Ohrenklappen auf dem Kopf, ziemlich rauh, aber lieb. Die kontrollierte mich immer und sagte, es sei alles in Ordnung. Damals dachte ich noch, es sei zu fühlen, wenn etwas nicht stimmte. Ich fühlte mich bei der Frau sehr wohl, sie war wie eine große Mutter. Aber niemand hat sich um mein psychisches Befinden gekümmert. Im achten Monat mußte beim Gesundheitsamt untersucht werden, wie das Kind lag. Eine Schwester legte mich auf einen gynäkologischen Stuhl, mitten in einem Raum; ich wurde von einem Männchen mit einer Brille untersucht, der schob so seine Hand hinein, und das fand ich schon ziemlich unangenehm. Niemand sprach weiter mit mir, und auf einmal liefen alle weg und ließen mich liegen. Ich dachte: Ich liege hier so lange, irgend etwas ist sicher nicht in Ordnung, und ich wurde immer ängstlicher. Plötzlich ging die Tür auf, acht junge Menschen kamen herein, Jungen und Mädchen in meinem Alter oder etwas älter, und jeder klopfte auf meinen Bauch und ging mit der Hand hinein, ohne mich auch nur zu fragen. Mir wurde ganz übel dabei, ich lag da mit hochrotem Kopf und dachte nur noch, o Gott, hoffentlich ist es schnell vorbei. Als alle an der Reihe gewesen waren, konnte ich gehen.

– *Wo passierte das?*

– Beim Gesundheitsamt in Scheveningen. Eine Ausbildung oder so etwas.

– *Wie verlief die Geburt?*

– Ich bin in einer kleinen Klinik niedergekommen, das war das Billigste, was es gab. Ich mußte es selbst bezahlen, mein Vater zog es von den 150 Mark ab, denn ich sei schlecht, darum müsse ich selbst dafür aufkommen. Während der Geburt saßen die Hebamme und mein Vater am Fußende und rissen Witze miteinander, das störte mich sehr, ich wollte, daß sie auf mich achteten. Aber die Geburt selbst ging gut: Ich mußte zweimal pressen, und plötzlich war da ein Kind. Ich wollte einen Jungen, weil ich dachte, daß der Vater wegen eines Jungen vielleicht zurückkäme, das würde sicher Eindruck auf ihn machen. Aber als es draußen war, sagte mein Vater: »Ahhh! Ein Mädchen!« Ich erschrak mich fast zu Tade. »Nein«, sagte er, und als er das Kind hochhielt, sah ich, daß es doch ein Junge war. Zum Glück ist er ein normales Kind geworden. Der Vater meines Sohnes hatte am Tag zuvor zum ersten Mal wieder angerufen, um zu fragen, wie es ging; mein Vater nahm ab und sagte: »Ja, sie kriegt gerade dein Kind«, und schmiß den Hörer auf die Gabel, ohne mich zu fragen, ob ich mit ihm reden wollte.

Solche Dinge regelte mein Vater dann wieder für mich, darin war ich dann auf einmal wieder nicht erwachsen. In der Klinik erging es mir schlecht. Sie redeten mich mit »Fräulein« an, gaben mir immer zuletzt das Kind und sagten die ganze Zeit kein freundliches Wort zu mir, fragten nie, wie ich mich fühlte. Wir lagen zu dritt, die eine Frau war nett, aber die andere war auch sehr hochnäsig, sie betrachtete mich als Hure. Es hieß immer: »Guten Morgen, Frau Braun, Guten Morgen, Frau Will, Fräulein, Ihr Kind.« Abends war noch 1½ Stunden Besuchszeit für Väter; ich durfte keinen Besuch empfangen, denn mein Kind hatte keinen Vater. Ich heulte deshalb, und da hat sich mein Vater darüber beschwert, danach wurde jedenfalls erlaubt, daß abends mein Vater, meine Schwester oder meine beste Freundin kommen durften. Mehr nicht, denn das störe die anderen Frauen mit ihren Männern. Am siebten Tag erhielt ich einen Obstkorb vom Vater des Kindes, und nachmittags kam er kurz vorbei, mit einem Winterjäckchen, eine weiße Felljacke, obwohl das Kind im Juni geboren wurde; doch ich war sehr glücklich damit, aber sonst hat er sich nicht mehr blicken lassen.

– *Wer war lieb zu dir in der Zeit?*

– Niemand. Ich empfand sehr viel für meinen Sohn, das war das einzige auf der Erde, was mir gehörte, zu dem ich lieb war und der seine Händchen nach mir ausstreckte. Er war der einzige, den ich in den Arm nehmen und verhätscheln konnte. Das konnte mir auch niemand mehr wegnehmen. Viel Schönes gab es darüber hinaus nicht. Nachmittags besuchte ich mit dem Kind Freundinnen, denen dasselbe passiert war. Als das Kind sieben Monate alt war und ich mit ihm die Straße entlanglief, mit dem Kinderwagen, den ich selbst gekauft hatte, da hielt mich der Vater an. Er fragte, ob ich nicht das Kind nach Hause bringen und dann mit ihm in seinem neuen Auto 'ne Runde fahren wollte. Er sagte, daß er wieder zurückkommen wollte, weil er mich doch liebte; ich war jetzt ja auch wieder so schön schlank, den dicken Bauch damals hatte er bedrohlich gefunden. So habe ich ein Verhältnis mit dem Vater des Kindes angefangen, wie mit einem Freund außer Haus. Mein Vater hatte ihm Hausverbot erteilt, weil er mich nicht heiratete, also kam er, wenn mein Vater nicht zu Hause war.

– *Was machtet ihr zusammen?*

– Freien, ich kochte, er aß es auf.

– Wie fandest du das?

– Ich existierte wieder, er kam jeden Tag, um mit mir ins Bett zu gehen. Einmal kam mein Vater nachmittags unerwartet nach Hause. Ich hörte ihn plötzlich auf dem Flur: »Mach die Tür auf, mach sofort auf!« Mein Freund sprang aus dem Bett und zog sich in aller Eile an, und ich schrie: »Pa, benimm dich normal! Geh weg, Pa! Ich komme gleich runter!« . . . Aber er hatte die Tür eingetreten und schrie: »Was macht dieses dreckige Schwein in meinem Haus! Der Junge soll dafür sorgen, daß du etwas zu essen und anzuziehen hast, aber das einzige, was er macht, ist, dich bumsen!« Als das Kind 2½ Jahre alt war, sagte mein Freund endlich, daß wir heiraten sollten. Wir haben dann von den Ersparnissen meines Vaters ein Haus gekauft. Nach drei Jahren bin ich weggelaufen, zusammen mit dem Mann, mit dem ich jetzt lebe. Die ganze Zeit vermutete ich, daß er untreu war, er kam immer erst spät in der Nacht nach Hause. Er arbeitete in Bars und Nachtclubs. Ich habe ihn auch oft gefragt, ob er mit anderen Frauen bumste, aber nein, wie konnte ich so etwas denken! Dann bekam ich wieder ein neues Kleid, neue Schuhe, goldene Ketten und Armbänder, einen Strauß Blumen, eine Pelzjacke. Oh, er war so nett zu mir, aber da stimmte etwas nicht. Ich war sicher, daß er mit anderen Frauen zusammen war. Ich habe auch mal Filzläuse gehabt. Er sagte etwas von Juckreiz, eine Woche später hatte ich es auch und wollte damit zum Arzt. Aber nein, das war nicht notwendig, das kam von dem alten Haus, von den Fußleisten. Wir haben es mit DDT vollgespritzt, ein paar Mal am Tag konnte ich meine Unterhose ausschütteln, die war dann voll mit grauen Tierchen, mit Beinen rundherum. Nachdem ich schon weg war von ihm, habe ich ihn doch einmal gefragt, ob er nicht doch die ganze Zeit über Freundinnen hatte; da hat er es endlich zugegeben. Ich bin so froh, daß er dann ehrlich war, denn sonst hätte ich immer das Gefühl gehabt, schlecht zu sein, weil ich so häßliche Dinge dachte, während er so lieb zu mir war. Er liebte mich, er fand es schlimm, daß ich wegging.

– Weiß dein Sohn, daß du ihn nicht wolltest?

– Ich habe noch nicht ausführlich mit ihm darüber geredet, aber er weiß es. Es ist noch ein Problem, denn manchmal sagt er: »Ihr wollt mich doch nicht.« Er will alles über die Abtreibungsgesetze wissen und fragt mich alles über die Abtreibungsdemonstrationen, an denen ich teilnehme. Er hat sicher ein merkwürdiges Gefühl dabei. Aber ich habe immer zu ihm gesagt: »Als du da warst, wollte ich dich nie mehr verlieren.« Vielleicht habe ich ihn auch aus einem Schuldgefühl heraus zu sehr verwöhnt. Ich fühle mich schuldig, weil ich ihn nicht wollte, weil er es in der ersten Zeit ohne Vater sicher schwer gehabt hat, weil ich ihm den Vater auch wieder weggenommen habe. Vielleicht fällt er deshalb am Anfang seiner Pubertät auch wieder etwas zurück. Er ist jetzt elf. Er schimpft auch über mich: »Ich will, daß du heute abend für mich nähst! Ich will, daß die Knöpfe dran kommen!« Neulich bei einem Fernsehprogramm über Diskriminierung von Kindern rief er die ganze Zeit: »Ja, das machst du auch immer! Siehst du, siehst du, genau wie du!« Das war zuviel für mich, ich mußte furchtbar heulen, das tat weh! Ein Kind kann dir weh tun ... verdammt, genausosehr wie ein Freund oder Ehepartner. Ich habe mit ihm darüber geredet und gesagt, ich fände, ich ginge sogar sehr gut mit ihm um.

– *Kann er gut mit deinem jetzigen Freund auskommen?*

– O ja, prima, sie umarmen sich und rollen zusammen über den Fußboden. Mein Freund ist auch sehr zärtlich zu ihm, und so erfährt er auch von einem Mann Gefühle, das finde ich sehr gut. Als wir zusammenzogen, war er fünf. Zu Anfang haben sie einander erst in Ruhe gelassen, und langsam ist ein Band entstanden. Sie tragen dieselbe Kleidung, finden dieselbe Musik gut, mein Sohn geht mit seinen Schularbeiten zu ihm und mit Fragen. Er sorgt genausoviel für ihn wie ich, er geht sogar allein zu Elternabenden, wenn ich nicht kann.

– *Wie hast du deinen jetzigen Freund kennengelernt?*

– Er ist der Sohn von einer Freundin meiner Mutter. Ich ging oft mit meiner Mutter dorthin zum Tee oder zum Essen, weil ich viel allein war; mein Mann ging nachmittags um drei Uhr weg und kam nachts um drei Uhr zurück. Wir fanden uns allmählich immer sympathischer, und später kam er auch mit seinen Freunden zu mir nach Hause, um Musik zu hören. Wir waren ungefähr im gleichen Alter, er ist zwei Jahre jünger als ich. Eines Abends kam er allein, und nach zwanzig Minuten wurde die Spannung unerträglich. Auf einmal standen wir gleichzeitig auf und hielten uns eine halbe Stunde lang einfach fest, wir fühlten sehr viel füreinander. Ein paar Tage später bin ich zu ihm gegangen, und da sind wir miteinander ins Bett gekrochen. Wir konnten beide keinen Orgasmus bekommen, wir lagen nackt nebeneinander, zitternd, wir konnten es kaum ertragen, es war einfach zuviel. Er begann heftig zu weinen und sagte, er habe noch nie so viel für jemanden gefühlt. Ein paar Tage später kam er vorbei und sagte: »Entweder ziehst du mit deinem Sohn zu mir, oder ich sehe dich nie wieder, anders halte ich es nicht aus.« Er blieb nur eine Viertelstunde. Ich habe gedacht und gedacht, und nach ein paar Tagen habe ich ihn angerufen und gesagt: »Ich gehe mit, ich sage es heute abend meinem Mann und komme heute nacht mit dem Kind zu dir.« Mein Mann wurde abwechselnd wütend und traurig, er heulte, fiel auf seine Knie, er wollte alles anders machen, er wollte mit mir reden, er wüßte, daß er alles verkehrt gemacht hätte, ich sollte nicht weggehen, er liebte mich so. Aber das berührte mich alles nicht mehr, ich war sogar froh, obwohl ich tiefes Mitleid mit ihm empfand. Ich habe meine Kleidung und die von meinem Sohn in Müllsäcke gestopft, auch seine Spielsachen, sonst nichts. Ich bekam noch einen Stuhl an den Kopf, eine Lampe ging hinter mir in Stücke, und als ich wegging, erhielt ich noch einen Schlag mitten ins Gesicht, während er schrie: »Hau ab, du dreckige Hure!« Ich fühlte mich so schuldig, weil ich wegging, daß ich ihm alles andere überließ. Das Haus gehörte mir, mit allem, was drin war. Ich habe auch keine Alimente verlangt, nur etwas Geld fürs Kind, denn ich dachte: falls ich nicht auskomme, habe ich zumindest genug zu essen fürs Kind. Inzwischen finde ich das ziemlich dumm; denn er hat neulich das Haus verkauft, und ich hätte auch gern etwas von den 150 000 Mark gehabt.

– *Hast du mit deinem jetzigen Freund gleich ganz anders angefangen?*

– Ja, ich habe es von Anfang an vollkommen anders gemacht, aber wir verändern uns immer noch, jeden Tag, unser ganzes Leben lang. Jeden Tag lernen wir etwas dazu, verstehen wir etwas mehr von uns selbst und vom anderen, wir teilen uns immer unsere Entdeckungen mit. Das geht langsam, wir sind nie fertig. Ich habe auch ganz anders gefreit, wir fragten uns gegenseitig, was wir gern hatten, und ich habe einfach gesagt, wie ich es wollte. Schritt für Schritt haben wir ganz langsam miteinander begonnen.

– Ich habe immer Angst, daß ich es nicht mehr schön finde, sobald ich es sage, und meine Erregung dann sofort wegsackt.

– O ja, die Angst kenne ich gut, so ungefähr, wenn ich erst so viele Anweisungen geben muß, dann muß es eigentlich auch schon nicht mehr sein. Aber er geht immer sehr gut darauf ein und sagt dann: »Ja, komm Schatz, mach weiter, ich mag doch so gern, wenn es dir gutgeht, sag mal nichts mehr . . .« Und dann konnte ich wieder weitermachen und wegsinken. Eine der wichtigen und wunderschönen Veränderungen ist, daß wir lieb zueinander sein können und uns gern streicheln. Das konnte ich überhaupt nicht. Wenn ich meinen Mann streichelte, blieb es nie dabei, es entstand immer eine Spannung, weil er immer noch mehr wollte. Jetzt kann ich stundenlang streicheln, sehr sanft und langsam, einander ruhig festhalten, ein Bein auf einem Bein fühlen, einen Arm auf einem Arm, wenn er mit meinen Zehen spielt, werde ich völlig weich, wenn er ganz sanft mein Haar streichelt, dann kriege ich so ein schwebendes Gefühl, so wie in den Bergen, weißt du, ich wußte überhaupt nicht, daß es solche Gefühle gibt.

– Freit ihr auch regelmäßig, ohne zu vögeln?

– Ja, sehr oft. Manchmal habe ich einen Orgasmus, und er auch, in meiner Hand, einfach vom Streicheln, pumpen tue ich nur selten. Sehr oft freien wir auch ohne Orgasmus, wir schlafen nie ein, ohne uns vorher zu berühren. Wenn wir das nicht tun, dann ist irgend was los.

– Bist du völlig zufrieden damit, wie ihr miteinander freit?

– Nein, ein paar Frustrationen will ich noch loswerden. Sieh mal, ich kann mir nicht vorstellen, daß es schön ist, meine Möse zu lecken, alles ist da klebrig und naß, und wenn er es dann macht, ganz sanft, denke ich: »Es ist fies, hör auf damit!« Ich muß mir dann wirklich zwanzigmal sagen, daß er es fein findet und lecker, daß er es da wirklich schön findet und »schau doch mal die niedlichen Lippen, ich finde das alles so schön, die kleinen Haare, die kleine Klitoris, die wird schon ein bißchen dick, alles wird ganz sanft und warm und riecht so gut, ich werde ganz erregt davon.« Er guckt mich dann auch an und sagt, daß er es gern tut, aber dann drehe ich meinen Kopf zur Seite und sage: »Nein, nicht angucken!« Weil dann auf meinem Gesicht zu sehen ist, daß ich es schön finde, und das ist nicht erlaubt. Mir ist das alles noch sehr fremd. Ich finde es schön, wenn er mein Knie streichelt und küßt, warum also nicht auch meine Möse? Meinen eigenen Geruch an meinen Fingern mag ich sehr gern, aber wenn er hochkommt und seine Lippen völlig naß sind, rufe ich auch wieder: »Nein, jetzt nicht küssen.« Ich werde mal üben, meine Finger abzulutschen, das habe ich noch nie getan. Als ich neulich etwas beschwipst war, bin ich weitergegangen, ich habe mich auf ihn gelegt, meinen Kopf bei seinem Pimmel, meine Möse auf sein Gesicht, und habe so einen Orgasmus bekommen, zum ersten Mal in dieser Lage. Danach sind wir so eingeschlafen, übereinander. Am nächsten Tag sagte er: »Das war unheimlich lieb, was wir gestern gemacht haben« – aber darüber darf er dann nicht mehr reden, ich sage dann: »Sei still, es war sowieso schon so schwierig, und ich mache es vorläufig auch nicht noch mal.«

– *Hatte er auch einen Orgasmus?*

– Ja. Ich nehme ihn nicht mehr ganz in den Mund wie früher, da gehörte es dazu, daß du ihn in den Mund nahmst und hin und her schobst, aber ich bekam davon so ein würgendes Gefühl, ab ob ich erstickte, darum lecke ich jetzt nur, halte ihn in der Hand und küsse ihn.

– *Wo läßt er seinen Samen?*

– Ich nehme sie nicht in den Mund, früher bei meinem Mann machte ich das, aber mir wurde speiübel davon. Ich finde, das ist auch nicht notwendig, also lasse ich es in die Luft, gegen meine Schulter oder in meine Hände spritzen, das finde ich alles nicht so schlimm. Das liegt dann irgendwo und klebt langsam fest.

– *Hat dein Freund es selbst schon mal geschmeckt?*

– Ja, neulich zum ersten Mal, er fand den Geschmack etwas merkwürdig. Was gibt's da noch mehr, was ich erreichen möchte . . .? O ja, ich will lernen, jederzeit freien zu können, ohne tagsüber immer die Angst zu haben, daß jemand anruft. Wenn er es vorschlägt, wehre ich mich eine halbe Stunde dagegen, und meistens sagt er: »Wenn du es wirklich unangenehm findest, tun wir es natürlich nicht.« Manchmal passiert es doch, und dann finde ich es auch herrlich, noch mit einem schönen Orgasmusschläfchen hinterher. Ich verstehe dann nicht, warum ich mich so dagegen gewehrt habe.

– *Ich fand es tagsüber auch schwierig, mit quengelnden Kindern hinter der Tür oder Kindern, die aus der Schule kamen.*

– Wenn mein Sohn reinkommt, sagen wir einfach, daß wir gerade freien. Wir liegen dann nackt unterm Schlafsack mit verwuschelten Haaren und umarmen uns auch, während er mit uns spricht. Manchmal springt er aufs Bett, um lieb zu sein.

– *Wie habt ihr ihn aufgeklärt?*

– Stück für Stück, jede Frage von ihm haben wir gleich beantwortet. Ich habe ihm auch gesagt, daß es schön ist, wenn er sein Pimmelchen berührt, auch wenn er es wäscht. Später habe ich ihm erzählt, bei mir sei das auch so, ich habe auch ein winziges Knöpfchen, worin schöne Gefühle stecken, und das Loch sei dazu da, Kinder zu bekommen.

– *Sinkt deine Erregung weg, wenn jemand reinkommt?*

– Jetzt nicht mehr. Früher ja, da ging es schon bergab, wenn jemand den Flur entlanglief. Hier wohnen doch mehr Leute, aber wenn jetzt jemand in der Küche rumort, bleibt meine Erregung, und ich komme ganz ruhig zum Höhepunkt. Das habe ich erst dieses Jahr gelernt. Meine Orgasmen werden auch immer größer und voller, es ist so schön, daß ich mich nicht mehr zurückhalten kann, ich rufe dann auch echt »Jaaaaaa!«, und mein Freund sagt dann: »Pssst, was bist du für ein Schreihals«, aber das stört mich nicht. Früher tat ich das nie. Ich lasse mich wirklich vollkommen gehen, wenn ich einen Orgasmus bekomme, es ist, als ob du ein Feuerwerk siehst, dann rufst du auch »Oh!«. Inzwischen macht es mir auch nichts mehr aus, wenn er mich dabei anguckt, ich finde das sogar ein bißchen spannend. Und seit einem Jahr können wir es auch gleichzeitig. Wenn ich beinahe soweit bin, sage ich: »Ja, es ist fast soweit«, dann halte ich es zurück und warte auf ihn, und dann gelingt es uns im gleichen Moment. Ich finde es schön, daß wir uns dann beide genau gleichzeitig irrsinnig gut fühlen, so eine Explosion von zwei Leuten, das finde ich so toll.

– *Könnt ihr das auch, wenn ihr miteinander vögelt?*

– Ja, dann liege ich meistens auf dem Bauch, und er geht von hinten hinein. Mit seiner Hand kann er dann unter meinem Bauch meine Klitoris berühren.

– *Brauchst du Phanatasien, um zum Orgasmus zu kommen?*

– Meistens ja. Ich phantasiere immer etwas, das nicht erlaubt ist. Beispielsweise liege ich halbnackt in der Sonne und schlafe, es kommt ein Mann vorbei, den ich nicht kenne. Er kann nicht von mir lassen, weil ich da so verführerisch liege, und er fängt an, mich ganz sanft zu strei-cheln, ganz zart und liebevoll. Ich lasse ihn gewähren, tue so, als ob ich es nicht merke, er weiß auch nicht, daß ich ganz erregt werde, und dann bekomme ich heimlich einen Orgasmus, und der Mann geht wie-der weg. Manchmal male ich mir auch eine Situation, die ich tagsüber erlebt habe, weiter aus. Wenn ich beispielsweise Blumen gekauft habe, träume ich, daß der Blumenmann sehr nett war und mir sagte, komm mal eben mit nach hinten, ich packe sie dann ganz besonders schön für dich ein. Wir freien im Stehen, ganz schnell, während viele Leute im Laden sind, danach gehe ich einfach wieder weg. In meiner Phantasie ist das sehr spannend.

– Hast du Schuldgefühle, wenn du von jemand anders träumst, nicht von dem Mann, mit dem du freist?

– Früher dachte ich, es sei ein Beweis dafür, daß ich ihn nicht liebte, und schämte mich. Aber das ist völlig vorbei, ich habe meinem Freund sogar einige Phantasien erzählt. Das finde ich allerdings immer noch schwierig.

– Verstehst du, warum deshalb so viele Leute Schuldgefühle haben?

– Ich glaube, weil Sex überhaupt nicht erlaubt ist. Sex wurde ver-schwiegen, verkannt, bestand nicht, und also ist es nicht erlaubt. Ich phantasiere auch immer von einer Situation, die nicht erlaubt ist, Sex hinten im Laden, während niemand es sieht, Sex, wobei ich heimlich einen Orgasmus habe. Mein Freund phantasiert, daß er mit sehr jun-gen Mädchen freit, denen er sehr vorsichtig beibringt, wie schön das alles ist, eine Art Einweihung. Das finde ich nicht so schwierig, wir haben es gut miteinander durchgesprochen und sind dahintergekom-men, daß du über eine *Situation* phantasierst, nicht von den Leuten, die darin vorkommen, denn die haben kein Gesicht. Die Situation macht es so spannend, weil sie verboten ist.

– Habt ihr ungefähr gleich viel Lust?

– Ich etwas mehr. Vielleicht bin ich in meinen Topjahren. Er ist eher müde als ich.

– Wie löst ihr diesen Unterschied?

– Wir freien dann einfach nicht, so eine Notwendigkeit ist es auch nicht.

– Wenn du einen Wind lassen mußt beim Freien, was tust du dann?

Ich springe immer aus dem Bett, renne aus dem Zimmer auf den
Flur. Oft gelingt es mir dann nicht einmal mehr.
– Nein! Einfach tun! Wir sagen einfach: »Oh, ich muß einen Wind
lassen.« – »Na, dann mach mal.« Und wenn der dann stinkt, rufen
wir: »Oje, wie stinkt der von dir wieder, furchtbar!« Dann rollen wir
aus dem Bett, wir müssen oft irrsinnig lachen. Es gehört einfach zu
unseren Körpern, der Abfall unseres Körpers riecht nun mal so merkwürdig. Weißt du, was ich auch mal getan habe? Seinen Penis festgehalten, während er pinkelte, dann fühlst du, wie der Harn da hindurch-
strömt, das ist sehr schön.
– *Ich bekomme das Gefühl, daß ihr sehr gut miteinander umgeht.*
Warum, glaubst du, geht es so gut zwischen euch?
– Durch die totale Offenheit. Wir sagen uns wirklich alles, was wir fühlen, was wir denken – was wir denken, das der andere nicht denkt . . .
Wir haben keine Geheimnisse voreinander. Auch wenn wir zu jemand
anders gehen, erzählen wir uns, was wir da erlebt haben. Wir wagen es,
uns gegenseitig alles zu sagen, was uns weh tut, wovor wir Angst ha-
ben. Und was ich sehr gut finde bei uns, ist, daß wir alle beide wie
Kinder sein können. Als es gerade geschneit hatte, zog er morgens die
Gardinen auf und rief »Schneeee!« Ohne zu frühstücken, sind wir mit
dem Schlitten in den Wald gelaufen und haben uns im Schnee gewälzt.
Wir sind Kameraden auf allen Ebenen, wir können uns beieinander
ausheulen, wir können erwachsen miteinander reden.
– *Fühlst du dich in keiner Weise unterdrückt?*
– Na ja, manchmal hat er etwas Lehrerhaftes, und darüber kriegen wir
dann Streit. Dann will er mir mal eben was erklären, aber ich stecke
dann einfach die Finger in meine Ohren. Weil ich so nicht mit ihm
reden will.
– *Er läuft nicht weg?*
– Nein, nein. Wir schreien uns an und schmeißen mit Sachen, dann
hassen wir uns echt.
– *Schlagt ihr euch manchmal?*
– Ich knuffe ihn manchmal, und er knufft dann auch zurück, oder er
hält mich fest. Dann sagen wir uns scheußliche Dinge, nur um weh zu
tun: »Du bist genau wie deine Mutter, es ist alles Unfug, wir sollten
mal lieber Schluß machen.« In so einem Moment sterbe ich, es scheint

das Ende unserer Beziehung. Wir sitzen dann fest, können uns nichts mehr sagen und gehen wütend ins Bett. Wenn wir uns dann aus Versehen berühren, schreien wir vor Widerwillen. Die Sackgasse kann nur ich durchbrechen, er wagt es nicht mehr, seine Hand auszustrecken, weil er Angst hat, daß ich dann draufschlage, und das tue ich tatsächlich auch immer. Früher stellte er sich hinter mich, legte seine Arme um mich und sagte: »Liebling, sollen wir nicht mal miteinander reden«, aber ich keifte immer zurück: »Laß mich los, hau ab!«, obwohl ich eigentlich wollte, daß er mich festhielt. Also bin ich es jetzt immer, die vorschlägt, uns zusammenzusetzen und auszusprechen. Und Pfeil um Pfeil ziehen wir heraus, alles Tödliche, was wir hineingeschossen haben. »Du hast gesagt, du haßt mich, weil ich meiner Mutter ähnlich bin, stimmt das?« – »Nein, aber ich weiß, daß du es schlimm findest, deiner Mutter zu ähneln, und darum sage ich es.« Hopp, der Pfeil ist draußen. Und ich sage zu ihm: »Ich weiß, ich tue dir sehr weh, wenn ich sage, daß du genauso egoistisch bist wie dein Vater, aber ich meine es nicht so.« Wieder ein Pfeil draußen. Und wenn wir sie alle herausgezogen haben, liegen wir uns heulend in den Armen und sagen: »Es geht alles viel besser, als es schien, wir müssen nicht so scheußlich miteinander streiten.« Dann fühlen wir uns wieder prima, halten ein irrsinniges Frei-Fest und laufen Hand in Hand die Straße entlang und singen. Wir treffen auch Verabredungen. Ich kann beispielsweise keine Kritik vertragen, und er hat Angst, mich zu verletzen, und hält sich darum oft zurück. Wir haben am Neujahrstag darüber gesprochen und damals verabredet, daß er erst das Codewort »erster Januar« nennt, bevor er sagt, was er auf dem Herzen hat. Wir haben auch eine sehr schöne Geste dafür, wenn etwas so weh tut, daß du in dem Augenblick kein Wort darüber rausbringen kannst. Dann tun wir so, als ob ein Dolch in unsere Brust gestoßen wird, und dann kann der andere gleich darauf reagieren: »Oh, wir furchtbar, habe ich dich damit so verletzt, das tut mir leid«, und kann dich in den Arm nehmen.

– *Freit ihr auch mit anderen Menschen?*

– Ja. Durch meinen Freund lernte ich viele nette Männer kennen, mit denen ich gut reden konnte, für die ich sexuelle Gefühle entwickelte. Wir haben uns damals gesagt: Es gibt viele Menschen, die uns mögen und die wir interessant finden, und wenn sie uns zu verstehen geben,

daß sie mit uns freien möchten, wollen wir eigentlich auch darauf eingehen können. Wir gingen dem aus dem Weg, aus Angst, einander zu
verlieren. Aber wir empfinden so viel Schönes füreinander, sind so
überzeugt davon, daß wir zueinander gehören und uns nicht verlieren,
daß wir uns ruhig umsehen können. Unsere Beziehung ist Nummer 1,
daran arbeiten wir, und darüber hinaus gibt es nur mal etwas zum Vergnügen.

– Wer hat angefangen?

– Ich. Für mich ist es ein reiner Ego-Trip. Ich bin dann ein Körper, ich
lasse mich einfach wie eine Puppe bewundern, ich laufe durchs Zimmer, und dann sagen sie: »Oh, wie schön!« Und das heimse ich ein.
Ich finde es so spannend, daß ich begehrt werde, aber ich lasse mich
nicht echt gehen, ich bekomme keinen Orgasmus.

– Fragen sie nicht, warum?

– Nein, das fragen Männer nicht. Sie fragen auch nie, ob ich ein Verhütungsmittel verwende, darum kümmern sie sich nicht.

– Wie oft hast du das jetzt schon gemacht?

– Mit fünf Männern, glaube ich. Mit allen einmal, außer mit dem ersten, mit ihm ein halbes Jahr. Das ist eine unheimliche Feuerprobe für
unsere Beziehung gewesen. Ich habe zu meinem Freund gesagt:
»Wenn du willst, daß Schluß ist, mußt du es sagen, dann höre ich sofort auf.«

– Findet er es schwierig, danach deinen Körper wieder zu berühren?

– Ja, kurz danach. Dann findet er es schwierig, meine Möse zu berühren, weil der Junge da drin gewesen ist, aber ich helfe ihm dann und
sage: »Komm, Schatz, es ist überhaupt nicht wichtig, es ist nur ein bißchen Vergnügen nebenbei gewesen, ich denke überhaupt nicht daran,
wenn wir zusammen freien.« Dann kann er sich darüber hinwegset-
zen. Er hat natürlich auch Mädchen nebenher gehabt, etwas weniger,
ich glaube, drei oder vier, aber ich bin viel eifersüchtiger als er. Ich
finde es schrecklich! Am schlimmsten finde ich noch, daß die Frauen
alle einen Orgasmus bekommen. Ich will dann alles darüber wissen,
aber zugleich wird mir ganz schlecht. Es waren Frauen dabei, die in
Tränen ausbrachen und sagten, daß sie so etwas bei einem Mann noch
nie erlebt hätten.

– Wollen sie danach nicht häufiger mit ihm ins Bett?

– Ja, davor habe ich auch so große Angst! Sie verlieben sich vielleicht noch in ihn, weil er so gut freit. Zum Glück sagt er immer sehr deutlich, daß es nur für einen Abend ist. Aber ich bin darauf schon furchtbar eifersüchtig, verdammt, die Männer, die ich treffe, wissen das alles nicht, die sind alle etwas ungeschickt oder grob. Ich wage es ihnen nicht zu sagen, das müssen sie mal mit ihrer Freundin herausfinden.

– *Wie schade.*

– Oh, findest du, daß ich das tun müßte? Ja, eigentlich schon, sonst haben ihre nächsten Freundinnen doch nichts davon.

– *Wie lange dauert es, bis du deinen Freund wieder küssen kannst, wenn er mit einer anderen Frau gefreit hat?*

– Er duscht sich und putzt seine Zähne, dann ist es wieder ab, und dann muß wieder alles mir gehören. Dann muß ich das Gebiet zurückerobern, tüchtig freien, festhalten, küssen, in mich hineingehen, einen Orgasmus bekommen, dann ist es ausgefegt. Das machen wir am darauffolgenden Abend, es geht jetzt schon viel schneller, aber erst müssen wir darüber geredet haben.

– *Welches Risiko läufst du, wenn du Dinge so tust, wie du es willst?*

– Mit meinem Freund laufe ich im Augenblick kein Risiko, denn er will auch so leben. Wir versuchen so gleichwertig wie möglich zu sein, er unterdrückt mich nicht. Wir teilen uns die Arbeit im Haus, auch wenn seine Schmutzgrenze niedriger liegt als meine, dann laufe ich eben mal über einen klebrigen Küchenfußboden, ich brauche ja nicht davon zu essen, nicht? In meiner Beziehung mit ihm mache ich keine Konzessionen, ich sage deutlich, was ich will und was mich beschäftigt, und bis jetzt hat sich das nur konstruktiv ausgewirkt. Und wenn er nach ein paar Jahren sagt: »Ich habe jetzt die Nase voll und gehe weg«, dann taugt er doch nicht. Wenn er es nicht aushalten kann, dann muß ich eben allein weiter. Das wäre dann wirklich das schlimmste Risiko. Aber jetzt unterstützt er mich in allem, was ich erreichen will. Ich traue mich auch mehr, ich bin offener gegenüber anderen, erzähle mehr über mich selbst, und er hilft mir dabei, indem wir darüber reden. Doch ich merke, daß ich damit immer mehr allein bin, wir verlieren Freunde, die unsere Ehrlichkeit nicht mitmachen. Männer in meiner Umgebung habe viele Probleme mit Frauen, die sich emanzipieren. Die Welt ist einfach ein großes »Madurodam«, alle Frauen, die zu

Hause nichts dürfen, alle Männer auf ihrem Arbeitsplatz, sie besuchen sich mit dem Auto, und niemand macht das, wozu er eigentlich Lust hat. Ich laufe dazwischen durch, will tun, wozu ich Lust habe, und alle Leute sagen: »Du bist verrückt, tun zu wollen, wozu du Lust hast, das geht nicht.« Unsere sozialen Kontakte sind darum auch ziemlich begrenzt. Der größte Widerstand kommt von Leuten, die selbst nicht sagen können: »Ich tue, wozu ich Lust habe.« Natürlich habe ich manchmal Schuldgefühle und frage mich, ob ich mich nicht mehr mit meinem Kind beschäftigen oder den Haushalt besser versorgen sollte, das sind alte Rollenmuster, die dann wie drohende Wolken auftauchen. Dann sage ich auch gleich, daß ich ein ungutes Gefühl deshalb habe, und frage meine Familie, ob sie mich vermissen, ob sie wollen, daß ich Essen koche, aber dann rufen alle beide: »Hör doch auf! Wenn wir was wollen, fragen wir schon!« Und mein Sohn sagt noch: »Du wolltest doch feministisch sein, na ja, dann mußt du es uns auch selbst überlassen.« Das sind die Kräfte hinter mir, mein Freund und mein Sohn, ich stehe hiermit jedenfalls nicht allein, wir machen es gemeinsam.

XIV. Auf dem Weg zu neuen Beziehungen mit Männern

1. Gesellschaftliche Gleichheit

Weil das sexuelle Erleben zwischen Männern und Frauen mit Machtverhältnissen zusammenhängt, wird sich die Sexualität nicht so einfach verändern, wenn sich diese Verhältnisse nicht ändern. Wenn Männer und Frauen außerhalb des Hauses ungleich sind, ist es auch zu Hause schwierig, eine Beziehung auf der Basis der Gleichheit zu haben. Um, bezogen auf die Gleichheit, einen Schritt vorwärts zu kommen, müssen wir gleiche Chancen bei der Arbeit haben, gleich bezahlt werden, und die Arbeit im Haushalt muß geteilt werden. Das ist nur möglich, wenn es bessere Einrichtungen gibt, um die Verantwortlichkeit für die Kinder zu teilen. Um das zu erreichen, muß sich viel verändern. Das geschieht sicherlich nicht von heute auf morgen. Aber dafür zu kämpfen ist schon eine Möglichkeit, sich selbständiger zu fühlen.

»Als wir kurz hintereinander zwei Kinder bekamen, habe ich mein Studium zunächst unterbrochen. Als sie in den Kindergarten gingen, hatte ich keine Lust mehr zu studieren. Ich begann, mich zu Hause

243

eingeschlossen zu fühlen. Wir bekamen viel Streit. Er ging immer mehr in seiner neuen Arbeit auf. Ich hatte wenig, das mich wirklich betraf. Als ich mich mit einigen anderen Müttern darum kümmerte, daß Kinder auch länger im Kindergarten bleiben können, kam plötzlich eins zum anderen. Es wurde eine richtige Organisation. Wir initiierten eine Frauengruppe am Abend, ich beteiligte mich an der Planung von Kursen im Stadtteilzentrum. So bin ich ehrenamtliche Leiterin für Frauenkurse im Stadtteilzentrum geworden. Ich versuchte, nun auch eine besser bezahlte Arbeit zu bekommen. Ich fühlte mich jetzt besser und selbstsicherer, nicht nur wegen des Geldes, sondern auch weil ich etwas tue, was ich gut kann und in dem ich einen Sinn sehe, was genauso wichtig ist wie seine Arbeit. Das hat auch Einfluß darauf, wie wir miteinander umgehen. In der Zeit, als ich zu Hause saß, hatte ich zu nichts mehr Lust, auch nicht zum Freien, wenn er mit all seinen Geschichten über seine Arbeit nach Hause kam. Nun haben wir beide etwas zu erzählen, und es ist wieder schön, wenn wir uns sehen.«

Nicht immer ist eine Beziehung zu retten, wenn sich die Machtstruktur verschiebt. Was zutage tritt, wenn du selbständiger wirst, ist *seine* Abhängigkeit, und das können Männer schwer zugeben. Fast alle Frauen, die sich damit beschäftigen, die Machtstrukturen in ihrer Beziehung zu verändern, bekommen damit Schwierigkeiten, auch wenn es noch so vorsichtig geschieht; auch wenn er schon so oft gesagt hat, er fände es prima, wenn du einen Kursus machst, während er auf die Kinder achtet, oder daß du mehr für dich selbst tun solltest, wenn du dabei bist zu verblöden. Manchmal werden Beziehungen durch einige schwere Krisen besser, und manchmal gehen sie auseinander. Daß Männer soviel weniger darin geübt sind, offen über ihre Gefühle zu sprechen – jedenfalls verglichen mit Frauen, die in Selbsterfahrungsgruppen waren oder von anderen Frauen Unterstützung bekommen –, macht es nicht gerade einfacher, es ist harte Arbeit.

2. Sagen, was du willst

In Beziehungen mit Frauen hast du oft das Gefühl, alles noch selbst herausfinden zu müssen: Es gibt wenig Vorbilder. In Beziehungen zwischen Männern und Frauen gibt es so viele feste Verhaltensweisen, daß wir furchtbar viel verlernen müssen, bevor wir dazu kommen, etwas Neues aufzubauen. Betty Dodson beschreibt in ihrem Buch »*Liberating masturbation*« zwei verschiedene festgefahrene Verhaltensweisen in sexuellen Beziehungen zwischen Männern und Frauen. Die eine besteht darin, daß der Mann für den Ablauf der ganzen romantischen Bumserei verantwortlich ist. Er muß eine Erektion bekommen, schon wenn er ihren Körper sieht, er muß die Erektion halten, während er ihr einen Orgasmus »verschafft«, ohne jegliche Vorstellung davon, was sie schön findet. Und natürlich geschieht nicht viel mit ihr, wenn sie so passiv und abwartend daliegt. Und um ihn nicht zu enttäuschen, sagt sie dann, daß für sie ein Orgasmus nicht so wichtig sei, viel wichtiger sei die Liebe füreinander. Dem moderneren Verhaltensmuster nach ist die Frau für seine Erektion verantwortlich. Und weil sie nicht prüde sein will, macht sie das, was er schön findet. Sie macht oralen Sex, um seinen Penis steif zu bekommen. Er übernimmt dann die Initaitive in der Stellung, die für ihn am besten ist. Sie hilft ihm, stürzt sich in ein Theater von Wimmern, Seufzen und Stöhnen, um ihn zu erregen. Er kommt zum Orgasmus, und sie tut so, als ob. Zwei bekannte Verhaltensmuster und beide nicht mehr das, was wir wollen. Wir wollen nicht mehr passiv daliegen und warten, daß uns ein Orgasmus als Geschenk übergeben wird, ganz abgesehen davon, daß das meistens auch nicht so funktioniert. Wir wollen auch nicht die flotte Frau herauskehren und alles tun, um ihm zu seinem sexuellen Vergnügen zu verhelfen und ihn in dem Wahn zu lassen, er sei ein ausgezeichneter Liebhaber, wenn für uns nicht mehr dabei herauskommt, als daß *er* sich wieder phantastisch fühlt. Was wollen *wir* dann aber?
Träume haben wir, aber viele unserer Träume sind gefärbt durch die Erwartungen, die wir mitbekommen haben. Beispielsweise, daß Sexualität etwas Spontanes sein muß und die Romantik zerstört wird, wenn wir darüber sprechen. Das beispielsweise ein guter Liebhaber von selbst errät, was wir schön finden. Aber wie soll er es wissen, wenn

wir selbst es ihm nicht deutlich machen? Vielleicht hat er darüber Bücher gelesen. Doch darin steht oft Unsinn, und außerdem gibt es keine allgemeinen Regeln für alle Frauen.

»Er tat wirklich sein Bestes. Er wußte, daß bei Frauen die Klitoris wichtig ist, und er konnte auch heraufinden, wo sie saß. Er hatte gelesen, daß eine Frau ein längeres Vorspiel braucht, um warm zu werden. Jedesmal, wenn ich kurz vor dem Orgasmus war und er meine Erregung merkte, hörte er auf, mit seinen Händen zu streicheln, und begann mit dem gewöhnlichen Bumsen. Das war unglaublich frustrierend, denn dann passierte nichts mehr mit mir. Statt ihn zu bitten, mit seinen Händen noch ein bißchen weiterzumachen, war es mir dann lieber, wenn er seine Hände überhaupt nicht gebrauchte, so daß ich wenigstens nicht kurz vor dem Höhepunkt in der Luft hing. Erst später wagte ich ihm zu sagen, daß ich es am schönsten fände, wenn wir erst so freiten, wie ich es brauchte, um zum Orgasmus zu kommen, und dann so, wie es für ihn am schönsten war.«

Wir müssen die ganze Propaganda darüber, was normal ist und was sein müßte, über Bord werfen. Es ist Unsinn, die Art zu freien, die die meisten Männer am schönsten finden, »Geschlechtsverkehr« zu nennen und die Art, wie Frauen am liebsten freien, als »Variationen« zu bezeichnen. Es gibt Hunderte von Möglichkeiten, wie ein männlicher und weiblicher Körper miteinander Schönes machen können, mit Händen, Mund, Haut und Haar – und einen Penis in eine Vagina schieben, ist nur eine davon.

»Meistens freiten wir gewöhnlich, das heißt gewöhnlich bumsen. Ich fand es am schönsten, wenn er mich leckte. Ganz selten, wenn wir in einer besonderen Stimmung waren, tat er es. Aber ich wagte niemals, ihn darum zu bitten, weil ich glaubte, daß er es nicht gern tat; besonders dann nicht, wenn er schon einen Orgasmus gehabt hatte. Dann hatte ich das Gefühl, ihn um eine ganz besondere Gunst bitten zu müssen. Na ja, dann ist es schon kein Vergnügen mehr.«

Klar zu sagen, was wir wollen, ist nicht immer einfach. Uns fehlt die

Sprache, es in eigenen Worten zu sagen. Wir finden es unangenehm, wenn es so »technisch« wird, wenn wir sagen müssen: ein bißchen mehr nach rechts oder nicht so fest. Es scheint auch im Widerspruch zu unseren Gefühlen zu stehen, in Begriffen von »Rechten« zu denken. Es widerstrebt unseren anerzogenen Gewohnheiten, unser eigenes Vergnügen genauso wichtig zu nehmen wie die Bedürfnisse des anderen. Wir haben oft Schuldgefühle, wenn wir für uns selbst sorgen, das Gefühl, was stelle ich doch für hohe Anforderungen, ich bin hart, nicht lieb. Aber es ist wichtig, dieses Schuldgefühl zu durchbrechen. Auf die Dauer schlägt Aufopferung für einen anderen fast immer um in Rachsucht und Verbitterung.

Ein anderer Grund dafür, nicht so leicht ehrlich zu sagen, was wir wollen, liegt darin, daß Männer nicht immer einfach darauf reagieren. Vielleicht fühlen wir auch intuitiv, daß wir ihm weh tun, wenn wir auf die eine oder andere Weise andeuten, daß es besser sein könnte und er vielleicht nicht der ideale Liebhaber ist. Viele Männer werden böse, aggressiv oder zynisch, wenn ihre Führung auf sexuellem Gebiet angetastet wird. Das ist einer der Gründe, weshalb Frauen so oft sagen, sie hätten auf sexuellem Gebiet alles von ihren Männern gelernt, auch wenn es bereits ihre zweite Ehe ist oder sie vor der Ehe mehrere Freunde hatten. Auch den Satz, »du bist der erste, mit dem ich so gut freien kann«, werden schon viele Männer gehört haben. Emotional gesehen, kann das stimmen; wenn du sehr verliebt mit jemand freist, scheint es oft das erste und beste Mal zu sein. Aber es hängt auch damit zusammen, daß wir spüren, wir verletzbar das »Ego« der Männer ist, wenn es ums Bett geht; und wir möchten gern, daß er sich gut fühlt, zur Not sogar auf unsere Kosten.

3. Tun, was du willst . . .

Viele Frauen würden gern die Initiative übernehmen, wenn sie sich trauten.

»Ich hatte immer die Phantasie, ich würde ihn auch einmal vernaschen, ihn langsam verführen, ausziehen, mit ins Bett nehmen. Doch

248

so weit kam es niemals, dann sobald er merkte, daß ich Lust hatte,
übernahm er augenblicklich die Führung. Dann habe ich ihm einmal
gesagt, ich fände es auch mal schön, wenn er nicht sofort oben drauf
läge, sondern mir alles überlassen würde. Wir hatten daran viel Ver-
gnügen, wir kicherten beide und waren ein bißchen nervös. Doch ei-
gentlich fand er es so auch prima.«

Einige Männer erfahren Frauen, die die Initiative übernehmen, als
»unfraulich« und damit als unattraktiv. In *» Worlds of pain«* von Li-
lian Breslow Rubin, einem wunderbaren Buch, worin sehr deutlich
wird, wie sexuelle Beziehungen an Arbeitsteilungen zwischen Männern und Frauen gebunden sind, finden wir ein gutes Vorbild. Über
die Tatsache, daß seine Frau ihre sexuellen Bedürfnisse zum Ausdruck
bringt, sagt der Mann: »Ich finde es nicht etwa schlimm, daß sie mich
fühlen läßt, was sie will; aber sie macht es so untaktisch. Ich meine,
wenn sie es nun auf eine nette, frauliche Art täte. Aber Fraulichkeit
und etwas Takt, nun, das ist nicht ihre stärkste Seite.« Damit sagt er,
daß Frauen nur dann für ihre eigenen Bedürfnisse sorgen dürfen,
wenn sie das schmeichelnd und ganz vorsichtig tun.
Viele Männer reagieren sehr merkwürdig, wenn du als Frau die Initiative ergreifst.

»Ich habe einmal auf einem Fest zu einem Mann, mit dem ich schon
eine ganze Zeit Augenkontakt hatte, ganz einfach gesagt, daß ich
Lust hätte, mit ihm zu freien. Da lief er rot an, kippte sein Bierglas
um und kam danach eine halbe Stunde lang nicht mehr vom WC.«

4. . . . So, wie du es willst

»Ich wußte eigentlich niemals, wann ich eigentlich Lust hatte zu
bumsen, denn bevor ich Lust hatte, wollte er schon lange. Ich habe
dann mal einen Bumsstreik angekündigt. Ich wollte nicht freien, be-
vor ich wirklich Lust hatte, und ich wollte auch keine Anspielungen
darüber, wie weit ich schon war, oder suggestive Hände unter mei-
nem Pullover. Am Anfang war das nicht so einfach, obwohl er zuge-
stimmt hatte. Wir mußten uns beide erst daran gewöhnen. Doch

wenn wir dann freiten, war es prima. Wir bumsen nun weniger, aber wir freien besser.«

»*Vor unserer Heirat fand ich Bumsen herrlich. Es war spannend, immer neue Möglichkeiten zu entdecken, einander Freude zu bereiten. Ich fand es sehr ergreifend zu merken, wie froh er mit mir war. Nach einigen Jahren Ehe wurde es ganz anders. Es wurde mit einer Selbstverständlichkeit jedesmal gleich. Mehr eine Art Gewohnheit. Er gab sich nicht mehr die Mühe, so lange zu warten, bis wir in guter Stimmung waren. › Wir sind nicht mehr so jung, Verliebtheit ist etwas für Kinder‹, sagte er.«*

Wenn du früher schöner freien konntest als jetzt, kann es mit der Art zu freien oder mit den Umständen zusammenhängen. Oft wird es für »erwachsen« gehalten, nicht mehr zu schmusen, gleich auf das »Ziel« loszugehen. So haben wir verlernt, mit unserer ganzen Haut, mit unserem ganzen Körper zu freien. Die folgende Übung, mit der wir wieder lernen können, mit dem ganzen Körper zu freien, wird auch in Sex-Therapien angewandt: eine Stunde einander gönnen, und alles darf sein außer bumsen und direkt auf einen Orgasmus »hinzuarbeiten«.

»*Wir haben zu zweit wieder angefangen, das zu machen, was wir damals taten, als wir noch sehr verliebt waren. Essen gehen, sich dafür schön anziehen. Eine Verabredung in der Stadt nach der Arbeit. Ein Wochenende verreisen.«*

»*Ich möchte mich am liebsten ganz auf meinen Orgasmus konzentrieren können. Ich kann das einfach nicht, wenn ich gleichzeitig mit ihm intensiv beschäftigt bin. Am schönsten finde ich es, zuerst zum Höhepunkt zu kommen. Dann ist meine Vagina ganz weich und empfindsam geworden, und ich finde es ein wahnsinnig schönes Gefühl, wenn er dann hereinkommt. Ich bekomme dann keinen Orgasmus mehr, aber ich finde es dann ganz wunderbar, mich auf ihn zu konzentrieren, mit ihm mitzuerleben. Wenn er in mich eindringt, bevor ich einen Orgasmus hatte, ist es nicht halb so schön.«*

»Selten habe ich einen Orgasmus, wenn wir bumsen, und nur dann, wenn ich wirklich sehr erregt, ganz in der Stimmung bin und wir damit warten, bis ich kurz vor dem Orgasmus bin. Wenn wir zu früh beginnen, geht es nicht.«

5. Schwierigkeiten

Es gibt wenig sexuelle Schwierigkeiten, die wirklich »technische« Probleme sind. Und auch die würden noch geringer, wenn wir uns nicht so krampfhaft daran klammerten, was sich gehört.

Die meisten Menschen erfahren, daß ihre sexuellen Bedürfnisse unterschiedlich sind. Häufig hat ein Mann öfter Lust zu freien, manchmal die Frau. In beiden Fällen kann der andere unter Druck gesetzt oder als krank (eine »schwache Libido«) bezeichnet und zu einem Therapeuten geschickt werden. Du kannst auch probieren, nicht all deine sexuellen Bedürfnisse miteinander befriedigen zu wollen und die erotische Beziehung zu dir selbst zu verbessern. Auch Männer können lernen, etwas lieber mit ihrem eigenen Körper umzugehen und nicht bei jeder Regung ihres Penis zu glauben, daß sie einen Frauenkörper brauchen.

Selten gibt es körperliche Beschwerden, die das Bumsen schwierig machen. Eine Infektion oder zuwenig Feuchtigkeit können die Vagina überempfindlich machen. Infektionen können geheilt werden. Zuwenig Feuchtigkeit kann auch auf unfreundliches Freien deuten oder darauf, daß du nicht genügend erregt bist. Wenn du älter wirst, können hormonale Veränderungen auch dazu führen, daß die Vagina trockener und die Vaginawand dünner wird. Dagegen gibt es Salben, und es ist auch immer möglich, Spucke oder ein Gleitmittel zu benutzen (Vaseline ist nicht gut, weil sie nicht wasserlöslich ist). Aber du kannst auch darüber nachdenken, ob Bumsen überhaupt die schönste Art zu freien für dich ist. Genauso, wie du dich beim »Vaginismus«, wenn sich die Muskeln deiner Möse so verkrampfen, daß nichts mehr rein kann, fragen kannst, warum du eigentlich mußt, wenn dein Körper einfach sagt, daß du nicht willst. Es gibt Therapien gegen »Vaginismus« (siehe folgendes Kapital), und du kannst auch selbst lernen, langsam einen Finger hineinzustecken, während du deine Muskeln entspannt, bis du keine Angst mehr hast. Aber du kannst auch darüber nachdenken, ob Bumsen das ist, was du willst.

Auch Impotenz ist ein Leiden, das mehr mit Zwang von außen als mit körperlicher Unfähigkeit zu tun hat. Viele Männer haben gelernt, ihren Körper als etwas Mechanisches zu betrachten, das auf Befehle reagiert, nackter Frauenkörper – also Erektion. Penisse sind oft klüger als ihre Herren. Sie weigern sich, wenn die Emotionen mit den Befehlen nicht übereinstimmen. Angst läßt sich mit Lust nicht vereinbaren, und Angst, zu versagen, führt gerade zum Versagen. Es ist dann auch kein Zufall, daß gerade in letzter Zeit mehr Klagen über Impotenz zu hören sind. Ein Therapeut nannte das »Emanzipations-Impotenz«: Männer, die sich bedroht fühlen durch Frauen, die in zunehmendem Maße für ihre eigenen Bedürfnisse sorgen. Wenn Männer besser lernen, mit ihrem ganzen Körper zu freien und ihr Selbstwertgefühl weniger davon abhängig zu machen, ob dieser kleine Teil ihres Körpers steifer wird, dann wird Impotenz ein geringeres Problem werden; ebenso wie die Probleme, zu früh zum Höhepunkt zu kommen oder zwar eine Erektion zu haben, aber keinen Orgasmus, oder eine Erektion nicht lange genug halten zu können. Wenn wir davon wegkommen, daß eine Frau durch Bumsen zum Höhepunkt kommen soll, wozu soll dann ein Mann all die Kunststücke vollbringen, warum soll er durch das Aufsagen des großen Einmaleins versuchen, seinen Orgasmus hinzuhalten, wenn wir auch auf eine andere Art freien können? Freien können wir doch auch, wenn ein Mann keine Erektion oder keine Erektion mehr hat!

Freien kannst du auf viele Arten. Und ich meine nicht nur die Stellungen, die auf dasselbe hinauslaufen, ob nun »das Untere zuoberst gekehrt« oder es von hinten statt vorn gemacht wird. Ein Orgasmus kannst du auch mit zarten Fingern, Lippen oder mit der Zunge machen. Das kostet manchmal einige Überwindung. Wenn du gewohnt bist, »Geschlechtsteile« widerlich zu finden: Vorher zusammen baden hilft. Die eigene liebe Möse kennenlernen, so daß du weißt, sie ist lieb und nicht widerlich, hilft auch. Nicht alle Frauen finden es schön, einen Penis in den Mund zu nehmen. Vielleicht geht es nach dem Duschen besser. Vielleicht hilft es, wenn du so sitzt oder liegst, daß du selbst bestimmen kannst, wie tief er reinkommt. Wenn du das Gefühl hast, du könntest ersticken, weil du die Bewegungen nicht selbst bestimmen kannst, ist es immer unangenehm. Spermen zu schlucken schadet nicht, und du wirst auch nicht dick davon. Aber vielleicht findest du den Geschmack nicht angenehm. Meistens finden Männer den Geschmack auch nicht angenehm, frage ihn mal, ob er seinen eigenen Samen probieren möchte, und wenn er dann das Gesicht verzieht, wird deutlich, daß du etwas schön finden sollst, was er niemals tun würde. Du kannst die Spermen ausspucken oder dafür sorgen, daß sie nicht in deinen Mund kommen. Es ist sowieso meistens die Stelle unter der Eichel, wo die Vorhaut mit einer Sehne festsitzt, die am empfindlichsten ist, und kurz vor dem Orgasmus ist es oft genug, diese Stelle zu reizen. Bumsen während der Menstruation schadet auch nicht. Aber vielleicht findest du Stöße gegen deine Gebärmutter nicht schön, wenn diese empfindlicher ist. Das kann übrigens auch vorkommen, wenn du deine Tage nicht hast. Einige Frauen empfinden es als wunderbar, den Druck gegen die Gebärmutter zu fühlen, andere gerade nicht. Wenn du es mit all dem Blut als Schmiererei empfindest, aber bumsen möchtest, kannst du dein Pessar (wenn du eines hast) gebrauchen, um die Blutung bis nach dem Freien zu stoppen. Aber danach solltest du es sofort wieder herausnehmen, denn es ist nicht gut, den Menstruationsfluß zu lange zu unterbrechen. Vielleicht findest du es herrlich, einen Penis in dir zu fühlen. Eine Vagina hat wenig Nervenenden, bestimmt nicht weiter innen, aber den Druck kannst du wohl spüren, und das kann ein besonders befriedigendes Gefühl sein, auch wenn du dadurch keinen Orgasmus bekommst. Aber es kann auch unterschiedlich sein, je nachdem, ob du das Gefühl hast, daß jemand wie ein Rammbock auf dir liegt, oder ob du selbst bestimmen kannst, wie tief, wie schnell, wie heftig die Bewegungen sind. Ihr könnt also auch nebeneinander liegen oder du oben, oder er stützt sich auf seinen Ellenbogen, so daß nicht das ganze Gewicht auf dir lastet. Einige Frauen finden es schön, ab und zu das ganze Gewicht von jemand auf sich zu fühlen, andere Frauen haben eher das Gefühl, unter einer Straßenbahn zu liegen, und das ist nicht so erotisch. Wenn du unbedingt beim Bumsen einen Orgasmus bekommen willst, das aber in der traditionellen Stellung nicht »gelingt«, kannst du versuchen, eine Art

zu finden, bei der er gleichzeitig deine Klitoris streicheln kann, beispielsweise, wenn du mit dem Rücken auf seinem Bauch liegst. Du
kannst deine Klitoris inzwischen auch selbst streicheln. Du kannst deinem Liebhaber auch zeigen, wie du zum Höhepunkt kommst, wenn
du es selbst tust. Wir sollten nur nicht vergessen, daß wir es zu unserem
Vergnügen tun. Und nicht, um etwas zu beweisen. Nicht, um etwas zu
leisten. Nicht, weil es sich so gehört.

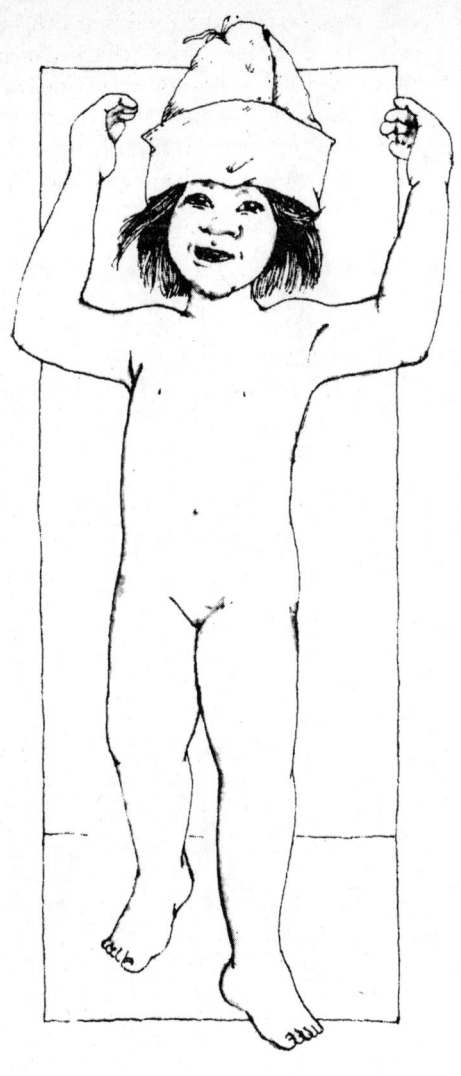

XV. Hilfe

In dem Maße, wie wir die eigenen Bedürfnisse in den Mittelpunkt stellen, wenn wir über Sexualität nachdenken, verändert sich auch, was wir als Problem definieren. In diesem Kapital geht es um Hilfe, die du bei »sexuellen Problemen« bekommen kannst, und Hilfe, die du für dich selbst organisieren kannst, zusammen mit anderen Frauen.

1. Ärzte und Therapeuten

Hausärzte sind meistens nicht dazu geeignet, dir bei sexuellen Problemen zu helfen. Die meisten Ärzte haben während ihrer Ausbildung nie etwas über Sexualität gelernt, sind also genauso dumm oder klug wie jeder durchschnittliche Mensch. Andere Ärzte haben zwar etwas gelernt, aber es ist doch noch die Frage, was. Im medizinischen Denken werden Menschen meist als Körper betrachet, die entweder funktionieren oder nicht. Ein Hauarzt, der denkt, daß deine Beschwerden nicht rein physisch sind, ist vielleicht noch bereit, dich an einen Psychiater zu überweisen, aber ob das sehr viel weiterhilft, ist auch schon wieder die Frage. Ärzte, die in Beratungsstellen arbeiten, haben sicher viel mehr Erfahrungen in der Hilfe bei sexuellen Problemen, aber auch diese Erfahrung ist zu hinterfragen. Es ist nicht so selbstverständlich, daß sie sich von den eigenen männlichen Verhaltensweisen befreit und sich wirklich intensiv mit weiblicher Sexualität, aus der Sicht von Frauen, beschäftigt haben. Du fällst dann doch leicht jemandem in die Hände, der deine Befriedigung an deiner »Koitusfrequenz« mißt oder dich behandeln will, weil du beim Bumsen keinen Orgasmus bekommst oder so oft keine Lust hast. Guten Erfahrungen im Umgang mit Ärzten stehen viele schlechte gegenüber. Mit anderen Frauen kannst du darüber reden, welche Ärzte für uns am besten sind.
Es ist schwierig, alle Formen von Therapie so einfach zusammenzufassen. Therapeuten und Psychiater sind auch Menschen und sind also

unterschiedlich. Wir Frauen haben massenhaft schlechte Erfahrungen mit Therapeuten, aber ab und zu gibt es auch mal gute. Wenn du eine Therapie suchst, ist es schwierig, vorher zu beurteilen, ob sie dir etwas bringen kann. Genau wie Ärzte verstecken sich die meisten Therapeuten hinter dem Schleier einer Geheimsprache, stellen ihre Arbeit nicht zur Diskussion, erklären selten, was sie tun und warum, so daß du nicht gut entscheiden kannst, ob es das ist, was du willst. In sehr vielen Therapieformen steckt eine erhebliche Portion Frauenhaß oder zumindest Unverständnis gegenüber der Position von Frauen, was sicher zu Problemen führt. Wir sind noch nicht so weit, daß wir über einen Konsumentenbund verfügen, der verschiedene Therapeuten auf ihre Effektivität und Frauenfreundlichkeit hin testen kann. Wir sind vorläufig also darauf angewiesen, Erfahrungen untereinander auszutauschen, möglicherweise hilft es auch, im nächstgelegenen Frauenzentrum anzurufen und zu fragen, ob sie jemand kennen. Im Augenblick besteht ein großer Mangel an Therapeuten, die wirklich etwas von Frauen begreifen.

2. Die traditionellen Formen der Therapie

Die meisten Formen der individuellen Therapie und Psychoanalyse sind gegenwärtig Mischformen verschiedener Methoden. Es gibt nicht mehr so viele Psychiater, bei denen du wie Freud auf der Couch liegst und zu denen du jahrelang wöchentlich zweimal gehst, um deine Seele bloßzulegen. Aber zahlreiche Therapeuten haben noch viel von alten freudianischen Psychoanalytikern. Das heißt, daß er (oder sie, aber das kommst seltener vor, darum gebrauche ich das Wort er), wenn du mit deinen sexuellen Problemen zu ihm kommst, viele deiner heutigen Probleme aus deiner frühesten Jugend herleiten wird und aus der Beziehung zwischen deiner Mutter und deinem Vater. Viel von unserer heutigen Lebensweise haben wir natürlich von unseren Eltern mitbekommen, und es kann nicht schaden, mal auseinanderzupflücken, wie uns beispielsweise die Tatsache beeinflußt hat, daß unsere Mutter die eigenen Bedürfnisse immer der Familie unterordnete und ihren Ehrgeiz über ihre Kinder verwirklichte; oder daß uns unser Vater indirekt

merken ließ, daß er lieber einen Sohn statt einer Tochter gehabt hätte. Die Schwierigkeit bei den meisten psychoanalytisch geschulten Leuten ist, daß sie die Machtverhältnisse zwischen Frauen und Männern meistens als selbstverständlich akzeptieren und Probleme konstatieren, wenn das Machtverhältnis nicht so ist, wie es sich »gehört«, während *wir* jetzt allmählich dahinterkommen, daß diese Ungleichheit *selbst* die Ursache vieler Probleme ist. So wird ein Therapeut eine Frau schnell als »dominant« bezeichnen, wenn sie sich nicht alles gefallen läßt.

Der berüchtigtste Unsinn, von dem viele psychoanalytisch geschulte Leute ausgingen, ist der Mythos vom vaginalen Orgasmus. Statt Frauen dabei zu helfen, herauszufinden, wie sie selbst am liebsten freien, oder zu untersuchen, ob es den vaginalen Orgasmus überhaupt gibt, wurden Frauen wegen »Entwicklungsstörungen« behandelt, sie wurden verdächtigt, ihren Penisneid nicht verarbeitet oder ein Trauma in ihrer frühen Jugend gehabt zu haben. Eine andere bekannte Misse- tat, die die Freudianer auf dem Gewissen hatten, ist, daß sie die Inzest- geschichten, die ihre Patientinnen erzählten, nicht glaubten; ihrer Mei- nung nach phantasierten die Frauen aufgrund eines *ihnen* unbewuß- ten Wunsches, mit ihrem Vater zu bumsen. So etwas wird nicht mehr bei vielen Therapeuten vorkommen, aber die meisten gehen doch noch immer davon aus, daß es für Frauen normal ist, einen Mann und Kinder zu wollen, Sex (mit einem Mann) schön zu finden und regel- mäßig Sex zu haben. Das Schwierigste dabei ist, daß diese Vorurteile nur selten ausgesprochen werden. Die meisten Psychologen behaup- ten weiterhin, ihre Meinung spiele keine Rolle. Gleichzeitig deuten ihre Fragen oder ihre Anerkennung, die sie äußern oder unterlassen, deutlich in eine bestimmte Richtung. Wenn du nicht mit der Richtung einverstanden bist, hast du wenig davon, und die Therapie kann dich in einer Situation, in der du dich sowieso schon leicht verletzbar und unsicher fühlst, vom Regen in die Traufe bringen.

Es ist ein Nachteil der individuellen Therapie, daß du keine Gelegen- heit hast, deine Erfahrungen mit anderen Frauen auszutauschen, und du so fast automatisch in dem Gefühl bestätigt wirst, es sei wohl dein persönliches Problem, daß du scheiterst. Das kann ein bestimmtes weibliches Verhalten, mit dem wir sowieso schon unsere Probleme ha- ben, noch verstärken. Um so schlimmer ist, daß die meisten Therapeu- ten sehr wenig darin geschult sind, gesellschaftliche Ursachen von Pro- blemen zu erkennen, geschweige denn die von Frauen. Du kannst also von Glück reden, wenn du bei einem Therapeuten Verständnis für die Position von Frauen und die gesellschaftlichen Hintergründe findest, der unter diesem Aspekt deine Entwicklungsgeschichte betrachtet und die Probleme, die möglicherweise aus deiner Jugend stammen. Aber solche Therapeuten sind leider noch sehr selten.

In manchen Sozialeinrichtungen sind es vor allem die Sozialarbeiterinnen, also Frauen, die versuchen, mit Frauengruppen zu arbeiten, oder die mehr Einsicht in die Probleme von Frauen gewonnen haben. Jedenfalls wissen sie etwas von ungleicher Bezahlung, denn Sozialarbeiterinnen bekommen im Durchschnitt ein sehr viel niedrigeres Gehalt als ihre hocheingestuften männlichen Kollegen, die als Therapeut oder als Psychiater zugelassen sind. Die Ausbildung oder die Höhe des Einkommens sagt also nicht viel darüber, ob uns jemand helfen kann.

3. Paartherapie

Eine moderne Therapieform ist die Familien- oder Paartherapie. Auch hier gibt es zahlreiche Varianten. Die Paartherapie geht davon aus – und das ist das Gute daran –, daß Probleme nicht nur von der individuellen Entwicklung herrühren, sondern in einer zwischenmenschlichen Beziehung entstehen können, durch unterschiedliche Erwartungen, die Menschen aneinander haben, durch Verhaltensweisen, die untereinander entwickelt werden. Viele Menschen mit sexuellen Problemen werden an Paartherapeuten verwiesen. Insofern zu Recht, weil Sex nur selten eine rein technische Angelegenheit ist und meistens wirklich sehr weitgehend damit zusammenhängt, wie Menschen miteinander umgehen.

Aber auch Paartherapie hat ihre Grenzen. Die meisten Therapeuten behandeln Mann und Frau als zwei gleiche, die in ihrer Kommunikation miteinander festgefahren sind. Sie lernen dann mit Hilfe eines Sachverständigen, ehrlich über das zu reden, was ihnen zu schaffen macht. Sie lernen ihre Bedürfnisse offen auszusprechen und dann miteinander zu verhandeln. Wenn *sie* sich darüber beschwert, daß er immer seine Sachen herumliegen läßt, und *er* sich darüber beschwert, daß sie zu wenig Interesse an Sex hat (mit ihm), liegt die Lösung auf der Hand; im Tausch dafür, daß sie mehr Bereitschaft zeigt, mit ihm zu freien, räumt er ab und zu mal auf. Durch solche Lösungen wird verschleiert, wie vollkommen normal es sein müßte, daß er seine Sachen aufräumt, ohne ihren Dank zu erwarten, und es keine Lösung ist zu freien, wenn sie nicht wirklich Lust dazu hat. Nie. Der Mangel fast jeder Paartherapie liegt darin, daß nur *innerhalb* der Beziehung nach Lösungsmöglichkeiten gesucht wird und damit von vornherein die meisten tatsächlichen Probleme nicht berührt werden. Ein Ehepaar besteht nämlich selten aus zwei gleichen. Männer haben ein Übergewicht aufgrund ihrer gesellschaftlichen Position, und das berücksichtigen nur wenige Therapeuten in der Paartherapie. Die Aufgabenverteilung zwischen Männern und Frauen wird selten als Ursache von Problemen gesehen.

Hier und da wird zum Glück mit anderen Formen von Paartherapie experimentiert, die davon ausgehen, daß Eheprobleme nicht nur etwas zwischen Frau und Mann sind, und eine Frau beispielsweise mit ihren Problemen mehr mit anderen Frauen gemeinsam hat und da auch mehr Unterstützung und Anerkennung erwarten kann. Es ist ein bekanntes Problem, daß der betreffende Mann abhaut, wenn ein Therapeut eine Frau wirklich darin unterstützt, das Machtverhältnis zwischen ihr und ihrem Mann zu verändern. Männer sind häufig sowieso schon weniger motiviert, an einer Beziehung zu arbeiten, und wenn dann noch ihre Privilegien bedroht sind, weigern sich die meisten, mitzuarbeiten. Damit werden die begrenzten Möglichkeiten einer Therapie deutlich. Sehr selten wird auch mit Frauen- und Männergruppen gearbeitet.

4. Verhaltenstherapie

Auch in der Verhaltenstherapie existieren verschiedene Richtungen; ihnen ist aber gemeinsam, daß hier nicht versucht wird, tiefere Wurzeln eines Problems zu entdecken, sondern daß jemand ganz konkret lernt, mit einem bestimmten Problem – wie Straßenangst oder Alkoholismus – fertig zu werden. Die Methode dabei ist, daß Menschen ein bestimmtes Verhalten durch Belohnung erlernen, ein anderes Verhalten sich durch Bestrafung abgewöhnen. Indem erwünschtes Verhalten belohnt und unerwünschtes bestraft wird, können neue Verhaltensweisen erlernt werden. Das geht meistens Schritt für Schritt. Jemand, der Straßenangst hat, wird beispielsweise ermutigt, erst zusammen mit jemand anders nach draußen zu gehen und dann jedesmal ein längeres Stück weiter allein zu gehen.

Mit Verhaltenstherapie wurden auch furchtbare Dinge gemacht. So hat man beispielsweise versucht, Männern ihre Homosexualität abzugewöhnen, indem man ihnen Abbildungen von nackten Männern zeigte und ihnen gleichzeitig einen elektrischen Schock gab oder ein Brechmittel und ihnen anschließend bei leiser Musik und angenehmem Licht Fotos von nackten Frauen zeigte.

Verhaltenstherapie kann dir sehr effektiv über störende Ängste hinweghelfen, aber es ändert nichts an der Ursache der Probleme.

Verhaltenstherapie wird noch manchmal bei der Behandlung von Vaginismus angewendet; der Verkrampfung vaginaler Muskeln, so daß kein Penis hineinkann. Du könntest versuchen, daran etwas zu ändern, indem du nachforschst, ob es in deiner Vergangenheit liegende Untersachen dafür gibt, ob z. B. deine Angst vor dem Penis auf widerliche Erfahrungen mit Männern zurückzuführen ist. (Nicht zu Unrecht, wenn du die Erfahrungen von Frauen hörst.) Aber in einer verhaltenstherapeutischen Behandlung wird versucht, den Reflex abzubauen, der eine automatische Verkrampfung deiner vaginalen Muskeln bewirkt, sobald es danach aussieht, daß gebumst werden soll. Ein Verhaltenstherapeut, der Vaginismus behandelte, setzte die Frau mit einer Decke über dem Schoß auf einen Stuhl und sagte ihr, sie solle ihren Finger in ihre Vagina stecken, und gab ihr, wenn es gelang, Kaffee oder 50 Pfennig (wirklich!). Wenn es ihr gelang, den Finger eine Zeitlang drinzubehalten, ging es weiter mit Glasstäben. Und wenn ihr auch das gelang, sollte sie es mit einem echten Penis versuchen. Weil normalerweise an echten Penissen Männer dransitzen, war das ein Problem für Frauen, die keinen festen Freund hatten, und jener Therapeut besorgte dann eine Versuchsperson. Ein derartiges Experiment mißglückte, weil die betreffende Frau die Versuchsperson nicht akzeptierte und aus der Wohnung warf. Experiment gescheitert. Der Therapeut schlug damals vor, über die NVSH eine Art Pool männlicher Versuchspersonen zu organisieren, die vaginistischen Frauen ihre Penisse zum Üben zur Verfügung stellen sollten. Gegen Bezahlung. (In: »Tijdschrift voor psychotherapie«, Nr. 2, Jahrgang 1, 1975).

bei so viel Fußzgerln
krieg'ich die Therapie
glatt wieder raus

Etwas weniger absurd behandeln andere Verhaltenstherapeuten Vaginismus. In einem neuen Buch wird beschrieben, wie der Therapeut in Anwesenheit des Mannes der vaginistischen Frau erst selbst einen Finger in die Vagina schiebt, es dann den Mann und anschließend die Frau probieren läßt. Damit wird gezeigt, daß etwas ohne Schmerz in die Vagina eindringen kann und die Muskeln in der Vaginaöffnung beherrscht, also auch entspannt werden können. Die meisten Frauen, die diese Behandlung erhielten, sind »genesen«, d. h.: Danach konnte normal gebumst werden. Allerdings ist nach Aussage des behandelnden Therapeuten auffallend, daß die Patientinnen hinterher nicht sehr glücklich darüber sind. Diese Behandlungsart ist jedenfalls besser als die Methode von früher, bei der einfach der Vaginamuskel operativ durchgeschnitten wurde. In der Diskussion nach der Behandlung, die auch in das Buch aufgenommen ist, zweifeln einige Therapeuten jedoch auch an dieser Behandlungsmethode. Sie sagen: Eigentlich mußt du dich fragen, für wen Vaginismus eigentlich ein

Problem ist, für den Mann, der da hinein will, oder für die Frau, die denkt, daß sie ihren Mann vernachlässigt? Geht es nicht vielmehr darum, daß Frauen wieder das Recht bekommen, über ihre eigene Scheide selbst zu bestimmen? Glücklicherweise wird wohl manchmal schon etwas besser nachgedacht.

5. Sextherapie für Ehepaare

Eine speziell auf Sexualität gerichtete Therapieform ist die Sextherapie nach dem Modell von Masters und Johnson, die jetzt auch in den Niederlanden angewendet wird. In dieser Therapie bekommen Mann und Frau (es geht hier fast immer um gemischte Paare) mehrere Übungen »verschrieben«, durch die sie allmählich lernen, schön miteinander zu freien. Am Anfang lernt das Paar, sich zu streicheln, ohne sich über das Ergebnis Gedanken zu machen, sondern nur zu genießen. Wenn das allmählich gelingt, geht es Schritt für Schritt weiter, auch die Geschlechtsteile dürfen dann gestreichelt werden. Während der ganzen Zeit ist es verboten, »normal« zu bumsen. Die Therapeuten erwarten, daß die Menschen am Ende der Therapie das Verbot schon von selbst übertreten werden, und meistens geschieht das auch. Die Behandlung ist erfolgreich verlaufen, wenn sie wieder miteinander den »Koitus praktizieren«, ohne daß der Mann zu schnell zum Orgasmus kommt oder impotent ist und ohne daß die Frau anorgastisch ist, d. h. keinen Orgasmus bekommt.

Die Einwände gegen diese Therapie – jedenfalls so wie sie üblicherweise angewendet wird – sind, daß es anfangs scheinbar einfach darum geht, lustvoll miteinander zu freien, aber das Hauptziel offenbar letztlich doch wieder der Pimmel-in-Möse-Sex oder ein Orgasmus ist. Dabei ist nebensächlich, ob die Frau beispielsweise sexuelle Probleme hat, weil sie viel mehr den Wunsch hat nach Wärme und Zärtlichkeit als nach einem effizienten Ausführen des Geschlechtsverkehrs. Und wie viele Probleme auf der Ungleichheit von Frau und Mann in einer Beziehung beruhen, kommt überhaupt nicht zur Sprache. Meistens läuft es also auf einen Kursus im angepaßten Bumsen hinaus.

6. Sextherapie in Frauengruppen

Hier und da wird mit Sexgruppen speziell für Frauen experimentiert. Eine Gruppe für »prä-orgastische« Frauen (Frauen, die *noch* keinen Orgasmus bekommen können) hat im Durchschnitt mehr Erfolg als die Therapiegruppen für Paare. Viele Frauen gingen in eine solche Gruppe, weil sie es für ihren Mann schade finden, daß sie keinen Orgasmus bekommen können. Damit sind wir schon direkt bei dem Problem: Was sind die eigenen Bedürfnisse der Frauen? In »prä-orgastischen« Gruppen lernen die Frauen, miteinander über Sexualität zu reden und insgesamt mehr für sich selbst zu tun. In den ersten Übungen lernst du, deinen Körper wieder zu schätzen (viele der Grundsätze sind in diesem Buch, in den Kapiteln über Orgasmus und Freien mit dir selbst, zu finden), Spaß an deinem eigenen Körper zu haben und schließlich die Tabus zu überwinden bei der Berührung deiner Möse und beim Freien mit dir selbst. Ziel ist, zu lernen, die Möglichkeiten zu genießen, die dein Körper dir bietet, und erst an zweiter Stelle, was du zusammen mit jemand anders machen kannst. Leider ist es nicht so einfach, Adressen von prä-orgastischen Frauengruppen zu nennen, weil es nicht so viele gibt. In einer Reihe von sozialen Einrichtungen in den Niederlanden wird inzwischen auch mit Frauengruppen gearbeitet, und zu einer Sozialarbeiterin oder einem Sozialarbeiter kannst du auch sagen, daß du das willst. Vielleicht kannst du über das Frauenzentrum eine Adresse erfahren oder dort fragen, ob sie dir helfen können, selbst eine Gruppe zu gründen und jemand dafür einzuladen.

7. Selbsterfahrungsgruppen

Frauen können vieles selbst. Es ist sicher nicht immer besser, einen Sachverständigen hinzuzuziehen. Was jedenfalls alle Frauen selbst organisieren können, ist eine Selbsterfahrungsgruppe. In fast allen Selbsterfahrungsgruppen ist Sexualität eines der Themen, aber ihr könnt sie auch zum zentralen Thema machen.

Die beste Größe für eine Selbsterfahrungsgruppe liegt zwischen sechs und acht Frauen. Meistens bleibt doch noch jemand weg, aber mit mehr als acht ist es schwierig, jeder Frau wirklich genügend Aufmerksamkeit zu schenken. Eine Selbsterfahrungsgruppe kannst du ohne Begleiterin beginnen. Du kannst auch absprechen, daß jedesmal eine andere darauf achtet, daß jede ausreden kann und drankommt. Vorher kannst du überlegen, ob du es gut findest, Freundinnen in der Gruppe zu haben oder lieber nicht. Es kann schön sein, zunächst mit vertrauten Menschen zu beginnen. Es kann auch sein, daß du ehrlicher bist, wenn du mit Frauen arbeitest, die du nicht jeden Tag triffst oder die schon so viel von dir wissen. Auch ist zu überlegen, ob du mit homo- und heterosexuellen Frauen in einer Gruppe arbeitest. Einerseits kann das sehr gut sein, um gegenseitige Mißverständnisse aus dem Weg zu räumen. Andererseits ist es für lesbische Frauen oft angenehmer, mit anderen lesbischen Frauen anzufangen; du mußt weniger erklären, weniger die Ängste anderer berücksichtigen. Du brauchst nicht soviel Angst zu haben vor einer Reaktion wie »Siehst du, lesbisch sein ist auch nicht alles«, wenn du von Schwierigkeiten erzählst.

Aus der radikalen Therapie lassen sich viele Methoden übernehmen, die auch in Selbsterfahrungsgruppen sehr brauchbar sind, z. B. die Methode, daß reihum jede Frau auf eine bestimmte Frage antwortet oder jede etwas über ihre erste sexuelle Erfahrung erzählt. Die Zeit ehrlich zu verteilen, ist auch ein Hilfsmittel der radikalen Therapie. Du kannst verabreden, daß jede zehn Minuten bekommt, um ihre Geschichte zu erzählen, oder bei jeder Sitzung zwei Frauen eine halbe Stunde bekommen. Das verhindert, daß die Schweigenden mehr schweigen und die Rednerinnen die ganze Sitzung lang schwatzen. Jede ist dann auch ruhiger, weil sie weiß, daß sie drankommt. Zur Not nimm einen Küchenwecker!

Du kannst auf verschiedene Weise beginnen. Es ist gut, wenn am Anfang jede ihre sexuelle Lebensgeschichte erzählt oder aufschreibt. Meistens nimmt das schon sehr viel Zeit in Anspruch und liefert eine Menge Anknüpfungspunkte. Schon durchs Erzählen stößt du auf Dinge, über die du dir noch nicht im klaren bist.

Ihr könnt mit einer *Liste von Fragen* arbeiten, die ihr zusammen aufstellt. Beispielsweise Fragen wie:

– Was weißt du über die Sexualität deiner Eltern?

– Wie bist du aufgeklärt worden? Hast du nur erfahren, woher Kinder kommen, oder auch, daß Freien schön ist?

– Wie hörtest du etwas über die Menstruation?

– Wie war deine erste Menstruation?

– Kanntest du als kleines Mädchen deine Möse?

– Hast du gemerkt, daß du mir dir selbst freien konntest?

– Welche ersten körperlichen Erfahrungen hattest du mit jemand anders, mit einem Mädchen, Jungen? Wie war das?

– Wie war deine erste Verliebtheit? Mann oder Frau?

– Wie hast du *gelernt*, einen Orgasmus zu machen, oder wie hast du *versucht*, einen Orgasmus zu machen?

– Was tust du am liebsten mit deinem Körper? Tust du es?

– Welche sexuellen Phantasien hast du?

– Welches ist deine sexuelle Traumbeziehung?

– Wenn du eine Beziehung mit jemand anders hast, wie möchtest du sie in sexueller Hinsicht verändern?

– Wie möchtest du die sexuelle Beziehung mit dir selbst verändern?

– Was findest du schwierig, jemand anders zu sagen?

– Hast du schon mal so getan, als ob du einen Orgasmus hättest?

– Freist du manchmal, wenn du keine Lust dazu hast?

Die Liste von Fragen läßt sich leicht ergänzen, wenn du mal dabei bist. Du kannst auch mit *Verträgen* arbeiten. Ein Vertrag ist eine Verabredung mit dir selbst, die du laut in der Gruppe sagst, so daß die anderen Frauen dich unterstützen können. So eine Verabredung muß innerhalb einer bestimmten Zeit erreichbar sein. Wenn du dir selbst zuviel versprichst, wirst du enttäuscht. Und wenn du einen Vertrag »schaffst«, kannst du ohne weiteres einen neuen abschließen. Ein Vertrag kann z. B. sein: »Ich will in der nächsten Woche mit Peter darüber reden, daß ich lieber anders freien möchte« oder »Ich will in den nächsten zehn Wochen versuchen, nur dann zu freien, wenn ich Lust dazu habe« oder »Ich will der Frau, in die ich verliebt bin, erzählen oder schreiben, daß ich in sie verliebt bin« oder »Ich will jeden Tag eine halbe Stunde meinen eigenen Körper genießen, ganz für mich allein, ohne jemand in meiner Nähe«.

Ihr könnt zusammen *lesen*, beispielsweise dieses Buch oder »Unser Körper, unser Leben«, und von da aus Diskussionspunkte formulieren. Ihr könnt dabei Bücher über Therapie verwenden, weil darin Methoden zu finden sind, die auch für Sex-Selbsterfahrungsgruppen sehr geeignet sind. Assertivitätstraining (lernen, für dich selbst einzutreten) liefert beispielsweise Übungen und Methoden, die du beim Arbeiten mit einem Vertrag auch in einer Gruppe anwenden kannst.

– Es ist gut, sich Zeit zu lassen für *aktuelle Probleme.* Meistens geschehen während der Arbeit in der Selbsterfahrungsgruppe bei einer Reihe von Frauen Dinge, über die sie gern mit den anderen reden möchten. Das kann entweder vorgehen, oder es kann eine bestimmte Zeit dafür reserviert werden.

– Es ist wichtig, daß wir einander *zuhören* lernen, nicht sofort mit einer eigenen Meinung kommen, wenn jemand etwas erzählt, weil wir dann oft die Geschichte abbrechen (ja, das hatte ich auch vorige Woche . . .). Besser ist es, erst jemand ausreden zu lassen und dann zu fragen, ob jemand die Erfahrungen wiedererkennt. Es ist auch gut, sich klarzumachen, was wir jemand antun, wenn wir urteilen, oder wenn wir leichthin sagen: »Ich würde das nie so machen, ich hätte ihn schon lange rausgeschmissen.« Um das Gefühl der Sicherheit zu bekommen und ehrlich sein zu können, ist es wichtig, daß wir nicht zu schnell nach »der besten Methode« oder »der besten Lösung« suchen, daß wir nicht darin konkurrieren, wer sich am emanzipiertesten verhält.

– Meistens wird in einer Sex-Selbsterfahrungsgruppe deutlich, daß du dich nie mit Sex beschäftigen kannst, ohne die Beziehungen insgesamt zu sehen, dein bisheriges Leben einzubeziehen oder wie Frauen im allgemeinen betrachtet werden. Es ist also sehr gut, am Ende eines Abends zu versuchen, zusammenzufassen, was all die Erfahrungen, die ihr voneinander gehört habt, mit der *Position von Frauen* im allgemeinen zu tun haben. Ihr könnt später in der Selbsterfahrungsgruppe Literatur lesen, die Zusammenhänge zwischen unseren persönlichen Erfahrungen und Politik verdeutlichen. Es ist auch sehr gut möglich, ausgehend von gemeinsamen Erfahrungen, Aktionspunkte zu entwickeln: wie zur Diskriminierung lesbischer Frauen, alleinstehender Mütter oder älterer Frauen, herauszufinden, welche Gruppen sich schon damit beschäftigen. Oder die Aktionen zu unterstützen, wie die Aktion gegen den § 218.

XVI. Nicht schwanger werden

Jede Frau, die – wie selten auch immer – auf die klassische Art bumst, hat das Problem der Schwangerschaftsverhütung. Die meisten von uns sind mit einigen Hinweisen darüber aufgeklärt worden, »wo die Kinder herkommen«, und sehr viele Frauen wurden von ihren Müttern, die ihrerseits auch so »aufgeklärt« waren, mit der Mitteilung in die Welt geschickt, daß sie bei Jungen »aufpassen« müßten.

»Meine Mutter erzählte mir bei meiner ersten Menstruation, daß ich nun ein ›großes Mädchen‹ sei und bei Jungen ›aufpassen‹ müsse. Als ich fragte, wie denn, sagte sie, daß ich darauf achten müsse, niemals irgendwo mit einem Jungen allein zu sein. Daß ich mich zwar abends von einem Jungen nach Hause bringen lassen solle, aber niemals unterwegs vom Fahrrad absteigen dürfe. Das alles klang ziemlich bedrohlich. Ich konnte mir nicht vorstellen, daß mein damaliger Freund auf einmal auf mich springen würde, wenn ich vom Fahrrad stieg, und fand es furchtbar übertrieben. Aber das Komische war, daß ich später mit einem Jungen, in den ich schrecklich verliebt war, hinten im Schuppen freite. Er sagte, daß er ›aufpassen‹ würde, und mit sechzehn war ich schwanger.«

1. Früher, der Kampf um die Selbstbestimmung über unseren Körper

Gegenwärtig scheint es nicht so schwierig zu sein, eine Schwangerschaft zu verhindern, wenn du mit einem Mann bumst. In Holland jedenfalls gibt es Beratungsstellen, bei denen minderjährige Frauen Verhütungsmittel bekommen können. Und Hausärzte, die sich weigern, die Pille zu verschreiben, sind seltener als früher. Die Möglichkeit, sich sterilisieren zu lassen, sind erweitert. Es wird nicht mehr so oft vorkommen, daß einer Frau mit fünf Kindern gesagt wird, sie könne sich nicht sterilisieren lassen, weil sie kerngesund und sehr geeignet sei, Kinder zu gebären. (So etwas ist tatsächlich vorgekommen, und die Frau bekam schließlich zehn Kinder. Erst als sie zusammenbrach, erhielt sie Hilfe.) Wenn die Hilfsmittel versagen, gibt es die Möglichkeiten der legalen Schwangerschaftsunterbrechung. Es scheint so, als müßten wir der Technik und der medizinischen Wissenschaft für all diese modernen Errungenschaften dankbar sein. Darum ist es gut, etwas mehr über die Geschichte der Geburtenregelung zu wissen.

Daß Frauen nach Mitteln und Methoden gesucht haben, um nicht unerwünscht schwanger zu werden, ist nicht neu. Während der gesamten historischen Entwicklung und in allen Kulturen waren Frauen darin erfinderisch, Mittel zu benutzen, um nur dann Kinder zu bekommen, wenn sie es wollten oder die Umstände es zuließen. Einige dieser Mittel erscheinen uns heute primitiv, aber andere, Vorläufer der heutigen Methoden, waren tatsächlich recht effektiv. Es gab magische Mittel, die vielleicht halfen, wenn du daran glaubtest, aber auch technische, wie vaginale Spülungen mit Essig oder Zitronensaft oder anderen Stoffen, von denen wir heute wissen, daß sie tatsächlich Spermen töten, auch wenn sie nicht so zuverlässig waren wie die modernen Methoden. Frauen verschlossen ihren Gebärmutterhals mit bestimmten Pflanzen, mit Fett, mit arabischem Gummi, mit Kakaobutter, die mit spermentötenden Stoffen vermengt war, mit einer halben ausgeschabten Zitrone. Die Spülungen und die Schwämmchen sind bis in dieses Jahrhundert hinein in Gebrauch geblieben; die den Gebärmutterhals verschließenden Mittel wurden nach der Erfindung des Gummis zum Pessar weiterentwickelt. Auch die Methode vom »Zurückziehen« oder vom Freien, ohne daß die Samen in die Vagina der Frau gelangen, war bekannt. Das einzige von Männern benutzte Mittel, das Kondom, war ursprünglich nicht als Verhütungsmittel, sondern als Schutz gegen Geschlechtskrankheiten gedacht. Abtreibungsmethoden hat es auch immer gegeben, sie waren nicht immer sanft, aber recht wirksam. Die Kenntnisse über Methoden der Schwangerschaftsverhütung lagen immer bei den Frauen selbst und wurden von der Mutter auf die Tochter oder von den »weisen Frauen« (den Vorläuferinnen der Hebammen) weitergegeben. Das war, bevor sich der Arzt als besonderer Beruf entwickelte, der vor allem von Männern ausgeübt wurde.

Das Recht der Frauen, selbst darüber zu bestimmen, Kinder oder keine Kinder zu bekommen, und auch selbst über die entsprechenden Mittel zu verfügen, ist die ganze Geschichte hindurch oft Anlaß von Kämpfen gewesen. Im achtzehnten und neunzehnten Jahrhundert hat die Ärzteschaft, die bis auf wenige Ausnahmen von Männern bestand, keine sehr ruhmesreiche Rolle gespielt. Statt ihre Kenntnisse anzuwenden, um Schwangerschaftsverhütung sicherer und wirksamer zu machen, benutzten sie manchmal ihre medizinische Autorität dazu, Frauen mit den schrecklichsten, unsinnigsten, medizinisch klingenden Argumenten von der Verhütung abzuhalten: beispielsweise, daß die Gebärmutter einer Frau, die vor dem fünfundzwanzigsten Lebensjahr noch nicht schwanger war, schrumpfe oder ein Behindern des »natürlichen Prozesses« zu Hysterie, Schwachsinn oder zum frühen Tod führe oder daß du früh alt würdest, wenn deine Gebärmutter keine Spermen »trinkt«.

Das Recht der Frauen, selbst über den eigenen Körper zu bestimmen, ist immer eine politische Frage gewesen. Die ersten Hexenverbrennungen im Mittelalter (ungefähr neun Millionen Hexen sind verbrannt oder ertränkt worden) waren unter anderem der Versuch, zu verhindern, daß sich Frauen untereinander »verschwören« und ihre Kenntnisse einander weitergeben. Es ist eigentlich nie ganz gelungen, die Informationsvermittlung über Schwangerschaftsregelungen zu verbieten, aber es ist doch viel Wissen im Untergrund geblieben. Im vergangenen Jahrhundert wurde klar erkannt, daß eine der wirkungsvollsten Methoden, Frauen an ihrem Platz – im Haus – festzuhalten, darin bestand, sie über Schwangerschaftsverhütung in Unkenntnis zu halten und die ledige Mutter zu einer so großen Schande zu erklären, daß sich eine »gefallene Frau« manchmal lieber mit ihrem gerade geborenen Kind ertränkte. Für die Frauen der ersten Frauenbewegung am Ende des 19. Jahrhunderts war das Recht auf gewollte Mutterschaft eine der wichtigsten Bedingungen für die Emanzipation der Frau, genauso wie in der heutigen Frauenbewegung. Abwechselnd als »nymphomanisch« oder »Männerhasserin« beschimpft (wie bekannt uns das in den Ohren klingt), versuchten Feministinnen, Informationsmaterial und Verhütungsmittel zu verbreiten. Das in den Niederlanden entwickelte Pessar wurde damals sehr populär. In den Niederlanden wurden auch durch Aletta Jacobs die ersten Beratungsstellen errichtet – in Amerika und England folgten Feministinnen diesem Vorbild. In Amerika kamen Frauen für diese Arbeit ins Gefängnis, doch andere machten inzwischen weiter. Aber nur wenige Frauen wissen, daß wir unser modernes Recht auf Geburtenregelung nicht nur der medizinischen Technik, sondern auch diesen Frauen zu verdanken haben. Das einzig wirklich neuzeitliche Mittel, das durch die Wissenschaft entwickelt wurde, ist die hormonelle Pille.

Das Recht auf Selbstbestimmung ist noch immer eine politische Frage. In der Bundesrepublik müssen wir immer damit rechnen, daß das bestehende Recht auf eine Abtreibung wieder zurückgeschraubt wird. Den »Beschützern des ungeborenen Lebens« haben Frauen vieler Länder oft tödlich verlaufende illegale Abreibungen sowie unerwünschte Schwangerschaften oder die Angst davor zuzuschreiben. Daß die Geburtenregelung zugelassen wird, hat in der modernen Zeit auch etwas mit der Bevölkerungspolitik zu tun. Im 19. Jahrhundert wurde in verschiedenen Ländern die Abtreibung verboten und die Möglichkeiten zur Schwangerschaftsverhütung begrenzt und strafbar, weil Mangel an Soldaten und Arbeitskräften herrschte. In Zeiten, wenn eine Regierung das Anwachsen von »unerwünschten Bevölkerungsteilen« befürchtete, wurde das Recht wieder freigegeben. In Amerika gab es beispielsweise Kliniken für Geburtenregelung in den Ghettos der Schwarzen, während sie in anderen Teilen des Landes kaum eingerichtet wurden; es sind sogar viele Fälle von erzwungener Sterilisierung von indianischen, schwarzen und armen Frauen bekannt. Die ersten Versuchskaninchen für die Pille waren oft arme Frauen, die Mittel wie die Spirale und die »Anti-Baby«-Spritze* sind vor allem mit dem Ziel entwickelt worden, die Bevölkerung in der sogenannten dritten Welt zu begrenzen. Auch in den Ostblockländern wird das Selbstbestimmungsrecht der Frauen manchmal der Bevölkerungspolitik untergeordnet. Wir können beobachten, daß Frauen dort durchschnittlich weniger Kinder haben wollen, unter anderem wegen der Doppelbelastung, und daß einige sozialistische Länder aus Angst vor Unterbevölkerung die Abtreibung wieder erschweren.

* »Anti-Baby« – in Anführungsstrichen, weil es bei allen Verhütungsmitteln *nicht* gegen Babys geht, sondern um das Selbstbestimmungsrecht der Frau, wann und ob sie Kinder will.

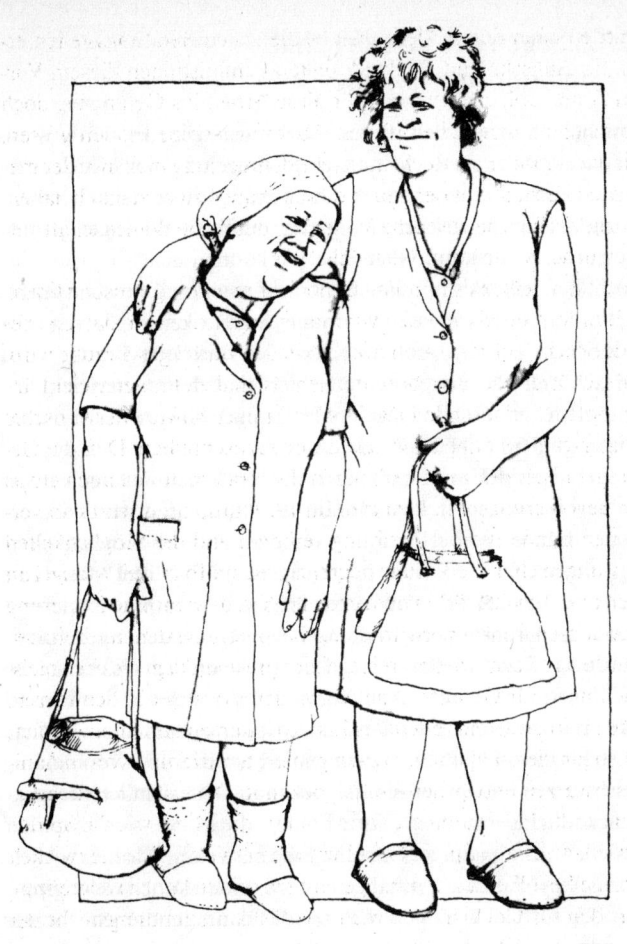

2. Segen der Wissenschaft und des Ärztestandes

Es ist nicht zu leugnen, daß die Geburtenregelung gegenwärtig weniger riskant ist als je zuvor. Wir erwarten heute von den Mitteln eine hundertprozentige Zuverlässigkeit, die Frauen früher niemals erwarten konnten. Daß Geburtenregelung eine medizinische Angelegenheit geworden ist, hat nicht nur Nachteile. Wir können sicherlich froh darüber sein, daß eine Abtreibung, die schon emotional gesehen nichts Fröhliches ist, meistens keine körperlichen Risiken mehr mit sich bringt. Aber die Tatsache, daß die Kenntnisse und auch die Mittel den Frauen aus den Händen genommen und von den Ärzten und der pharmazeutischen Industrie monopolisiert sind, führt zu einer ganzen Reihe unangenehmer Nebenerscheinungen.

So hat zum Beispiel die Pharmaindustrie andere Interessen als die Frauen. Im Interesse der Pharmaindustrie liegen an erster Stelle die Gewinne, und die sind bei der Pille viel größer als die bei anderen Verhütungsmitteln. Mit der Sicherheit der hormonellen Mittel hat sich die Pharmaindustrie nur am Rande beschäftigt. Sie mußte manchmal wirklich unter Druck gesetzt werden, weitere Untersuchungen durchzuführen und Mittel aus dem Handel zu ziehen, die sich als untauglich erwiesen hatten. Die ersten »Anti-Baby«-Pillen wurden in den Handel gebracht, nachdem mit ein paar hundert puertoricanischen Frauen, die oft nichts davon wußten, experimentiert worden war. Von Anfang an gab es bei den Frauen ein gewisses Mißtrauen hinsichtlich der möglichen Schädlichkeit hormoneller Mittel und das, wie sich hinterher zeigte, sicher nicht immer zu Unrecht. Eine bestimmte Morning-After-Pille war offensichtlich – wenn die Schwangerschaft doch weiterging – die Ursache für Gebärmutterkrebs bei der dann geborenen Tochter und wurde aus dem Handel gezogen. »Depo-provera«, die »Anti-Baby«-Spritze, ist in Amerika verboten, weil sie Krebs verursacht, wie sich bei Tierversuchen herausgestellt hat. (In den Niederlanden und in der BRD ist sie jedoch noch immer im Handel.) Neue Erfindungen wie der »Dalkon-Schild«, eine besondere Art von Spirale, der mit viel Tamtam an die Frau gebracht wurde, kann offensichtlich lebensgefährliche Fehlgeburten verursachen und wurde erst zurückgezogen, als einige Frauen daran gestorben waren. Fabrikanten von Medikamenten sind selten bereit, Informationen über die wirklichen Risiken beim Gebrauch ihrer Mittel zu geben.

Auch Ärzte geben, von Ausnahmen abgesehen, nicht immer gute Informationen über die möglichen Methoden der Geburtenregelung. Einerseits weil sie oft selbst über nicht mehr Informationen verfügen als die, die sie von der Pharmaindustrie bekommen, und weil sie auch längst nicht alle motiviert sind oder Zeit haben, sich über neue Untersuchungsergebnisse zu informieren. Andererseits weil viele Ärzte in ihrer Ausbildung mitbekommen haben, daß sie den Patienten nicht zu viele Informationen geben sollen, weil die damit nichts anfangen können. Das gilt nicht nur für Verhütungsmittel, sondern für alle Informationen über unseren Körper; das wird zu einem besonders brennenden Problem, wenn es darum geht, Kinder oder keine Kinder zu bekommen. Noch einmal, nicht alle Ärzte treten gleichermaßen besserwisserisch gegenüber Frauen auf, aber es gibt sie: Ärzte, die Frauen dasjenige Verhütungsmittel aufschwatzen, das *ihnen* geeignet erscheint, statt die Entscheidung den Frauen zu überlassen.

»Mein Arzt sagte früher: ›Gnädigste, die Pille, das ist nichts für Sie, das Beste, was Sie tun können, ist getrennt schlafen.‹ Beim zweiten Arzt bekam ich die Pille ganz einfach; als ich Beschwerden hatte, gab er mir die Spirale, von der ich dann auch Beschwerden bekam. Er erzählte mir jedoch nie, daß es auch noch das Pessar gab. Als ich ihn später fragte, warum er mir das nicht gesagt habe, antwortete er, daß ihm dieses Mittel für mich nicht geeignet erschiene. ›Das Gefummel‹, so sagte er, ›ist eher etwas für junge Mädchen.‹«

Manche Ärzte verschreiben beinahe automatisch die Pille und sprechen erst dann über andere Mittel, wenn die Pille offensichtlich nicht gut vertragen wird. Ein Grund dafür ist sicher *auch*, daß es einfacher ist, ein Rezept zu schreiben, als ein Diaphragma einzupassen und zu kontrollieren. Glücklicherweise kommt das Pessar langsam wieder zu Ehren, viele Frauen wollen die Pille nicht schlucken und fragen danach. Es ist offensichtlich möglich, Ärzte zu beeinflussen, wenn wir selbst vor dem Besuch eines Arztes oder einer Beratungsstelle gut informiert sind und wissen, was wir wollen. Doch oft fühlen Ärzte sich dadurch in ihrer Autorität verletzt. Leider hängt offensichtlich die Achtung von Ärzten gegenüber Frauen stark davon ab, wie gut du informiert bist. Das wurde auch vor kurzem wieder einmal deutlich in einer Sendung für Hausärzte über Geburtenregelung im niederländischen Fernsehen. Es ging um die Frage, ob sie Frauen, denen sie die Spirale eingesetzt hatten, darauf hinweisen müßten, daß sie bei Versagen der Spirale eine Abtreibung machen lassen können – also die sogenannte »Spirale mit Garantie«. Der eine Fachmann sagte damals zum anderen: »Du kannst es nicht sagen, aber sie werden dich oft danach fragen.« Mit anderen Worten, wenn du nicht vorher weißt, was du wissen willst, bekommst du nicht viel zu hören. Wenn du keinen Arzt hast, der über Erfahrung verfügt und dem du vertraust, ist es besser, zu einer Beratungsstelle zu gehen, wo sie nichts anderes tun als Diaphragmen einzupassen, Pillen verschreiben und Spiralen einzusetzen.

Es gibt Ärzte mit außerordentlich unterdrückenden Umfangsformen.

»Meine erste Abtreibung war nicht erfolgreich, weil ich eine Art doppelte Kammer in meiner Gebärmutter hatte. Ich ging also wieder hin, ziemlich elend, als ich merkte, daß ich noch immer schwanger war. Da sagte er: ›Willst du es nicht sitzen lassen, es ist doch nicht sportlich, zweimal auf denselben Hasen zu schießen.‹«

»Als ich trotz Spirale schwanger geworden war, wollte ich eine Abtreibung. Ich hatte Angst davor, daß das Kind Mißbildungen haben würde. Aber der Arzt sagte: ›Gnädige Frau, auch ein behindertes Kind können Sie lieben.‹ Und er weigerte sich.«

Nur wenige Ärzte geben ehrliche Informationen über die Nebenwirkungen und Risiken bei der Pille. Dahinter steckt offensichtlich oft der Gedanke, daß Frauen nur in Panik geraten, wenn sie hören, daß beispielsweise ein erhöhtes Risiko für Thrombose besteht. Wenn dann plötzlich in der Zeitung ein Artikel über neuentdeckte Risiken bei der Pille steht, stellen erfahrungsgemäß daraufhin eine Reihe von Frauen das Pillenschlucken ein, ohne für ein anderes Mittel zu sorgen, was dann eine Anzahl unerwünschter Schwangerschaften zur Folge hat.

Diese Panik kann nur dadurch entstehen, daß Frauen nicht von Anfang an über die Vor- und Nachteile der Pille informiert sind und sich deshalb wahnsinnig erschrecken, wenn sie etwas darüber in der Zeitung lesen. Um Panik zu verhindern, müssen Frauen nicht *weniger*, sondern *mehr* Informationen bekommen.

Manche Ärzte halten auch mit Informationen zurück, weil sie Frauen keine Argumente liefern wollen, den sexuellen Verkehr zu verweigern. Etwas formeller wird es das »sexuelle Vermeidungssyndrom« genannt. Tatsächlich haben früher Frauen ihre Fruchtbarkeit als Begründung angeführt, um manchmal nicht zu müssen. Und seitdem es die Pille gibt, haben sie diese Begründung nicht mehr. Aber natürlich ist es skandalös, wenn Ärzte meinen, daß Frauen nur mit einer guten Ausrede (Kopfschmerzen, Bauchschmerzen, Ermüdung, Unverträglichkeit der Pille) nein sagen dürfen, und sie ihnen diese Ausrede lieber nicht geben wollen.

Frauen benutzen ihre Verhütungsmittel manchmal schlecht. Logischerweise, denn wenn du keine Lust zum Freien hast, ist es besonders unangenehm, meistens auch noch jeden Tag die Pille schlucken zu müssen oder jedes Mal das Pessar einzusetzen. Die Lösung kann nun wieder nicht darin liegen, den Frauen die Mittel mit optimistischen Geschichten anzudrehen oder sie unter Druck zu setzen, Sex schön zu finden, sondern nur darin, sie zu ermutigen, ihre eigene Wahl zu treffen und eigene Beschlüsse zu fassen. Nein zu sagen zu dem, was sie nicht wollen, und zu dem, was sie wollen, ja zu sagen. Und eine so ehrliche Information wie möglich. Die meisten Verhütungsmittel müssen von Frauen eingenommen werden, die Pille, das Pessar, die Spirale, chemische Mittel. Nur das Kondom wird von Männern benutzt. Einerseits ist das verständlich, weil noch immer die Folgen einer unerwünschten Schwangerschaft für Frauen sehr viel einschneidender sind als für Männer. Andererseits haben wir erst dann etwas von einer Männerpille – falls es sie geben sollte –, wenn wir entweder blindlings darauf vertrauen können, daß er die Pille nicht vergißt und nicht lügt, wenn er gefragt wird, ob er sie genommen hat, oder aber wenn er beim Schlucken grüne Ohren bekommt oder durch etwas anderes deutlich wird, daß er sie genommen hat. Viele Frauen haben sich dafür entschieden, die Verantwortung quasi allein zu tragen, weil sie dann wenigstens genau wissen, daß sie in guten Händen ist. Andererseits bedeutet es, daß die Männer auch nicht lernen, die Verantwortung zu tragen. Und hinsichtlich der Mittel mit unangenehmen Nebenwirkungen ist es sicherlich blödsinnig, daß Frauen allein darunter leiden müssen, während es um ein gemeinsames Vergnügen geht.

Für die Sterilisation gilt das eigentlich noch mehr. Für Männer war dieser Eingriff bis vor kurzem viel unkomplizierter als für Frauen. In den letzten Jahren ist die Sterilisation bei Frauen fast genauso einfach geworden wie bei Männern, und doch lassen sich viel mehr Frauen als Männer sterilisieren. Aus Angst vor Eingriffen in ihren Körper haben es viele Männer lieber, wenn am Körper der Frau herumexperimentiert wird (sie ist schließlich daran gewöhnt). Außerdem ist für sie ihre Fruchtbarkeit so eng an ihr Gefühl von Männlichkeit gekoppelt, daß sie – sogar wenn sie keine Kinder mehr *wollen* – an der Idee festhalten, Kinder zeugen zu *können*.

Auch in Untersuchungen über andere Verhütungsmittel für Männer außer dem Kondom wird deutlich, wie viele Männer noch immer gern die Verantwortung ihrer Frau überlassen. Der Widerstand ist offensichtlich bei Ärzten wie bei Männern besonders groß. Viele Männer sind für eine Männerpille – wenn sie von anderen geschluckt wird, aber nicht von ihnen selbst. Auf einmal werden Argumente laut wie, daß es unnatürlich sei, jahrelang Hormone zu schlucken, während Frauen das schon Jahre hindurch tun. Eine Pille, die entwickelt war, hatte offenbar die Nebenerscheinung, daß die »Libido«, die Lust zu freien, vermindert wurde. Eigentlich kein so großes Problem, im Gegenteil, wenn wir wissen, daß in festen Beziehungen der Mann meistens regelmäßger und häufiger »Lust« hat als die Frau. Aber für die Forscher ein Grund, die Pille niemals in den Handel zu bringen. Daß die Frauenpille wahrscheinlich auch eine libido-reduzierende Wirkung hat, ist niemals der Grund gewesen, sie nicht in den Handel zu bringen.

Die männlichen Fortpflanzungsorgane sind einfacher von außen zu erreichen als die der Frau, und die bestehenden Methoden, die Samenzellen unwirksam zu machen, bevor sie zu einer Eizelle gelangen, sind im Prinzip weniger eingreifend. Ein Forscher versuchte, ein unschädliches Mittel zu entwickeln, das auf der Kenntnis alter Überlieferungen beruhte: Durch Wärme werden Samenzellen zeitweise unwirksam gemacht. Es könnte eine Verhütungsmethode sein, wenn der Mann jeden Tag ein Dreiviertelstunde ein heißes Bad nimmt, eine etwas zeitraubende Methode. Darum suchte der Forscher weiter und erfand eine Art Höschen, worin die Hoden des Mannes warm gehalten werden. Billig, absolut unschädlich und ohne jede Auswirkung auf die spätere Fruchtbarkeit und phantastisch warm im Winter. Die Forschungen mit dem Höschen wurden abgebrochen, weil nicht genügend Männer als Versuchspersonen zu finden waren.

Das köstlichste Argument dafür, daß es keinen Sinn hat, bessere Verhütungsmittel für Männer zu entwickeln, kam von einem französischen Arzt. Er sagte, er fände es seelenlos, jedesmal einen Angriff auf Millionen Samenzellen zu machen, während nur einmal im Monat ein Angriff auf ein Ei nötig wäre. Daß um das Ei eine ganze Frau herum ist, die die Folgen tragen muß, ist offensichtlich weniger wichtig.

3. Freien und nicht schwanger werden

Wenn du mit einem Mann freien willst, gibt es verschiedene Möglichkeiten, nicht schwanger zu werden, wenn du das nicht willst. Die erste, sicherste, aber wenig bekannte und verbreitete Methode ist ANDERS ZU FREIEN. Wenn du mit einem Mann freist, der es auch schön findet, anders zu freien, brauchst du dir über unerwünschte Schwangerschaften oder über Nebenwirkungen von Verhütungsmitteln keine Sorgen zu machen. Es ist auch möglich, abzuwechseln, manchmal gewöhnlich zu bumsen mit einem Pessar oder Kondom und manchmal mit Händen und Lippen zu freien, ohne daß der Penis in die Vagina kommt. Aber paß auf, anders freien ist *nicht* dasselbe wie »aufpassen« oder »Coitus interruptus«. Beim Freien kommt aus dem Penis manchmal schon vor dem eigentlichen Samenerguß ein Tropfen, und in diesem Tropfen können bereits genügend Spermen sein, um eine Befruchtung möglich zu machen. *Anders freien ist darum nur dann zuverlässig, wenn du wirklich nicht, auch nicht mal eben, den Penis in die Vagina kommen läßt.* Und du mußt auch mit Samen außerhalb deiner Vagina aufpassen, so daß du sie nicht mit deinen Fingern in deine Möse bringst. Wenn deine Vagina und die Schamlippen während der Erregung feucht geworden sind, können Spermen auch von außen nach innen schwimmen.

Das ideale Verhütungsmittel gibt es noch nicht. Eigentlich sollte es so sein, daß du nachdenken mußt, um schwanger zu werden, und nicht nachdenken mußt, um nicht schwanger zu werden. Bei einigen Mitteln, bei der Spirale in jedem Fall und in geringerem Maße auch bei der Pille, ist es schon ein bißchen so. Wenn du schwanger werden willst, mußt du die Spirale herausnehmen lassen oder aufhören mit der Pille. Leider sind das gerade die Mittel mit den meisten Nebenwirkungen. Bei anderen Mitteln wie dem Kondom oder dem Pessar mußt du jedesmal neu entscheiden, ob du sie gebrauchen willst; viele Frauen finden das sehr unangenehm.

Obwohl wir Verhütungsmittel haben, werden noch immer viele Frauen ungewollt schwanger. Bei einigen Gruppen von Frauen ist das Risiko besonders groß:

– Junge Frauen, Mädchen. Sie werden oft schlecht informiert, weil sie angeblich noch nicht soweit sind. Die Praxis lehrt, daß die meisten Mädchen erst mit Verhütungsmitteln beginnen, wenn sie schon mal gebumst haben. Ihre Eltern können sie längst nicht immer um Rat fragen, und einige Mädchen haben Angst, zum Hausarzt zu gehen, weil er es ihren Eltern erzählen könnte. Offiziell unterliegt jeder Arzt der ärztlichen Schweigepflicht, doch nicht jeder hält sich daran. In den Niederlanden werden in den meisten Beratungsstellen auch minderjährige Frauen ohne Zustimmung der Eltern beraten (und zu Recht), nicht alle Mädchen wissen das. Hinzu kommt noch das Problem der herrschenden Doppelmoral. In einigen Schulen herrscht eine Atmosphäre, in der es als kindlich gilt, wenn du nicht bumst, ob du nun Lust dazu hast oder nicht. Aber dieselben Jungen, die alles daransetzen, ein Mädchen zu vernaschen, halten oft nicht viel von Mädchen, die so selbständig sind, daß sie selbst schon von vornherein für ein Verhütungsmittel gesorgt haben. Ein Mädchen, von der bekannt ist, daß sie die Pille nimmt, kann als »leichtes Mädchen« verschrien sein. Während allgemein die Zahl unerwünschter Schwangerschaften sinkt, steigt die Anzahl unerwünschter Schwangerschaften bei Mädchen – und sie werden durchschnittlich immer jünger. *Es ist darum kein übertriebener Luxus, wenn auch junge Frauen lernen, für sich selbst zu sorgen, und Jungen lernen zu akzeptieren, daß ein Mädchen auch nein meint, wenn es nein sagt.* Besonders schwer mit einer unerwünschten Schwangerschaft haben es jene Mädchen, die von Bekannten oder ihren Vätern vergewaltigt wurden. Deine Mutter kannst du kaum um Rat fragen, wenn dich dein Vater mißbraucht. Und die ganze Situation ist sowie schon so furchtbar, daß es dir nicht leichtfallen wird, dich vor einer Schwangerschaft zu schützen, wenn es dir schon nicht gelingt, dich gegen sexuelle Gewalt zu verteidigen. Weil noch immer auf das Mädchen und nicht auf den Täter mit dem Finger gezeigt wird, ist es auch schwierig, woanders um Hilfe zu bitten. Ziemlich oft sind das die Mädchen, die mit einer Schwangerschaft von mehr als drei Monaten in eine Abtreibungsklinik kommen.

– Ältere Frauen. Ein Problem für Frauen in den Wechseljahren ist die Unregelmäßigkeit ihrer Menstruation. Manchmal hast du monatelang keine Blutungen, dann scheint es so, als würde keine mehr kommen. Und plötzlich kommt sie doch wieder. Außerdem ist es sehr schwierig, festzustellen, ob du doch schwanger bist, weil der Unterschied zwischen einer Schwangerschaft und dem Wegbleiben der Menstruation oft nicht zu merken ist. Wenn du die Pille nimmst, weißt du überhaupt nicht, ob du schon in den Wechseljahren bist. Und nach dem Gebrauch der Pille kann die Menstruation auch unregelmäßig sein. Verhütungsmittel sollten ein Jahr nach der letzten Menstruation weiter genommen werden, aber ganz selten reift offenbar auch dann noch mal eine Eizelle.

– Frauen mit unregelmäßigen sexuellen Kontakten. Für Frauen, die ihre Sexualität in einer festen Beziehung mit einem Mann erleben, ist es nicht so schwierig, in die Beziehung eine Methode zu integrieren, um nicht schwanger zu werden. Für Frauen, die nicht immer schon vorher wissen, ob sie freien werden, ist das manchmal wohl schwierig. Nicht alle Frauen haben Lust, die Pille für das eine Mal, für den Fall zu nehmen, daß sie jemanden treffen, mit dem zu freien sie Lust haben. Und es erscheint auch übertrieben, dein Pessar überallhin mitzuschleppen. Es macht auch keinen sehr spontanen Eindruck, wenn du dich plötzlich verliebst und mit ihm ins Bett gehst, und auf einmal die Kondome aus der Tasche ziehst. Auch hier haben wir es mit der Doppelmoral zu tun: Nicht alle Männer schätzen es, wenn sie erfahren, daß eine Frau vielleicht schon vorher mit der Möglichkeit gerechnet hat, mit ihm oder einem anderen Mann zu freien. Und solange es nicht selbstverständlich ist, daß du, wenn kein Verhütungsmittel vorhanden ist, auf eine andere Art freist, entstehen in solchen Situationen noch immer unerwünschte Schwangerschaften. Wenn du nicht sicher weißt, ob du fähig bist, nein zu sagen zu einem Mann, der nur eine Art zu freien, nämlich Bumsen, schön findet, obwohl er selbst nicht für Kondome gesorgt hat, dann gibt es keinen anderen Weg, als gut für dich selbst zu sorgen und doch etwas mitzunehmen.

– Frauen, die in unserem Land nicht gut Bescheid wissen. Obwohl Ausländer gebraucht werden, um Arbeiten zu verrichten, die wir nicht mehr tun wollen oder können, ist die Fürsorge für beispielsweise türkische, griechische, spanische und italienische Frauen besonders schlecht. Viele Ärzte machen sich nicht bewußt, daß einer türkischen Frau, die schlecht Deutsch spricht, nicht lesen und schreiben kann, die mit unseren Verkehrsmitteln noch nicht zurechtkommt, nicht einfach ein Zettel mit der Adresse einer Beratungsstelle in die Hand gedrückt werden kann. Glücklicherweise beschäftigen sich Frauengruppen damit, dieses Problem anzugehen. Das gleiche gilt auch für alle anderen ausländischen Frauen, die noch nicht Bescheid wissen und denen oft die Unterstützung der Frauen in der Familie fehlt, die sie von zu Hause gewohnt waren. Und natürlich existiert auch da die Doppelmoral der Männer.

Außerdem werden die Verhütungsmittel nicht immer richtig benutzt, manchmal weil der Arzt in der kurzen Zeit keine ausreichenden Informationen gegeben hat, manchmal weil wir es nicht gewagt haben, Fragen zu stellen. Hinzu kommt noch, daß wir oft gegen bestimmte oder überhaupt alle Verhütungsmittel einen Widerwillen haben. Für uns selbst ist es gut, wenn wir unserem Widerwillen auf den Grund gehen, so daß wir die Entscheidung für eine bestimmte Methode darauf abstimmen können.

4. Widerstände gegen Verhütungsmittel

Viele von uns sind mit der Idee erzogen, daß Sex Sünde sei und wir für die Sünde bezahlen müssen mit dem Risiko, schwanger zu werden. Keine Lust ohne Last, heißt es, und die Vorstellung, Lust ohne Last zu wollen, klingt für viele Frauen noch egoistisch. Als ob Sexualität nicht genau dazu da ist: für die Lust. Auch in den Begründungen gegen die Abtreibung begegnen wir manchmal diesem Argument: Wenn du die Strafe für die Sünde abschaffst, werden Frauen zügellos und frivol, dann gibt es ein Durcheinander, wo jede tut, was sie will. Als ob das nicht genau das ist, was Sex bedeutet: tun, was du willst. Alle Untersuchungen, die bis jetzt gemacht wurden, haben übrigens gezeigt, daß überhaupt nicht die Rede davon sein kann, daß Frauen einfach »drauflosleben«, wenn sie Verhütungsmittel benutzen oder wenn eine Abtreibung einfach ist. Im Gegenteil, je besser sich Frauen entscheiden können für das, was sie *nicht wollen*, desto bewußter entscheiden sie sich für das, was sie *wollen*, statt Sexualität als Schicksalsschlag anzusehen, der dich so einfach überkommt. Längst nicht alle Frauen sind so streng mit der Vorstellung erzogen, daß du nun einmal die Konsequenz dafür tragen mußt, wenn du etwas »falsch« gemacht hast. Aber es ist doch gut, dich selbst zu fragen, ob bei dir nicht noch Reste von dieser »Straf«-Vorstellung bestehen.

Wir haben gelernt, daß Sex etwas ist, das dich spontan überkommt. Ein rosa Wolke, sie sahen einander an, und der Himmel hing voller Geigen. Zu so einem Bild von Sexualität paßt es nicht, nein zu sagen, Liebling, ich habe mein Pessar auf dem Nachtschränkchen liegengelassen, oder zu sagen, daß du gerade mit der Pille aufgehört hast. Und es gibt noch immer »Herren«, die sagen, sie werden »aufpassen«, und Frauen, die denken, daß es ja doch wahrscheinlich ihre unfruchtbaren Tage sind, weil sie gerade ihre Menstruation hatten. Und wir finden uns selbst vielleicht kühl und berechnend, wenn wir das Verhütungsmittel schon in der Tasche haben. Die meisten Frauen sind, außer wenn sie sich für eine berufliche Karriere entscheiden, von der Ehe abhängig. Als früher die Frauen noch in zwei Kategorien eingeteilt wurden, die Keuschen, die du als Mann geheiratet hast, und die Huren, mit denen du »es« machtest, war das Versprechen von Sex nach der Hochzeit die Art, einen Mann an dich zu binden. Zur Zeit stimmt dieses Muster kaum noch. Es besteht wohl noch die alte Tradition, die vorschreibt, daß ein Mann, der eine Frau geschwängert hat, sie auch heiraten muß. Nicht, daß das immer geschieht, aber die Vorstellung existiert noch. Männer erfahren die Ehe, besonders wenn sie jung sind, oft als eine Fallgrube, eine Bindung, die du so lange wie möglich vor dir herschieben mußt. Junge Frauen, die irgendeinen schlechten Job haben oder gern von zu Hause weg wollen, halten die Ehe für eine Lösung. Eine Schwangerschaft kann, besonders wenn es ein »Unglück« ist, eine Möglichkeit sein, einen Mann an dich zu binden. Deshalb sind manchmal diese »Unglücke« halb erwünscht, halb unerwünscht. Schön ist das ganz und gar nicht, denn oft geht es offensichtlich nicht darum, ein Kind zu bekommen, sondern einen Mann. Und eine Ehe mit einem Baby zu beginnen, ist nicht die beste Garantie für eine fröhliche Zukunft. Doch solange Frauen im Hinblick auf ihre Zukunft noch so sehr von einem Mann abhängig sind, werden diese Situationen auch weiterhin vorkommen. Sicher hätten einige von uns gern ein Kind, wenn wir unter anderen Umständen leben würden. Zu fühlen, wie ein Kind wächst, kann eine herrliche erotische Erfahrung, und eine leibliche Beziehung mit einem Kind kann sehr befriedigend sein. Viele Frauen entscheiden sich mit ihrem Kopf dafür, kein Kind zu bekommen, weil wir uns selbst noch zu jung finden, weil es nicht in unser Zukunftsbild paßt, weil wir unsere ökonomische Situation zu schlecht finden, weil wir einen Mann haben, der keine Kinder haben will, oder keinen Mann und wir ein Kind nicht allein aufziehen wollen, weil wir dafür zu viele andere Dinge aufgeben müssen, die wir auch wollen. Aber manchmal entscheiden wir uns nicht mit unseren Gefühlen, mit unserem Bauch. Eigentlich würden wir doch gern ein Kind haben wollen. Das kann dazu führen, daß du die Pille nicht regelmäßig nimmst oder das Pessar, schwanger wirst und dann das Gefühl hast, das Schicksal habe für dich entschieden. Es ist deshalb gut, dir der Widersprüche bewußt zu werden, die die meisten von uns erfahren bei der Entscheidung, ein Kind zu bekommen oder nicht, damit du das berücksichtigen kannst, wenn du merkst, daß du zu viele Risiken eingehst.

die weiblichen Geschlechtsorgane

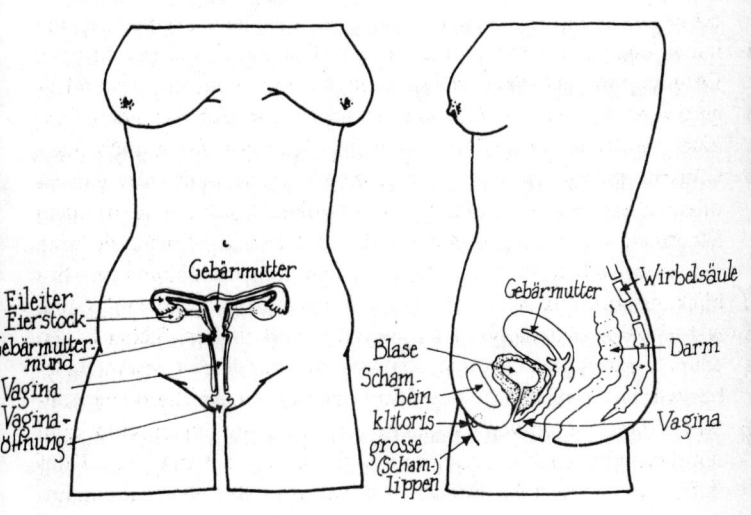

Einige von uns haben sehr wenig Freude am Sex mit dem Mann, mit dem sie zusammenleben, aber wagen nicht, nein zu sagen, oder können sich das nicht erlauben. Wenn du keine Lust hast, zu bumsen, hast du wahrscheinlich auch wenig Lust, ein Pessar einzusetzen oder jeden Tag die Pille zu schlucken. Nachlässigkeit beim Gebrauch von Verhütungsmitteln kann darauf hindeuten, daß du keine Lust hast zu freien. Die beste Methode, in so einer Situation nicht schwanger zu werden, ist nein sagen zu lernen.

5. Information über Verhütungsmittel

Wir können in diesem Buch nicht sehr ausführlich auf alle Verhütungsmittel eingehen, dafür ist kein Platz. Ein Grund, warum wir überhaupt darauf eingehen, liegt darin, daß es noch immer sehr schwierig ist, gute Informationen zu bekommen, die nicht nur auf die medizinische, sondern auch auf die praktische Seite eingehen: Sind die Verhütungsmittel angenehm im Gebrauch? In den meisten Informationen über Verhütungsmittel wird etwas über »Sicherheit« gesagt. Mißverständlich daran ist, daß oft unklar bleibt, ob Sicherheit in dem Sinne gemeint ist, daß es für dich unschädlich ist, oder ob unter Sicherheit einfach die Zuverlässigkeit in der Wirkung verstanden wird. Außerdem werden die Risiken gerade bei der Pille manchmal mit unrichtigen Vergleichen unter den Tisch gekehrt. So steht beispielsweise in einem Buch über Geburtenregelung, daß du die Risiken hinsichtlich einer Thrombose gegen die Risiken hinsichtlich einer Schwangerschaft abwägen mußt. Das ist natürlich falsch, denn du entscheidest dich nicht zwischen den Risiken bei verschiedenen Verhütungsmitteln. Und dann ist die Frage, ob die Pille dabei so gut abschneidet. Ein anderer Vergleich, der oft gemacht wird, ist der zwischen der Pille und anderen Medikamenten, die im Grunde auch schädliche Nebenwirkungen haben können, sogar Aspirin. Aber die Pille ist keine Medizin, um eine Krankheit zu heilen, die Pille wird täglich von ganz gesunden Frauen geschluckt und das oft jahrelang. Der einzig richtige Vergleich, den wir machen können, ist der, die verschiedenen Verhütungsmittel zu vergleichen. Und wenn du keine Lust hast, auf eine andere Art zu freien, dann ist es ein Abwägen zwischen Zuverlässigkeit, der Sicherheit für deinen Körper und wie angenehm der Gebrauch ist. Leider gibt es noch keine Mittel, die in allen Punkten gleich gut sind, es bleibt darum eine Frage des Abwägens.

a) Das Scheidendiaphragma (Pessar)

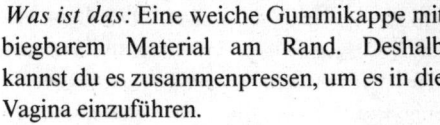

Was ist das: Eine weiche Gummikappe mit biegbarem Material am Rand. Deshalb kannst du es zusammenpressen, um es in die Vagina einzuführen.

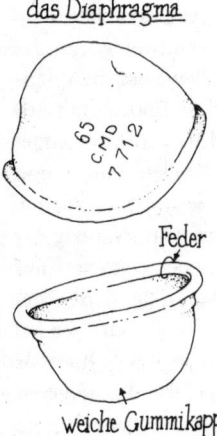

das Diaphragma

Feder

weiche Gummikappe

Wie wirkt es: Es verschließt den Gebärmuttermund. Das ist nur dann wirkungsvoll, wenn du gleichzeitig ein samentötendes Mittel benutzt, eine Salbe oder Tabletten. (Und wenn du schon ein Pessar hast, kannst du es auch benutzen, wenn du während der Menstruation freien und die Blutung unterbrechen willst. Du mußt es danach gleich wieder herausnehmen, um den Menstruationsfluß nicht zu lange zu unterbrechen.)

Gebrauch: Das Einführen mußt du bei einem Arzt oder einer Krankenschwester lernen, am besten in einer Beratungsstelle (Ärzte werden dir oft vom Diaphragma abraten; nicht zuletzt deswegen, weil für sie dabei nicht viel zu verdienen ist.) Nach einiger Übung ist es einfach, das Pessar in die Vagina zu bringen oder herauszunehmen. Es ist gut, das zu üben, bevor du bumst. Das Pessar muß in die Vagina, bevor ein Penis eindringt, also nicht mitten beim Bumsen. Du reibst den Rand mit Creme ein oder steckst die samentötende Tablette in die Vagina und drückst sie mit dem Zeigefinger eben gegen den Gebärmuttermund, damit sie sich an der richtigen Stelle auflöst. Bestimmte Schaumtabletten eignen sich dafür, andere Vaginaltabletten, die schmelzen, können den Gummi beschädigen. Tabletten sind einfacher mitzunehmen als eine Cremetube. Das Pessar

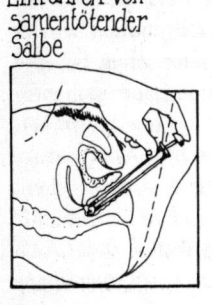

Einführen von samentötender Salbe

289

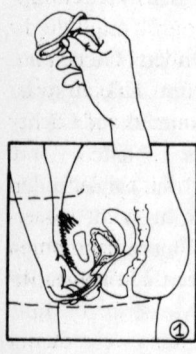

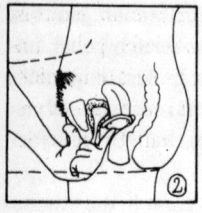

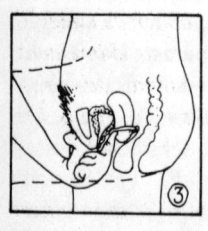

bleibt noch acht Stunden nach dem Bumsen in der Vagina. Wenn du in der Zeit noch einmal freist, dann wieder Creme oder eine Tablette einführen und wieder acht Stunden in der Vagina lassen.

Zuverlässigkeit: Je nachdem, wie gut du damit umgehen kannst, ist es ein sicheres bis mäßig sicheres Mittel. Wenn du gegen das Einlegen einen Widerwillen hast, beispielsweise weil du es nicht schön findest, mit deinen Fingern in deine Möse zu fassen, oder wenn du gegen deinen Willen bumst und deshalb nicht sehr motiviert bist, es zu tun, dann besteht die Chance von zwanzig bis fünfundzwanzig Schwangerschaften auf hundert Frauenjahre. Wenn du diese Methode angenehm findest, das Pessar früh genug einlegst und niemals in der Schublade liegen läßt, weil so ungefähr die sicheren Tage sind, ist die Zuverlässigkeit annähernd die gleiche wie die von der Pille oder der Spirale.

Sicherheit: Von allen Mitteln ist das Pessar mit dem Kondom das für den Körper am wenigsten schädliche Mittel. Das ist ein Grund dafür, daß das Pessar in den letzten Jahren in Zusammenhang mit der wachsenden Aufmerksamkeit für unsere Gesundheit wieder populär geworden ist. Ganz selten ist eine Frau allergisch gegen Gummi oder samentötende Mittel. Das Pessar hat überhaupt keinen Einfluß auf deine spätere Fruchtbarkeit. Frauen mit Gebärmuttervorfall können es nicht benutzen. Es gibt Ärzte, die davon ausgehen, daß das Pessar für dich nicht geeignet ist, wenn du noch nie gebumst hast. Das hängt mit Vorstellungen über Jungfräulichkeit und der Auffassung zusammen, das Einpassen eines Pessars könnte für dich unangenehm sein, wenn du noch nicht daran gewöhnt bist, daß etwas in deine Vagina kommt. Aber wenn du schon mit deiner Möse vertraut bist, beispielsweise schon lange Tampons benutzt und der alten Vorstellung von der Unberührtheit keinen Wert beimißt, gibt es keinen Grund, weshalb das Pessar nicht auch für dich ein gutes Verhütungsmittel sein sollte. Weil du ein Pessar auf Maß bekommst, mußt du dir ein neues anmessen lassen, wenn sich das Maß verändert haben kann: wenn du schwanger warst oder wenn du mehr als fünf Kilo ab- oder zugenommen hast. Bei einer jährlichen Kontrolle kann es auf Löcher überprüft werden.

Pflege: Waschen in lauwarmem Wasser mit einer milden Seife. Du kannst es mit Maizena pudern (besser als Talkpuder, der nicht wasserlöslich ist und den du deshalb lieber nicht in deine Vagina bekommen solltest). Im Dunkeln aufbewahren. Nicht auskochen. Du kannst dir ein Reservepessar kaufen.

Erfahrungen: Das Pessar kann ein sehr gutes Mittel sein, wenn du mit deinem Körper vertraut bist. In einer regelmäßigen Beziehung kannst du dich daran gewöhnen, es einzulegen, bevor du schlafen gehst, unabhängig davon, ob du glaubst zu freien oder nicht. Das ist dann nicht ein so großer Schritt, wie wenn du wieder aufstehen mußt, um es erst dann einzulegen. Wie angenehm es im Gebrauch ist, hängt von deiner Beziehung ab.

»Ich hatte das Gefühl, daß er jedesmal nachsah, ob ich es einlegte. Wenn ich es nicht einlegte, bekam er etwas so von, na ja, dann nicht. Wenn ich es aber einlegte, wurde es zu einer Art Signal, dann mal oben drauf. Wenn ich es heimlich machte, bekam er etwas von ... na? ... Ich fand es sehr unangenehm.«

»Am Anfang fand ich es schwierig, aufzustehen und ans andere Ende der Wohnung zu laufen, um es im Bad einzulegen. Nun, nachdem ich mit meinem Körper etwas besser vertraut bin, macht es mir nichts mehr aus, wenn er es sieht. Er kann schließlich froh sein, daß ich immer die Verantwortung trage. Ich habe keine Lust mehr, es damenhaft zu verstecken.«

>> *Mit dem Pessar ist es möglich abzuwechseln, manchmal benutze ich es und manchmal er ein Kondom.* <<

b) Das Kondom (das Präservativ)

Was ist das: Ein dünner Gummisack, den es mit oder ohne kleine Ausstülpung an der Spitze (Reservoir) gibt, kann mit einem Gleitmittel versehen sein oder nicht. Es gibt sie auch gerippt, weil es angeblich für Frauen schön sein soll, aber die Rippen wirken hauptsächlich auf die Phantasie der Männer. Die verschiedenen Sorten Karnevalskondome mit Ausstülpungen und Knubbeln, wie du sie in Sexshops manchmal sehen kannst, sind als Verhütungsmittel nicht brauchbar.

Wie wirkt es: Es hält die Spermen zurück.

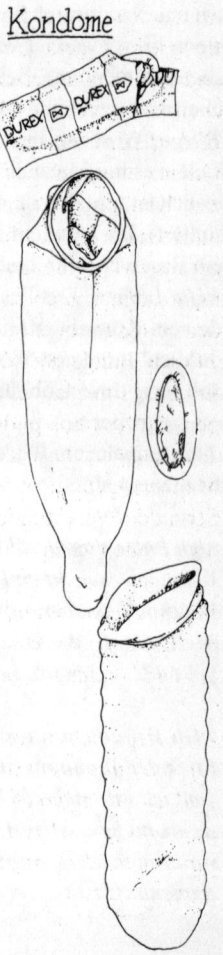

Kondome

Gebrauch: Kondome sind einfach im Gebrauch, aber du mußt schon wissen, wie. Ein Kondom wird über den steifen Penis gerollt, bevor er in die Vagina kommt, also nicht kurz vor dem Samenerguß. Beim Abrollen muß vorn ein bißchen Platz gelassen werden, ohne Luft darin, um für die Samen Raum zu lassen, die sich sonst verteilen und wodurch dann das Kondom beim Herausrutschen des Penis abrutschen oder die Spannung zu groß werden und das Kondom reißen kann. Es kann auch reißen, wenn die Vagina zu trocken ist. Du kannst dann ein Kondom mit Gleitmittel benutzen oder eine samentötende Creme. Aber du kannst auch darüber nachdenken, ob dir diese Art zu freien überhaupt gefällt. Beim Herausziehen des Penis muß das Kondom oben am Rand festgehalten werden, damit es nicht abrutscht, und du solltest mit dem Zurückziehen nach dem Samenerguß nicht zu lange warten. Vorher kannst du es am besten auf Löcher kontrollieren, indem du es aufbläst, und hinterher, indem du es mit Wasser füllst.

Zuverlässigkeit: Sicher, wenn es mit Cremes oder Tabletten benutzt wird. Und wenn du es gut gebrauchst, ist es als Mittel nicht schlechter als das Pessar und fast ebenso zuverlässig wie die Pille oder Spirale. Bei nachlässigem Gebrauch besteht die Chance von fünfzehn bis zwanzig Schwangerschaften auf hundert Frauenjahre, bei ordentlichem Gebrauch die Chance von drei auf hundert.

Sicherheit: Es greift nicht in deinen Körper ein. Wenn du gegen Gummi allergisch bist, kannst du Kondome aus Schafsdärmen benutzen. Kondome bekannter Marken sind gut. In Drogerien und Supermärkten kannst du die bekannten Marken kaufen. Kondome, die länger als zwei Jahre im Schrank gelegen haben, solltest du lieber nicht mehr benutzen, ebensowenig wie Kondome, die du endlos lange in deiner Tasche oder im Portemonnaie mitgeschleppt hast.

Pflege: Billige Kondome kannst du wegwerfen. Gute Kondome kannst du mit lauwarmem Wasser und milder Seife waschen, trocknen, mit Maizena pudern und aufrollen.

Erfahrungen: Das Kondom ist zur Zeit das einzige Mittel, das von Männern gebraucht werden kann, abgesehen von dem endgültigen Schritt der Vasektomie. Einige Männer finden es unangenehm und einige Frauen auch.

»Mein Freund sagte, er hätte das Gefühl, als ginge er mit Socken in die Badewanne. Ich finde es auch nicht besonders, wenn du schön streicheln und lecken willst und hast dann dieses Gummiding.«

»Ich freie nicht so oft. Und wenn ich freie, dann bumse ich nicht so oft. Ich finde es ein sicheres Gefühl, wenn ich Kondome bei mir habe, weil du im entsprechenden Augenblick selbst entscheiden kannst, ob du etwas tun willst. Und es ist nur ein kleines Ding, wenn du es mitnimmst, und nicht gleich so ein Apparat, wofür du erst zum Arzt mußt.«

»Ein Arzt riet uns, sowohl ein Kondom als auch ein Pessar zu benutzen. Mit all dem Gummi bekamen wir das Gefühl, uns allmählich zu gummieren.«

c) Hormonelle Verhütungsmittel (»Anti-Baby«-Pille, »Anti-Baby«-Spritze)

Was ist das: Eine Serie von Tabletten, die du drei Wochen schluckst, mit einer Woche Pause, oder die du täglich nimmst, wenn Zuckerpillen dabei sind. Die »Anti-Baby«-Spritze ist keine Pille, sondern eine Injektion für drei Monate.

Wie wirkt sie: Die Pille ist ein hormonelles Mittel, das zwei künstlich produzierte Hormone enthält: Östrogen und Gestagen. Die Wirksamkeit beruht vor allem darauf, daß der »Eisprung« verhindert wird, es kommt kein fruchtbares Ei frei. Weil die verschiedenen Hormone unterschiedliche Nebenwirkungen haben, wird noch immer mit verschiedenen Zusammensetzungen experimentiert. Es gibt Pillen mit beiden Hormonen, die Kombinationspille. Die Sequenzpille wurde mittlerweile schon wieder als zu unsicher aus dem Handel genommen. Die Minipille und die »Anti-Baby«-Spritze enthalten nur Gestagen. Wenn du dich weiter damit beschäftigen willst, kannst du das entsprechende Kapitel in »Unser Körper, unser Leben« nachlesen, so daß du, wenn du die Pille nimmst, selbst mitbestimmen kannst, welche Mittel für dich die geringsten Nebenwirkungen haben können.

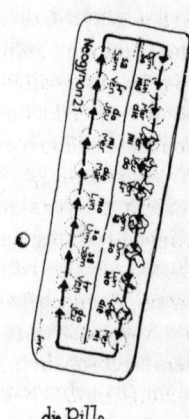

die Pille

Gebrauch: Der Gebrauch ist einfach: täglich schlucken.

Zuverlässigkeit: Die Pille ist das sicherste Mittel, wenn du nur das Risiko einer Schwangerschaft betrachtest. Je nachdem, wie gut du sie gebrauchst, hast du eine Chance zwischen ein Zehntel und zwei bis fünf

Schwangerschaften auf hundert Frauenjahre. Ebenso wie bei anderen Mitteln hängt das von deiner Motivation ab. Wenn du eigentlich nicht bumsen willst oder eigentlich keine Lust hast, jeden Tag die Pille zu schlucken, dann vergißt du öfter, sie zu nehmen.

Sicherheit: Über die Sicherheit der Pille bestehen vorläufig noch viele Unklarheiten. Sie ist ein Mittel, das ständig auf deinen Körper einwirkt. Die Angst, daß die Pille Krebs verursacht, ist offenbar unberechtigt, aber es sind inzwischen eine ganze Reihe von Nebenwirkungen und erhöhten Risiken bekanntgeworden. Viele Ärzte haben die Neigung, nicht zuviel darüber zu sprechen, aber viele Ärzte würden ihren eigenen Familienmitgliedern – so zeigt eine Untersuchung – die Pille nicht verschreiben. Viele Frauen hören im ersten Jahr schon wieder mit der Pille auf. Die darüber bekannten Zahlen liegen zwischen dreißig und fünfzig Prozent und mehr.

Nebenwirkungen: Unwohlsein und Kopfschmerzen, besonders am Anfang, Gewichtszunahme, Schmerzen in den Brüsten. Wahrscheinlich hat die Pille auch Einfluß auf Stimmungen und die Lust zu freien. Das ist schwierig zu kontrollieren, weil darauf so viele Dinge Einfluß haben; dennoch ist es naheliegend, wenn wir bedenken, daß wir auch bei Menstruationen Stimmungsschwankungen kennen und auch in den Wechseljahren, also dann, wenn sich unsere Hormonzusammenstellung plötzlich ändert. Einige Frauen bekommen erhöhten Blutdruck, deshalb sollte der kontrolliert werden. Die Pille verstärkt die Neigung zu Diabetes. Bestehende Krebsgeschwülste in deiner Brust können durch die Pille schneller wachsen; außerdem erhöht sie die Thrombosegefahr. Wenn du schon einmal Gelbsucht gehabt hast, besteht die Gefahr von Leberschäden. Die Pille kann den Säuregehalt deiner Vagina beeinflussen, und die Gefahren einer Infektion sind größer, wie auch die einer Geschlechtskrankheit und Blasenentzündung. Wahrscheinlich ist die Gefahr von Herzanfällen größer, besonders in Kombination mit dem Rauchen. Die Pille kann Epilepsie verstärken. Wenn du Veranlagungen zu einer dieser Krankheiten hast, solltest du die Pille lieber nicht nehmen: also bei Krankheiten, die mit schlechter Blutzirkulation und Leberschäden zusammenhängen, wenn du Brust- oder Gebärmutterkrebs gehabt hast, oder wenn du stillst. Aufpassen solltest du, wenn du Anlagen hast zu Zuckerkrankheiten,

Migräne, Epilepsie, Asthma, Krampfadern, und wenn du zu Depressionen neigst. Wenn du älter als fünfunddreißig bist, werden die Risiken erheblich größer, und du könntest überlegen, ob du dich nicht sterilisieren lassen oder auf ein anderes Mittel übergehen solltest. Setze jedenfalls die Pille nicht plötzlich ab, denn mit der Pille aufhören, bevor ein anderes Mittel da ist, ist eine bekannte Ursache für unerwünschte Schwangerschaften. Außerdem zeigt eine neue Untersuchung, daß mit dem Lebensalter, der Dauer des Pillengebrauchs und in Kombination mit dem Rauchen die Risiken für Herzkrankheiten sehr stark zunehmen. Entscheide dich also: die Pille oder Rauchen. Mädchen, die noch nicht ganz ausgewachsen sind, sollten die Pille auch besser nicht gebrauchen. Wenn du älter als vierzig bist und die Pille nimmst, kann es für dich undurchsichtig bleiben, ob du dich schon in den Wechseljahren befindest. Eine angenehme Nebenerscheinung ist die, daß du wahrscheinlich geringere Blutungen bei der Menstruation hast und immer genau weißt, wann sie kommt.

Die Minipille ist nicht so stark und hat darum auch weniger Nebenwirkungen. Die Zuverlässigkeit ist aber auch geringer, weil sie zu einem genauen Zeitpunkt eingenommen werden muß. Wenn du die normale Pille am Abend vergessen hast, kannst du sie am folgenden Morgen noch schlucken. Zwischen dem Einnehmen von zwei Minipillen dürfen nicht mehr als sechsundzwanzig Stunden liegen. Bei der Minipille hast du manchmal unregelmäßige Blutungen. Das kann unangenehm sein, wenn du dann immer Angst hast, schwanger zu sein.

Die »Anti-Baby«-Spritze ist eine Injektion, die alle zehn oder zwölf Wochen gemacht wird. Der Vorteil ist, daß du an nichts mehr zu denken brauchst. Das soll ein Grund sein, warum Ärzte sie so gern an ausländische Frauen verabreichen, die sie für unfähig halten, jeden Tag eine Pille zu schlucken. Ein Nachteil ist, daß du damit nicht einfach aufhören kannst, denn du hast für Monate das Zeug in deinem Körper. Außerdem kann sie deine Fruchtbarkeit danach vollkommen durcheinanderbringen. Meistens hast du, solange die Injektion wirkt, überhaupt keine Blutungen mehr. »Depo-Provera«, die Bezeichnung für die am häufigsten benutzte »Anti-Baby«-

Spritze, ist in Amerika verboten, weil sie bei Tieren Krebs verursachte. Das Verbot bedeutet eine ganze Menge, wenn du bedenkst, was alles passieren muß, bevor ein Mittel aus dem Handel gezogen wird. Und du solltest für dich viele schwerwiegende Argumente dafür haben, daß alle anderen Mittel für dich nicht geeignet sind, wenn du dich für die Spritze entscheidest.

Wenn du dich für hormonelle Verhütungsmittel entscheidest, solltest du dir noch mehr Informationen besorgen, z. B. in »Unser Körper, unser Leben« nachlesen, was dort zu diesem Thema steht.

»Ich nahm die Pille, weil mir das so einfach und sauber erschien. Aber ich fühlte mich damit einfach nicht gut. Aufgedunsen und schläfrig. Der Arzt sagte, das sei subjektiv, und das kann möglich sein. Aber ich bekam doch die Nase voll davon. Dann bin ich zum Pessar übergegangen. Ich fühlte mich tatsächlich besser. Das kann natürlich Einbildung sein, aber was macht das?«

»Ich hatte eine Pille, von der ich Kopfschmerzen bekam. Von der anderen Sorte wurde ich dick. Dann bekam ich die Minipille. Die vergaß ich einmal rechtzeitig zu schlucken. Darauf die Morning-After-Pille. Mir wurde kotzübel. Dann hatte ich genug von dem Zeug. Ich habe mir eine Spirale einsetzen lassen. Meine Schwester nimmt auch die Pille, sie hat keine Beschwerden.«

d) Die Spirale

Was ist das: Ein kleiner biegsamer Gegenstand aus Plastik, der mit Hilfe einer Art Röhrchen in deine Gebärmutter eingesetzt wird. Sie heißt auch Intrauterinpessar. Bei den Abbildungen siehst du die verschiedenen Formen. Der »Dalcon-Schild« hat sich als gefährlich erwiesen und wird nicht mehr benutzt. Wenn du dich daran erinnerst, daß du so eine Spirale hast, solltest du sie entfernen lassen. Die Spirale in Form eines T oder einer 7 sind hier nicht abgebildet, und außerdem gibt es noch mehr Formen. Beim Kupfer-T und der Kupfer-7 ist Kupferdraht um die Plastikform gewickelt; es gibt auch noch Spiralen mit einem Reservoir, das mit einem Gelbkörperhormon gefüllt ist (Progesteron).

Wie wirkt sie: Über die genaue Wirkungsweise besteht noch immer Unklarheit. Die Theorie geht dahin, daß sie eine Veränderung der Gebärmutterschleimhaut bewirkt, wodurch ein Einnisten des Eies verhindert wird. Am besten fundiert ist bis jetzt die Erklärung, daß die Spirale dazu beiträgt, besondere Zellen zu produzieren, die Bakterien und also auch das Ei vernichten; die Spirale also eine Art ungefährliche Infektion hervorruft. Das bedeutet vielleicht auch, daß du das Risiko einer Schwangerschaft eingehst, wenn du gleichzeitig Antibiotika gegen eine Infektion nimmst. Solche Fälle sind bekannt. Jedenfalls ist es der Mühe wert, beim Einnehmen von Antibiotika gleichzeitig in einer anderen Weise dafür zu sorgen, daß du nicht schwanger wirst.

Gebrauch: Gynäkolog(inn)en setzen die Spirale ein. Am besten gehst du deswegen zu

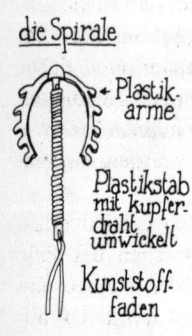

die Spirale

- Plastik-arme
- Plastikstab mit kupfer-draht umwickelt
- Kunststoff-faden

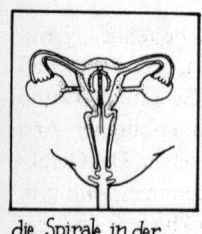

die Spirale in der Gebärmutter

Lippes Loop

Dalkon-Schild

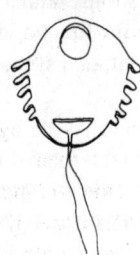

Kupfer-T

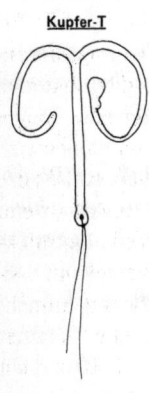

einer Pro-Familia-Beratungsstelle. Bei einigen Frauen ist das Einsetzen sehr schmerzhaft, bei anderen Frauen ist sie eingelegt, ohne daß sie es merken. An dem Faden kannst du fühlen, ob sie noch drinsitzt. Männer haben ganz selten Probleme mit den Fäden, höchstens wenn sie zu kurz abgeschnitten sind und darum pieken. Am Anfang hast du eventuell Krämpfe, das kann von einer Art Menstruationskrämpfen bis zu starken Bauchschmerzen gehen. Wenn du sehr starke Bauchschmerzen hast, kann das auf eine Infektion deuten – dann mußt du zum Arzt gehen. Es ist gefährlich, dich damit abwimmeln zu lassen, daß Bauchschmerzen bei einer Spirale normal seien. In den ersten Monaten besteht auch das größte Risiko, daß deine Gebärmutter den Fremdkörper abstößt. Du solltest in den ersten Monaten auch lieber noch zusätzlich ein samentötendes Mittel benutzen. Die Kupferspiralen müssen alle zwei bis drei Jahre ausgewechselt werden, die Progesteron-Spirale jedes Jahr.

Zuverlässigkeit: Hinsichtlich der Zuverlässigkeit liegt die Spirale zwischen der Pille und dem Pessar. Du hast die Chance von sechs Schwangerschaften auf hundert Frauenjahre.

Sicherheit: Beim Einsetzen besteht ein geringes Risiko auf Perforation, das heißt, daß sich die Spirale durch die Gebärmutterwand bohrt. Aber wenn es ein erfahrener Arzt macht, geschieht das ganz selten. Die Gefahren, eine Infektion zu bekommen, sind größer, und Geschlechtskrankheiten sind gefährlicher, weil sie einfacher in deine Gebär-

299

mutter und zu den Eileitern vordringen können. Es ist wichtig, daß du, bevor die Spirale eingesetzt wird, auf Geschlechtskrankheiten und Infektionen untersucht wirst. Wenn dein Arzt das nicht routinemäßig macht, dann bitte ihn darum oder sorge dafür, daß du irgendwo anders untersucht wirst. Wenn du Gonorrhoe bekommst und eine Spirale hast, kann es notwendig sein, daß sie zur Heilung entfernt werden muß. Du bekommst wahrscheinlich mehr Ausfluß und stärkere Menstruationsblutungen. Wenn du sowieso schon Probleme hast bei der Menstruation, ist die Spirale wahrscheinlich kein gutes Mittel für dich. Wenn du zu Blutarmut neigst, können schwere Blutungen sehr problematisch werden. Also bei Infektionen in der Vagina und Gebärmutter, oder wenn du damit häufiger Schwierigkeiten hast, ist die Spirale für dich weniger geeignet, ebenso bei schweren Menstruationsblutungen und Neigung zu Blutarmut. Es gibt kleinere Spiralen für Frauen, die keine Kinder gehabt haben, aber die Wahrscheinlichkeit, daß sie vom Körper abgestoßen werden, ist größer.

»Das Einsetzen der Spirale war schwieriger, als ich erwartet hatte. Danach war ich damit einige Jahre sehr zufrieden, habe nie mehr daüber nachgedacht. Doch dann bekam ich Ausfluß und eine Infektion. Ich will es nun mit so einer Kupferspirale versuchen.«

»Schließlich wurden mir die Blutungen doch zuviel. Ich vermißte die Pille, bei der ich so genau vorher wußte, wann ich meine Tage bekommen würde. Ich weiß noch nicht, was ich tun werde.«

»Als ich die Spirale einsetzen ließ, ging es prima. Ein bißchen Bauchschmerzen. Einige Tage später wurden die Bauchschmerzen schlimmer. Ich rief den Arzt an. Der sagte, das sei normal und ginge schon vorbei. Ich bin nicht so eine Zimperliese, also legte ich mich mit meinen Bauchschmerzen ins Bett. Am folgenden Tag hatte ich hohes Fieber und war so benommen, daß ich kaum wußte, was passierte. Mein Freund hat einen Krankenwagen gerufen. Ich hatte offensichtlich eine Infektion, die schon bis zu den Eierstöcken vorgedrungen war.«

Die Methode der periodischen Enthaltsamkeit (also das Berechnen der »sicheren« Tage) ist nicht zuverlässig und wird hier nicht behandelt. Die Chance, schwanger zu werden, wird dadurch zwar geringer, aber es ist kein sicheres Mittel. Wer diese Methode doch anwenden will, kann den Ablauf des Menstruationszyklus in »Unser Körper, unser Leben« nachlesen. Der Methode des »Aufpassens« ist ein großer Teil der deutschen Bevölkerung zu verdanken. Weil sie so riskant ist, wird sie hier nicht behandelt, andere zuverlässige Mittel, wie der Gebrauch von samentötenden Mitteln ohne Kondom und Pessar, ebensowenig.

6. Sterilisierung

Sterilisation beim Mann

Scham-bein
Harn-röhre
Eichel
Hoden
Samenleiter
Blase
Samenblase
Prostata

die Stelle, wo der Samen-leiter durchgeschnitten wird

Eine endgültige Methode, die Angst vor unerwünschten Schwangerschaften loszuwerden, ist die Sterilisierung. Nicht überall kannst du sie einfach bekommen, wenn du nicht in einer »normalen« Ehe lebst, wenn deine Familie nicht »vollendet« ist (mindestens zwei Kinder), wenn du nicht älter als fünfunddreißig bist, wenn du ohne Zustimmung deines Partners kommst. Aber es gibt auch Ärzte, die davon ausgehen, daß erwachsene Menschen selbst bestimmen können, was gut für sie ist, und die Sterilisierung ausführen, wenn klar ist, daß du es willst. Standardfragen, die dir gestellt werden, sind beispielsweise: ob du es nicht bereuen wirst, wenn dein Partner stirbt oder wenn du dich scheiden läßt und die Kinder dem anderen zugesprochen werden. Meistens wird doch davon ausgegangen, daß die Sterilisierung eine Entscheidung ist, die du gemeinsam mit dem anderen treffen mußt. Du kannst aber auch davon ausgehen, daß ihr niemals ein

Sterilisation

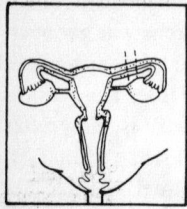

Gebärmutter

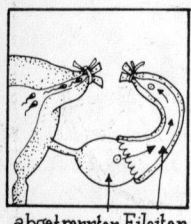

abgetrennter Eileiter
Eierstock

Kind zusammen machen werdet, wenn *du* kein Kind willst, und es darum deine eigene Entscheidung ist, ebensogut wie er auch für sich die Entscheidung fällen kann. Natürlich ist es sehr wichtig, dir zu überlegen, ob du nicht unter anderen Umständen doch ein Kind haben wolltest. Die Sterilisierung kann sowohl bei Männern als auch bei Frauen vorgenommen werden. Der Eingriff ist bei Männern sehr einfach, aber auch bei Frauen ist es heutzutage keine große Operation mehr. Bei der Entscheidung, wer sich sterilisieren läßt, müßte berücksichtigt werden, wie ihr beide euch euer zukünftiges Leben vorstellt. Sterilisation ist eigentlich eine Entscheidung, die jeder für sich treffen muß: Wenn *ich* keine Kinder mehr will, dann tue *ich* etwas dafür. Es gibt auch Ehepaare, da lassen sich Mann und Frau sterilisieren. Die meisten Krankenkassen übernehmen die Kosten der Sterilisation. Wenn es Probleme gibt, laß dir die Notwendigkeit einer Sterilisation von der Ärztin/dem Arzt attestieren und lege es der Kasse vor. Vergiß nicht, die Kostenübernahme *vor* dem Eingriff zu regeln, sonst kann es dir passieren, daß du alles selbst bezahlen mußt.

Bei der *Sterilisierung von Männern* (Vasektomie) wird durch zwei kleine Öffnungen in den Hoden ein kleines Stück von den Samenleitern entfernt, oder sie werden mit einer Art Heftklammer abgeklemmt. Es ist eine ganz kleine Operation unter örtlicher Betäubung und dauert meistens nicht länger als eine Viertelstunde, danach kann er sofort wieder nach Hause gehen. Unfruchtbar ist er nach zehn oder zwanzig Samenergüssen, wenn alle alten Spermen weg sind. Das wird kontrolliert. Es wird an Methoden zur Sterilisation geforscht, um diese wieder rückgängig machen zu können, indem beispielsweise eine Art Abstellhahn eingesetzt wird. Doch soweit sind wir noch nicht. Bei der Sterilisierung mußt du zur Zeit noch davon ausgehen, daß sie unwiderruflich ist.

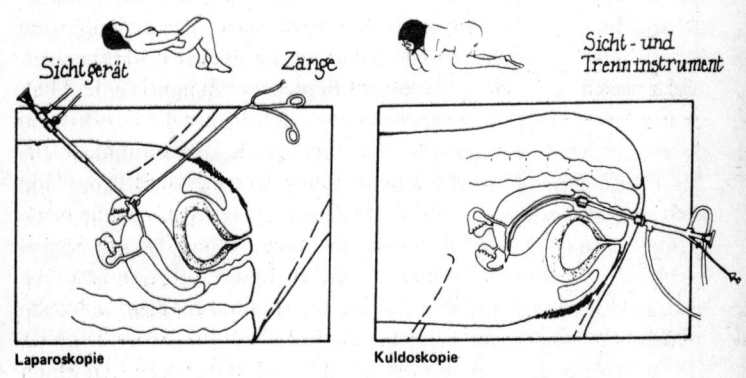

Laparoskopie   Kuldoskopie

Die körperlichen Risiken der Sterilisation sind minimal. Sterilisierung ist keine Kastration, dadurch wird nichts verändert, außer daß im »Samenerguß« keine Samen mehr vorhanden sind, der Samenerguß geht weiter wie gewohnt. Bei Männern, die ihre Gefühle nicht genügend durchdacht haben, bevor sie sich sterilisieren ließen, oder die schlecht informiert sind, kann es zu psychischen Problemen kommen. Sie können zeitweise impotent werden, weil sie glauben, daß sie das werden können, denn bei Impotenz spielt die psychische Seite immer eine größere Rolle als die körperliche. Andere Männer haben gehört, daß sie von der Sterilisation gerade hitzig werden, und dann werden sie hitzig. Männer, die noch ein kleines bißchen glauben, daß sie nun weniger männlich sind, können das Gefühl bekommen, ihre Männlichkeit dadurch beweisen zu müssen, daß sie besonders viel bumsen. Es sind auch Männer bekannt, die sich aus demselben Grunde auf einmal nicht mehr dazu aufraffen konnten, abzuwaschen. Eine ärgerliche »Nebenwirkung«!

Die *Sterilisation von Frauen* kann auf verschiedene Arten erfolgen: eine Methode ist die »Laparoskopie«. Dabei wird nach einem kleinen Schnitt unterhalb des Nabels erst eine gewisse Menge Gas in die Bauchhöhle gepumpt und danach in denselben Schnitt ein kleines Röhrchen mit einem Sichtgerät eingeführt, wodurch der Arzt genau sehen kann, wo die Eileiter liegen. Daraufhin wird an der Schamhaargrenze ein zweiter Schnitt gemacht. Durch diese Öffnung kann eine kleine Zange eingeführt werden, mit der die Eileiter durchschnitten und zugeschweißt oder mit kleinen Ringen abgeklemmt werden. Das Ganze dauert ungefähr zwanzig bis dreißig Minuten. Je nachdem, ob du eine örtliche Betäubung oder Vollnarkose bekommst und welche Methode angewandt wird, kannst du entweder sofort nach Hause und dich ausruhen oder mußt noch eine Zeitlang bleiben. Bei der »Kuldoskopie« wird der Eingriff durch die Vagina ausgeführt. Du liegst dabei nicht auf dem Rücken, sondern hockst auf den Knien und Ellbogen und streckst den Hintern in die Höhe. Nicht sehr gemütlich. Du bist in beiden Fällen sofort unfruchtbar.

Genau wie bei der Abtreibung wird bei einer Sterilisation vorher mit dir über deine Motive gesprochen. Zu Recht, weil es nicht geschehen darf, daß jemand unter Zwang einen solchen Eingriff machen läßt. Es ist sehr wichtig, daß du dir vorher über deine Gefühle rund um die Sterilisation klargeworden bist. Für viele von uns sind die Gefühle hinsichtlich der Frage, Kinder zu bekommen oder nicht, recht gemischt. Auch Frauen, die sich sehr überzeugt dafür entschieden haben, kein Kind (mehr) zu bekommen, tun das trotzdem manchmal mit einem Gefühl von Trauer. Manchmal ist es notwendig, um die Kinder, die du nicht mehr bekommen wirst, zu trauern, auch wenn du dir noch so sicher bist. Der Arzt, der darüber entscheidet, ob er bei dir eine Sterilisation oder Abtreibung vornimmt, kann dadurch das Gefühl bekommen, daß du noch zweifelst, daß du nicht wirklich willst. Derjenige, der die Macht hat, ja oder nein zu sagen, ist vielleicht nicht gerade der Richtige, der dir bei der Widersprüchlichkeit in deinen Gefühlen helfen kann.

»In meiner Frauengruppe habe ich um die Tochter geweint, die ich nicht bekommen würde. Es war, als ob ich Abschied nehmen mußte.

Ein Kind zu bekommen, war eine der Möglichkeiten, die ich hatte, eine Richtung, die ich einschlagen konnte in meinem Leben. Ich habe mich für andere Dinge entschieden, die ich sonst nicht mehr hätte tun können. Obwohl ich die Entscheidung sehr bewußt getroffen habe, kam gleichzeitig doch Wut und Kummer in mir hoch. Denn wenn wir uns nicht noch immer in den gesellschaftlichen Verhältnissen befinden würden, in denen Kinder eine so wahnsinnig schwere Verantwortung sind, die wir auch noch größtenteils allein tragen müssen, wenn ich diese mit anderen Menschen besser teilen könnte, dann hätte ich zwischen einem Kind und anderen Dingen, die ich wichtig finde, nicht wählen müssen. Dann wäre ich nun schwanger. Und es tut weh, daß ich niemals das Kind kennen werde, das ich hätte bekommen können. Nach der Trauer habe ich die Sterilisation machen lassen. Ich bereue es nicht. Es war gut für mich, die Entscheidung einmal gefühlsmäßig zu verarbeiten, anstatt sie immer wieder vor mir herzuschieben, bis ich alt bin.«

7. Methoden danach

a) Die Pille danach
(Morning-After-Pille, Hormonabtreibung)

Die Pille danach ist keine Pille, sondern eine ganze Tablettenserie, die innerhalb von sechsunddreißig Stunden, nachdem du gebumst hast, eingenommen werden muß, wenn du Gründe hast, anzunehmen, daß du schwanger geworden bist; weil beispielsweise ein Kondom geplatzt ist oder weil du nichts Verhütendes gebraucht hast. Die Wirksamkeit beruht auf Hormonen, wodurch die Gebärmutterschleimhaut erst stark entwickelt wird. Wenn du dann mit den Tabletten aufhörst, tritt eine Blutung ein, und wenn ein befruchtetes Ei da war, geht es mit ab. Die Pille danach ist *kein* Verhütungsmittel. Du kannst dich davon einige Tage lang hundeelend fühlen; und wenn das gerade in den Ferien ist oder am Anfang einer romantischen Liebe, kann das die Freude ganz schön vermiesen. Bitte den Arzt gleichzeitig um Tabletten gegen

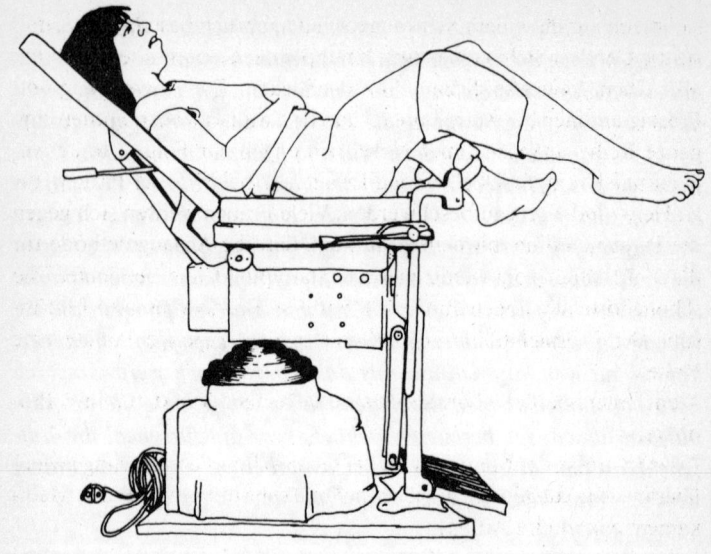

Übelkeit. Es ist außerdem eine Pferdekur. Du schluckst auf einmal soviel Östrogen, wie wenn du zwei Jahre lang die Pille nimmst. Wenn du nun bedenkst, wieviel Kritik inzwischen an der Pille besteht, wird deutlich, daß die Pille danach kein Mittel ist, das du ab und zu gebrauchst oder das Ärzte sorglos jeder mit in die Ferien geben sollten. Wenn du die Ungewißheit über eine eventuelle Schwangerschaft eine gewisse Zeit ertragen kannst, solltest du überlegen, ob du nicht lieber eine menstruelle Extraktion oder eine frühe Abtreibung willst. Der Vorteil der Pille danach ist, daß du nicht weißt, ob du schwanger warst. Der große Nachteil besteht darin, daß du dich einer Pferdekur unterziehst, obwohl das vielleicht nicht nötig war.

b) Abtreibung durch Prostaglandine

Prostaglandine sind Hormone, die in verschiedenen Formen in unserem Körpe vorkommen. Sie werden inzwischen künstlich hergestellt und sind als Gel, Zäpfchen, Spritzen im Handel. Ihre Wirkung im Zusammenhang mit einem Schwangerschaftsabbruch besteht darin, daß sie die Cervix weichmachen und Krämpfe der Gebärmutter auslösen, also einen geburtsähnlichen Prozeß einleiten. Die Anwendung von Prostaglandinen bei Abtreibungen hat für die allermeisten Frauen eine ganze Reihe unangenehmer Nebenwirkungen zur Folge: starke wehenartige Krämpfe, Übelkeit und Erbrechen (bei 37 % der Frauen) bis zu Herz- und Kreislaufbeschwerden. Viele Frauen wehren sich gegen die Prostaglandine mit dem Argument, daß die Absaugmethode für die Frau, auch vom medizinischen Standpunkt aus betrachtet, die schonendste und angenehmste Methode ist. Bei der massiven Einführung der Prostaglandine-Behandlung spielen folgende Punkte eine Rolle:

– das Interesse der Pharmaindustrie an einem Markt für ihre Produkte;

– das Interesse der Mediziner an der technischen Verbesserung gegenüber der Kürettage, die für sie manchmal sehr mühsam ist (das Medikament ersetzt ihre Arbeit);

– daraus resultierend die Tatsache, daß sich niemand mehr um die Auseinandersetzung mit der Absaugmethode kümmert, die in der BRD viel zu selten angewendet wird.

c) Abtreibung

Wenn deine Periode 11 Tage überfällig ist (bei einem Zyklus von 24 Tagen), kann ein Schwangerschaftstest gemacht werden (von der Ärztin/dem Arzt, in vielen Apotheken, bei Familienberatungsstellen). Bist du dir bei einem positiven Testergebnis ganz sicher, daß du die Schwangerschaft nicht willst, erkundige dich nach § 218-Beratungsstellen in deiner Stadt (Pro Familia) und lasse dir einen Beratungstermin geben. Dir sollte klar sein, daß jetzt alles sehr schnell gehen muß, da in Deutschland die gesetzliche Regelung einen Schwangerschaftsabbruch nur bis zur 12. Woche (vom 1. Tag deiner letzten Periode an gerechnet) erlaubt. Bestehe bei Ärzten und Beratungsstellen darauf, deinen Termin ganz schnell zu bekommen, denn die Mühlen der Bürokratie mahlen langsam. Für den erlaubten Ein-

griff brauchst du eine Beratungsbescheinigung der sozialen Beratungsstelle und eine Bescheinigung über die Feststellung der Indikation
durch eine Ärztin/ Arzt (die/der dann die Abtreibung selbst nicht machen darf).

Für die meisten Frauen kommt nun die sogenannte Notlagen-Indikation in Frage. D. h., es genügt für die Genehmigung zur Abtreibung
grundsätzlich nicht, daß du das Kind einfach nicht willst. Du mußt,
um dein Recht zu bekommen, soziale Notlagen, also oft Notlügen,
konstruieren. Für das Gesetz zählen im wesentlichen nur »äußere«,
nicht die »inneren« Beweggründe.

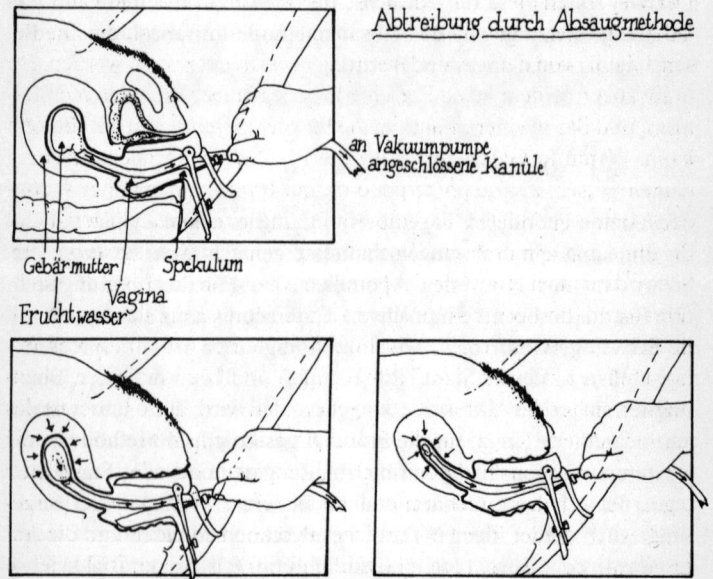

Abtreibung durch Absaugmethode

an Vakuumpumpe
angeschlossene Kanüle

Gebärmutter   Spekulum
       Vagina
Fruchtwasser

§ 218 – die sogenannte Indikationslösung

Ein Schwangerschaftsabbruch ist bis zur 12. Woche nur dann erlaubt, wenn einer der folgenden Gründe vorliegt:
- Gefahr für das Leben oder die Gesundheit der Schwangeren (medizinische Indikation),
- Gefahr einer körperlichen oder geistigen Schädigung des Kindes (eugenische oder kindliche Indikation),
- Vergewaltigung (kriminologische oder ethische Indikation),
- Gefahr einer schwerwiegenden Notlage der Schwangeren (soziale Indikation oder Notlagen-Indikation).

Viele Frauen haben zu große Angst davor und melden sich in einer österreichischen, holländischen oder englischen Abtreibungsklinik an. Der Weg durch diese Bürokratie ist anstrengend und demütigend und jeder Tag einer ungewollten Schwangerschaft eine Belastung. Die Bescheinigung von der sozialen Beratung *muß* dir ausgestellt werden. Du mußt aber trotzdem deine Entscheidung gegenüber Fremden rechtfertigen, und das in einer Situation, die für dich psychisch belastend sein kann. Wenn du Glück hast, wird die Frau in der sozialen Beratung deinen Entschluß akzeptieren und dir mit Informationen über Ärztinnen/Ärzte weiterhelfen, die eine Abtreibung nicht kriminalisieren und dir ohne große moralische Vorhaltungen eine Indikation ausstellen. Sie wird dir auch Hinweise auf Kliniken geben, die den Eingriff durchführen und dir sagen, mit welcher Methode dort gearbeitet wird. Wenn du Pech hast, wirst du dich ausführlich für deinen Entschluß rechtfertigen müssen, du wirst das Gefühl nicht los, daß du unmoralisch handelst. Je später die Abtreibung vorgenommen wird, desto höher ist das gesundheitliche Risiko für die Frau. Die risikoärmste Methode ist die Vakuumaspirationsmethode (auch Absaugmethode oder Saugkürettage), bei der deine Gebärmutter mittels einer Plastikkanüle leergesaugt wird – in der Regel mit örtlicher Betäubung. Leider wird die Absaugmethode, die auch ambulant durchführbar ist, in der BRD viel zu selten angewendet. In den meisten Kliniken werden – unter Vollnarkose – Kürettagen (Ausschabungen) gemacht, die an einen Klinikaufenthalt von mehreren Tagen gebunden sind.

Problematisch ist für Frauen immer noch, daß nur wenige Kliniken überhaupt Schwangerschaftsabbrüche durchführen, daß die betroffenen Frauen über die Methode nicht entscheiden können, daß sie in einigen Klinken von Ärztinnen/Ärzten und Personal herablassend und diskriminierend behandelt werden. An einer Abtreibung haftet immer noch der Geruch des Kindsmordes. Es gibt allerdings schon einige wohlwollende Frauenärztinnen/ärzte, die in ihren Praxen ambulante Absaugungen durchführen. Die Ärztin/der Arzt kann aber meist nicht über die Kasse abrechnen, was dich dann zwischen 200 und 800 DM kosten kann (kein schlechter Stundenlohn für 10 Minuten Arbeit). Es gibt allerdings auch »Abtreibungsärzte«, die sich auf diese Weise ein Vermögen »verdient« haben.

d) Menstruelle Extraktion

Die menstruelle Extraktion wird mittels Saugkürettage durchgeführt. In anderen Ländern (USA, Holland) kann eine Frau, die schwanger zu sein glaubt, bis zur 6. Woche nach der letzten Menstruation eine ambulante Absaugung vornehmen lassen. In diesem frühen Stadium der Schwangerschaft ist das kein komplizierter Eingriff, da der Muttermund nicht oder nur minimal geweitet werden muß.

In der Bundesrepublik haben wir aufgrund der Abtreibungsgesetze keine legale Möglichkeit für eine menstruelle Extraktion. Es gibt allerdings Ärztinnen/Ärzte, die dir eine Spirale einsetzen und vor diesem Eingriff eine Saugkürettage vornehmen. Das heißt, daß die Ärztin/der Arzt den medizinischen Eingriff als »Einsetzen einer Spirale« deklariert und durch die vorhergehende Absaugung bzw. Kürettage »zufällig und unabsichtlich« eine Schwangerschaft unterbrochen worden ist. Vorausgesetzt, du bist aufgrund deiner Körperreaktionen schon sehr früh sicher, daß eine Schwangerschaft vorliegt, hast du immer noch das Problem, schnell eine Ärztin/einen Arzt zu finden, die/der sich auf diese Lösung einläßt. Es ist immer am sinnvollsten, dich sofort in

einer Beratungsstelle (z. B. Pro Familia) über alle deine Möglichkeiten
aufklären zu lassen.

XVII. Schluß

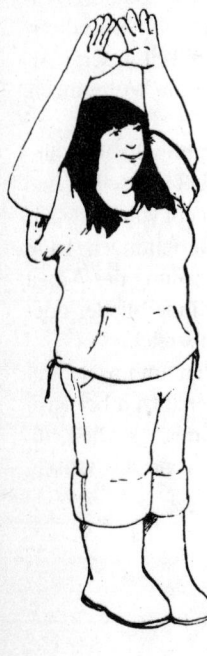

Wir haben sie noch nicht, unsere neue Sexualität. Da muß noch sehr viel geschehen.

Wir lernen, für uns selbst einzustehen, und selbst ernst zu nehmen, unsere eigenen Bedürfnisse herauszufinden und uns darum zu bemühen, daß wir das bekommen, was wir haben wollen. Wir lernen, nein zu sagen und ja zu sagen. Wir lernen wieder, uns selbst zu lieben. Wir haben gelernt, daß es bei der Sexualität nicht nur um Orgasmen, nicht nur um Stellungen geht. Wir wollen andere Verhältnisse, nicht nur andere Haltungen. Das Recht auf unsere eigene Sexualität hängt mit der Selbstbestimmung über unseren Körper zusammen, mit der Selbstbestimmung über unser Leben. Darum besteht ein Zusammenhang zwischen all den Dingen, die verändert werden müssen: bessere Verhütungsmittel und eine bessere Gesundheitsvorsorge, die Legalisierung der Abtreibung, die Beendigung der Diskriminierung von lesbischen Frauen, von alten Frauen, von alleinstehenden Frauen und Müttern. Der Frauenhaß, der in der Pornographie versteckt ist, muß demaskiert werden. Die sexuelle Gewalt in und außerhalb der Ehe muß ein Ende haben. Also: Selbstverteidigung, Frauenhäuser für mißhandelte Frauen, Zufluchtstätten für vergewaltigte Frauen, eine bessere Gesetzgebung. Alles hängt miteinander zusammen, darum ist es wichtig, daß lesbische Frauen bei einer Demonstration gegen den § 218 mitgehen und sich heterosexuelle Frauen an einer Demonstration gegen die Diskriminierung von homosexuellen Menschen beteiligen.

Und es ist noch mehr nötig, wenn wir dafür sorgen wollen, daß unsere sexuelle Revolution nicht ebenso eine Scheinrevolution ist wie die der Männer: Die Beziehungen zwischen Frauen und Männern müssen sich gründlich verändern. Männer müssen sich ändern und nicht mehr das selbstverständliche Übergewicht haben, weil sie die »Ernährer der Familie« sind. Und darum müssen wir ökonomisch selbständig werden: gleicher Lohn, das Recht auf Arbeit, das Recht auf Ausbildung. Und kollektive Versorgungseinrichtungen, die einen Teil unserer Arbeit im Haushalt erleichtern: gute Kinderbetreuung, gute Wohnungen, öffentliche Verkehrsmittel.

Wer von uns Frauen über Sexualität nachdenkt, kommt schnell dahinter, daß fast alles anders sein muß. Das geschieht nicht von selbst, und die Befreiung unserer Sexualität kommt also auch nicht von heute auf morgen. Aber die Veränderung der sexuellen Beziehungen kann ebenso ein Anfangspunkt sein wie die ehrliche Verteilung der Arbeit im Haushalt oder Aktionen für nicht-sexistische Kinderbücher oder Demonstrationen gegen Sparmaßnahmen im Sozialbereich.

Frauen haben einander nötig. Wir brauchen einander, um unsere Unsicherheit zu verlernen, um uns gegenseitig zu unterstützen bei Risiken, die wir eingehen, wenn wir unser Leben zu verändern suchen, um herauszufinden, was wir wollen, um zu kämpfen, wenn wir wissen, was wir wollen. Und ganz einfach für Wärme.

Laßt uns leben!

Bücher zum Weiterlesen

zu Kapitel 1

- The Boston Women's Health Book Collective: Unser Körper, Unser Leben, Rowohlt Taschenbuch 1980.
  Dieses Buch ist eine gute Ergänzung zu »Für uns selbst«, und es enthält eine ausgedehnte Literaturliste, sowie Angaben von Adressen von Gruppen und Zentren.
  Der Hinweis auf dieses Buch erstreckt sich auch auf die folgenden Kapitel, wo wir es nicht mehr gesondert aufführen.
  Dasselbe gilt auch für:
- Anne Kent Rush: Getting Clear, Frauenoffensive, 1977
- Hexengeflüster, Frauenselbstverlag, Berlin 1976
- Frau, Frauenbuchverlag, München 1978

- Barbach, Lonnie Garfield: For Yourself. Ullstein, Berlin 1977
- Chasseguet-Smirgel, Janine (Hg.): Psychoanalyse der weiblichen Sexualität. Suhrkamp, Frankfurt 1974
- Fleck, Lili: Weiblicher Orgasmus. Kindler, München 1977
- Friday, Nancy: Die sexuellen Phantasien der Frauen. Scherz, München 1978
- Gugel, Elisabeth: Sexualität und Identität der Frau. Zur Kritik der psychoanalytischen Auffassung der weiblichen Sexualentwicklung. focus Verlag
- Hite, Shere: Hite Report. Das sexuelle Erleben der Frau. Bertelsmann, Gütersloh und München 1977
- Hite, Shere: Weibliche Sexualität. Goldmann Taschenbuch Verlag, München 1978
- Lonzi, Carla: Die Lust Frau zu sein. Merve, Berlin
- Masters, William/Johnson, Virginia: Die sexuelle Revolution. Rowohlt Taschenbuch Verlag, Reinbek 1970
- Rosenberg, Jack Lee: Orgasmus. Ki-Buch Verlag 1979
- Schwarzer, Alice: Der kleine Unterschied und seine großen Folgen. Fischer Taschenbuch Verlag, Frankfurt/M. 1977

- Sherfey, Marie Jane: Die Potenz der Frau. Wesen und Evolution der weiblichen Sexualität. Kiepenheuer & Witsch

zu Kapitel 2

- Orbach, Susie: Antidiätbuch, Frauenoffensîve, 1979
- Havekamp, Katharina: ... und Liebe eimerweise, Frauenoffensive, 1978
- Rodewald, Rosemary: Magie, Heilen und Menstruation, Frauenoffensive, 1978

zu Kapitel 8

- Arnold, June: Sister Gin. Amazonen, Berlin 1978
- Brown, Rita Mae: Rubinroter Dschungel. Rowohlt, Reinbek 1978
- CLIT, Rufe alle Lesben – bitte kommen. Tomyris, Berlin 1977
- Come out, Gespräche mit lesbischen Frauen. Come out, München 1978
- Duc, Aimée: Sind es Frauen? Roman über das dritte Geschlecht. Amazonen, Berlin 1976
- Erinnerungen an Frauen. Amazonen, Berlin 1977
- Frauenliebe. Texte aus der amerikanischen Lesbierinnenbewegung. Hrsg. LAZ, Berlin 1975
- Hall, Margaret Radclyffe: Quell der Einsamkeit. Ullstein, 1976
- Johnston, Jill: Lesbennation. Amazonen, Belin 1976
- Kuckuc, Ina: Der Kampf gegen Unterdrückung. Materialien der deutschen Lesbierinnenbewegung. Frauenoffensive, München 1975
- Landlesben, Come out-Lebenverlag, München 1980
- Miller, Isabel: Patience & Sarah. Rowohlt, 1978
- Nachman, Elena: Frauen aus dem Fluß. Amazonen, Berlin 1977
- Reinig, Christa: Müßiggang ist aller Liebe Anfang. Gedichte. Frauenoffensive, München 1980
- Riley, Elizabeth: All diese falsche Moral. Frauenoffensive München, 1979
- Rule, Jane: Bilder und Schatten. Die lesbische Frau in der Literatur. Amazonen, Berlin 1979

- Stefan, Verena: Mit Füßen und Flügeln. Gedichte. Frauenoffensive, München 1980
- Stenten, Marlene: Puppe Else. Sudelbuchverlag, Berlin 1977
- Weihrauch, Anna E.: Der Skorpion. Lesbenselbstverlag Berlin
- Wittig, Monique: Aus deinen zehntausend Augen, Sappho. Amazonen, Berlin 1977
- Wittig, Monique: Die Verschwörung der Balkis. Frauenoffensive, München 1980
- Wolff, Charlotte: Flickwerk. Frauenoffensive, München 1977
- Wolff, Charlotte: Psychologie der lesbischen Liebe, Rowohlt TB, 1978

zu Kapitel 10

- Atkinson, Ti-Grace: Amazonenodyssee, Frauenoffensive, 1978
- Meulenbelt, Anja: Feminismus und Sozialismus, Literatur konkret, 1980

zu Kapitel 11

- Brownmiller, Susan: Gegen unseren Willen. Vergewaltigung und Männerherrschaft. Fischer, Frankfurt/M. 1978
- Frauen gegen Vergewaltigung. Berliner Vergewaltigungsgruppe, Eigenverlag 1979
- Gewalt gegen Frauen und was Frauen dagegen tun. Hg. Vergewaltigte Frauen – Notruf und Beratung – Frauen gegen Vergewaltigung e.V. Berlin, Selbstverlag
- Benard, Cheryl/Schlaffer, Edit: Die ganz gewöhnliche Gewalt in der Ehe. Texte einer Soziologie von Macht und Liebe. Rowohlt Taschenbuch Verlag, Reinbek 1978
- Fischer, Erica/Lehmann, Brigitte/Stoffl, Kathleen: Gewalt gegen Frauen. Kiepenheuer & Witsch, Köln 1977
- Frauen gegen Männergewalt. Berliner Frauenhaus für mißhandelte Frauen. Erster Erfahrungsbericht, Frauenselbstverlag
- Frauenhaus-Initiative Berlin: Geschlagen, getreten, gedemütigt (Broschüre)
- Frauenzentrum Berlin: Gewalt gegen Frauen (Broschüre)

- Gewalt. Werkstatt schreibender Frauen. Bern, Selbstverlag
- Gewalt gegen Frauen. Extra-Journal, Frauenoffensive, München
- Haffner, Sarah: Gewalt in der Ehe und was Frauen dagegen tun können. Frauenhäuser, Wagenbach, Berlin 1978
- Lau, Susanne u. a.: Aggressionsopfer Frau. Körperliche und seelische Mißhandlungen in der Ehe. Rowohlt Taschenbuch Verlag, Reinbek 1979
- Pizzey, Erin: Schrei leise. Mißhandlungen in der Familie. Fischer Taschenbuch Verlag, Frankfurt 1978

zu Kapitel 12
- Hans, Marie-Françoise/Lapouge, Gilles: Die Frauen-Pornographie und Erotik, Luchterhand 1979

zu Kapitel 14
- Bender, Irmela (Hg.): Die Sache mit dem Sex. Jugendliche und Partnerschaft. Beltz Verlag, Weinheim 1977
- Bronnen, Barbara: Wie mein Kind mich bekommen hat. Rowohlt Taschenbuch Verlag, Reinbek 1977
- Claesson, Bent H.: Vom Lieben und Kinderkriegen. Sexualinformation für Kinder. Verlag Neue Kritik, Frankfurt
- Claesson, Bent H.: Sexualinformation für Jugendliche. Verlag Neue Kritik, Frankfurt
- Kunstmann, Antje: Mädchen. Sexualaufklärung, emanzipatorisch. Weismann, München 1976

zu Kapitel 15
- Rush, Anne Kent/Mander, Anica Vesel: Frauentherapie, Frauenoffensive, 1976
- Ernst, Sheila/Goodison, Lucy: In Our Own Hands. A Book of Shelf-Help Therapy, The Women's Press, London 1981 (dt. 1982 im Verlag Frauenoffensive)

Bitte beachten Sie
die folgende Seite: